Christian Momm

Die Intelligente Unternehmung

Christian Momm

Die Intelligente Unternehmung

Management von Information, Wissen und Werten

Mit einem Geleitwort von
Prof. Dr. Heiner Müller-Merbach

DUV Deutscher Universitäts Verlag
GABLER · VIEWEG · WESTDEUTSCHER VERLAG

Die Deutsche Bibliothek – CIP-Einheitsaufnahme

Momm, Christian:
Die intelligente Unternehmung : Management von Information, Wissen und Werten / Christian Momm. Mit einem Geleitw. von Heiner Müller-Merbach. –
Wiesbaden : Dt. Univ.-Verl., 1997
(DUV : Wirtschaftswissenschaft)
Zugl.: Kaiserslautern, Univ., Diss., 1995
ISBN 3-8244-0361-7

Lektorat: Monika Mülhausen

Der Deutsche Universitäts-Verlag ist ein Unternehmen der Bertelsmann Fachinformation GmbH.

http://www.duv.de

Gedruckt auf säurefreiem Papier
Druck und Buchbinder: Rosch-Buch, Scheßlitz
Printed in Germany

ISBN 3-8244-0361-7

Für Stephanie, Julia und Carina

Intelligenz als kritischer Erfolgsfaktor

Lassen sich die Faktoren für den Erfolg im Wettbewerb auf einen gemeinsamen Nenner bringen? Ein Vorschlag: es ist die **Intelligenz**, die über den Erfolg im Wettbewerb entscheidet, die **individuelle Intelligenz** im Wettbewerb zwischen Individuen, die **organisatorische Intelligenz** im Wettbewerb zwischen Kollektiven, seien es Unternehmungen, seien es Nationen.

In Japan hat man die Intelligenz als kritischen Erfolgsfaktor seit langem erkannt, und es entstand in der fachlichen Umgebung von Prof. Takehiko Matsuda die Führungslehre *"Organizational Intelligence"* (OI). In Deutschland wurde dieses Thema erst mit gebührender zeitlicher Verzögerung aufgegriffen. Momm, der Autor dieses Buches, gehört zu den ersten, die Brücken schlagen zwischen der japanischen OI-Lehre und der deutschsprachigen Betriebswirtschaftslehre.

Viele Ideen der japanischen OI-Lehre lassen sich in die traditionelle Betriebswirtschaftslehre integrieren; andere sind Herausforderungen für ein grundlegendes Umgestalten. Momm hat diesen Schritt gewagt, zum einen die Integration, zum anderen Ansätze der Neugestaltung: eine deutsche OI-Lehre tritt somit neben die japanische OI-Lehre.

Der konsequente Einsatz der OI-Lehre in der Praxis erfordert eine Top-down-Vorgehensweise. Momm stellt dazu einen Rahmen für die Leitungsaufgaben der Unternehmung auf (Kapitel 2). Ferner entwirft er ein ganzheitliches Top-down-Modell sämtlicher betrieblicher Prozesse (Kapitel 3). Das alles bedarf der Umsetzung, und dazu formuliert Momm ein großes Bündel von Vorschlägen (Kapitel 4 und 5).

Der Rahmen für die Leitungsaufgaben (Kapitel 2) prägt dieses Buch. Momm gliedert die Aufgaben der Leitung in sach-, personen- und zielbezogenes Gestalten und Lenken und präsentiert mit dieser 3x2-Struktur eine neue

Sichtweise der Leitungsaufgaben. Er schafft damit auch die Basis für die Integration verschiedener neuer Managementlehren, insbesondere des Reengineering, des Total Quality Management (TQM) und der Führungsethik.

Mit dem Reengineering tritt die Prozeßorganisation in den Vordergrund. Für sie entwirft Momm ein ganzheitliches, unternehmungsweites Modell, bestehend aus operativen Kernprozessen, strategischen Kernprozessen, Koordinationsprozessen und unterstützenden Prozessen (Kapitel 3).

Damit hat Momm eine Basis geschaffen für seine Umsetzungsvorschläge (Kapitel 4 und 5), mit denen er auf eine grundlegende Erneuerung von Unternehmungen zielt.

Die Arbeit ist eine innovative Bereicherung der Betriebswirtschaftslehre, sowohl für die Forschung und Lehre als auch für die betriebliche Praxis. Die Unternehmungen mit der höheren **organisatorischen Intelligenz** werden sich im Weltmarkt durchsetzen, und die Nationen mit der höheren **organisatorischen Intelligenz** werden sich im Wettbewerb der drei Regionen der Triade behaupten. Das ist meine feste Überzeugung. Diese Überzeugung verpflichtet zur Umsetzung. Momm hat dazu einen Weg gezeichnet.

Prof. Dr. Heiner Müller-Merbach

Vorwort

"Der Weg ist das Ziel". Die vorliegende Arbeit ist Ergebnis eines Weges mit Höhen und Tiefen, mit Umwegen und Sackgassen. Auf diesem Weg habe ich Freunde gewonnen, Lehrer gefunden und eine Familie gegründet. Sie alle haben zu meinem Erfolg beigetragen. Dafür schulde ich ihnen Dank.

Ich bedanke mich bei Prof. Dr. Heiner Müller-Merbach, der seine Verpflichtung als Doktorvater wörtlich nahm: Er leitete mich an, er sprach mir Mut zu, er gab mir väterlichen Rat. An ihm als Vorbild konnte ich mich stets orientieren.

Meinen ehemaligen Kolleginnen und Kollegen am Lehrstuhl von Prof. Müller-Merbach danke ich für ihre Bereitschaft zur kritischen Diskussion und für ihre freundschaftliche Hilfe. Dafür danke ich Dr. Birgid S. Kränzle, Anneliese Leipold, Vera Wolf, Dr. Thomas Becker, Klaus Gesmann, Christian L. Guhl, Roland Hanebeck, Andreas Jacobsen, Rainer Kellerhals, Christian Kleinhans, Dr. Guido Krupinski, Volker Kurz, Peter Lebesmühlbacher, Prof. Dr. Martin G. Möhrle und Christoph Vogel. Herrn Gökhan Balkis danke ich für die zuverlässige und fleißige Unterstützung bei der Fertigstellung des Manuskripts.

Meiner Frau und meinen Töchtern danke ich für ihre Geduld und ihr Verständnis. Oft verzichteten sie auf gemeinsame Zeit, während ich diese Arbeit voranbrachte. Ihr Vertrauen und ihre Zuneigung stärkten mich auf meinem Weg.

Schließlich danke ich meinen Eltern und Großeltern, die mich auf diesen Weg vorbereiteten.

Christian Momm

Inhaltsverzeichnis

1 Evolution als Basis der Wettbewerbsfähigkeit von Unternehmungen

Der Wohlstand jedes Wirtschaftssubjekts ist eng verknüpft mit seiner **Wettbewerbsfähigkeit**. Das gilt für jeden einzelnen, für jede Unternehmung und für jede Volkswirtschaft. Adam Smith erbaute auf diesem grundlegenden Zusammenhang bereits im Jahre 1776 das gedankliche Gerüst einer freien Marktwirtschaft: Wettbewerbsfähigkeit ermöglicht Wohlstand, und Wohlstand ermöglicht Wettbewerbsfähigkeit, so Smith in seinem Werk *"An Inquiry into the Nature and Causes of the Wealth of Nations"* (vgl. Recktenwald 1989, S.149).

Diese Zusammenhänge zwischen Wettbewerbsfähigkeit und Wohlstand galten in der Vergangenheit, gelten in der Gegenwart und werden in der Zukunft gelten. Die Wettbewerbsfähigkeit deutscher Unternehmungen scheint seit einiger Zeit gefährdet zu sein, und dadurch ist der Wohlstand gefährdet. Vor allem gegenüber japanischen Unternehmungen verlieren deutsche Unternehmungen Marktanteile auf den Weltmärkten (vgl. Schmietow und Schneider 1987; Müller-Merbach 1990a, 1994a). Dies betrifft unmittelbar jeden einzelnen, jede Unternehmung und jede Volkswirtschaft und sollte zum Nachdenken über die Grundlagen der Wettbewerbsfähigkeit anregen.

Die Sicherung der Wettbewerbsfähigkeit von Unternehmungen ist eine Leitungsaufgabe. Gleichwohl vermuten manche derzeit eine Orientierungslosigkeit im Management angesichts der abnehmenden Wettbewerbsfähigkeit. Bleicher diagnostiziert (1994, S.66): *"Es boomen jene Branchen, die von der Orientierungslosigkeit und Verunsicherung vieler Führungskräfte leben. Es sind dies zum einen das Beratungswesen, zum anderen der Verkauf von 'Erfolgsbüchern' über Management."* Vor allem die amerikanischen Berater Hammer und Champy (1993) prägten eine Welle neuerer Managementkonzepte unter dem Begriff des Reengineering (vgl. Müller-Merbach 1994b). Davor versprachen viele Autoren unter Bezug auf eine Studie am amerikanischen Massachusetts Institute of Technology

(MIT) (vgl. Womack u.a. 1991) mit Lean-Konzepten Abhilfe (vgl. die Übersicht von Metzen 1993).

In dieser Arbeit wird ein Konzept für die Sicherung der Wettbewerbsfähigkeit von Unternehmungen entwickelt. Ankùpfungspunkt dafür ist die Vorstellung einer **Evolution** von Unternehmungen. Evolution bewirkt stetige Weiterentwicklung zum Besseren, und zwar durch **Stabilisieren** des im Wettbewerb Erfolgreichen und durch **Wandeln** des im Wettbewerb Erfolglosen.

1.1 Leitbild "Intelligente Unternehmung": Evolution als Leitungsaufgabe

Die Fähigkeit zur Evolution, zur stetigen Weiterentwicklung wird beim Menschen als Intelligenz bezeichnet (vgl. Piaget 1966, S.12; und 1975, S.341; Eysenck 1980, S.112, Eccles und Zeier 1980, S.85). In Analogie dazu wird hier nach dem **Leitbild einer "Intelligenten Unternehmung"** ein Konzept zur Sicherung der Wettbewerbsfähigkeit von Unternehmungen entworfen.

Das Leitbild einer "Intelligenten Unternehmung" steht in enger Beziehung zu einer neueren japanischen Managementbewegung, der "Organizational-Intelligence"-Bewegung (vgl. Matsuda 1993; Momm 1993; Müller-Merbach 1993a). In einer "Intelligenten Unternehmung" sollten **Information, Wissen und Werte im Mittelpunkt der Leitung** stehen (vgl. ähnlich Müller-Merbach 1994e, S.5-6). Information, Wissen und Werte sind Grundlage der Evolution, der Sicherung der Wettbewerbsfähigkeit von Unternehmungen:

- Für die Evolution wird Information über die aktuelle Lage einer Unternehmung benötigt.
- Wissen ermöglicht Evolution, d.h. die Wettbewerbsfähigkeit zu gestalten.
- Werte liefern Maßstäbe für Gut und Schlecht in bezug auf die Wettbewerbsfähigkeit und für die Wahl entsprechender Maßnahmen der Evolution.

Auch andere Autoren untersuchen die Intelligenz von Organisationen bzw. von Unternehmungen. In ihren Konzepten spielen Information, Wissen und Werte eine unterschiedliche Rolle:

- **Information** stellt Matsuda (1993) in den Mittelpunkt der *"Organizational Intelligence"*: Organizational Intelligence soll nach Matsuda entstehen durch eine möglichst wirkungsvolle Verschmelzung menschlicher Intelligenz mit Informationsverarbeitungstechnologie (vgl. Momm 1993). Auch Wilensky (1967) betonte Information als Basis der "Organizational Intelligence", und zwar vor allem die Beschaffung geeigneter Information für politische Entscheidungen durch "Intelligence Services".

- **Wissen** ist nach Quinn (1992) grundlegend für *"Intelligent Enterprises"*. Daher zielt er vor allem auf ein Management der Humanressourcen. Ähnlich plädiert Oberschulte (1994) für einen Ansatz zum organisatorischen Lernen.

- **Werte** als Kern der Intelligenz sind bisher kaum beachtet. Einzig Bleicher weist hin auf ein integriertes unternehmungspolitisches Netzwerk, *"... das sich als Intelligenz ... kennzeichnen läßt"* (1992, S.47). Solche Netzwerke bewirken Wertebildung nach innen und nach außen.

Anknüpfend an Information, Wissen und Werte als Grundlage für die Intelligenz von Unternehmungen lassen sich vielfältige **Gründe für eine abnehmende Wettbewerbsfähigkeit** anführen:

- **Information** mag nicht verfügbar sein, oder falls verfügbar nicht genutzt werden. Haben deutsche Unternehmungen z.B. Information über zukünftig relevante Technologien? Dafür konzipierte Becker (1993) anknüpfend an amerikanische und japanische Vorbilder ein nationales Technologieinformationssystem für die Bundesrepublik.

- **Wissen** mag unwirksam sein. Schon vor zehn Jahren wies Nussbaum auf einen unangemessenen technologischen Wissensstand der deutschen Industrie hin (1984, S.97-99): *"Die technologische Basis für das deutsche Wirtschaftswun-*

der veraltet unmerklich. Wie ein rasendes Auto, das über eine Pier hinausschießt und einen Augenblick quasi stillhält, bevor es ins Meer stürzt, ist die Bundesrepublik heute eine Nation, die sich selbstgefällig durch das 20. Jahrhundert bewegt, die aber blind ist für die ökonomische Katastrophe, von der sie bereits erfaßt ist. ... Deutschland stellt nach wie vor die besten Produkte des 19. Jahrhunderts her. ... Seine Versuche, die Produkte des 21. Jahrhunderts herzustellen, sind schwach, und seine Versuche, sie auf den Weltmärkten zu verkaufen, werden von den japanischen und amerikanischen Mitbewerbern mit leichter Hand abgewehrt."

- **Werte** mögen eher auf den Erhalt des Bestehenden als auf den Wandel gerichtet sein. Je älter und je größer Unternehmungen werden, desto eher überwiegt eine Orientierung zurück in die Vergangenheit und nach Innen weg vom Kunden (vgl. Mintzberg 1991, S.297). Bleicher fordert daher für die Unternehmungsleitung eine Dominanz von Zukunfts- und Außenorientierung gegenüber der Vergangenheits- und Innenorientierung (vgl. Bleicher 1994, S.68).

Daher sollte die Leitung in einer "Intelligenten Unternehmung" auf möglichst wirksame Informationsverarbeitung, Wissensnutzung und -erwerb sowie Wertebildung zielen. Besondere Bedeutung haben dabei die Fähigkeiten der Mitarbeiter. Sie gilt es möglichst wirkungsvoll einzusetzen, um Evolution bewirken zu können.

1.2 Aufbau der Arbeit

Diese Arbeit ist im weiteren in die fünf Kapitel 2 bis 6 gegliedert (vgl. Gedankenflußplan der Arbeit in Bild 1.1). Im Mittelpunkt stehen ein **Modell**, ein **Konzept** und eine **Methodik für die Evolution** von Unternehmungen. Dadurch soll eine Sicherung der Wettbewerbsfähigkeit von Unternehmungen nach dem Leitbild einer "Intelligenten Unternehmung" unterstützt werden.

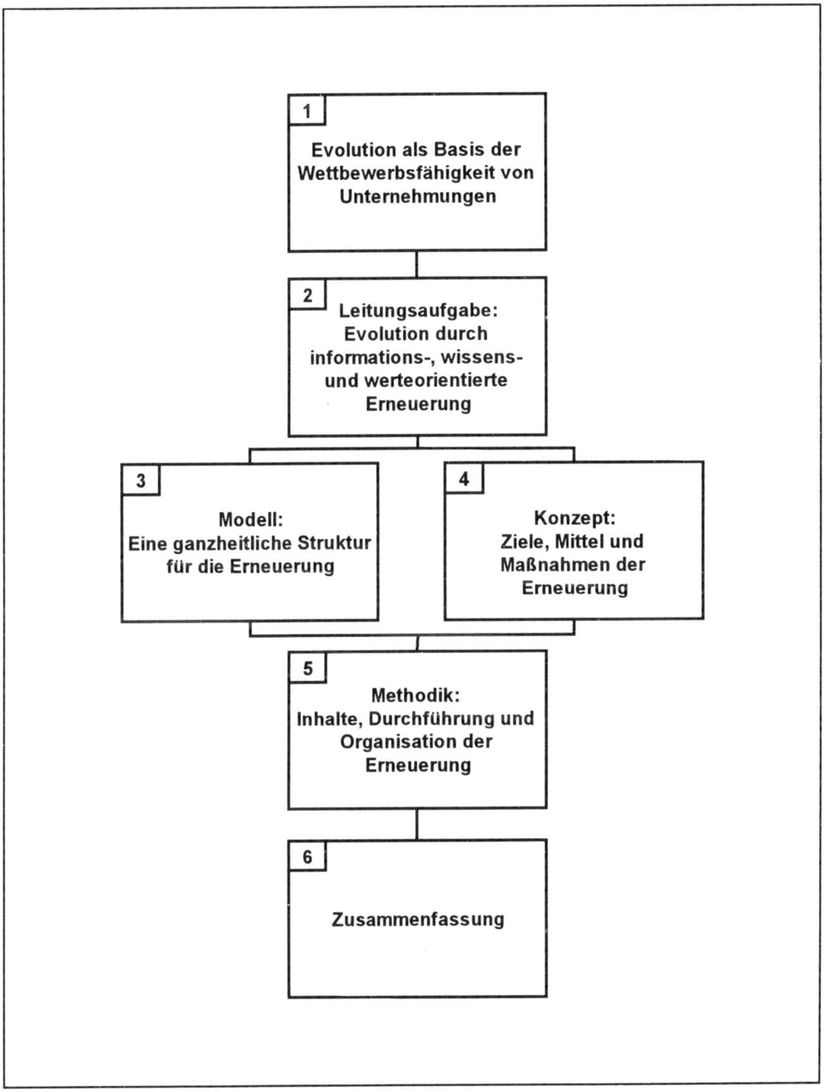

Bild 1.1: Gedankenflußplan der Arbeit

Zunächst wird die **Evolution als Leitungsaufgabe** näher untersucht (Kapitel 2). Aufgaben der Leitung werden betrachtet, und es werden Schwerpunkte zukünftiger Evolution herausgearbeitet. Daran anschließend werden Ansatzpunkte für eine Evolution betrachtet. Evolution kann an betrieblichen Funktionen und Prozessen ansetzen. Evolution sollte zukünftig vor allem durch eine **informations-, wissens- und werteorientierte Erneuerung betrieblicher Prozesse** bewirkt werden.

Um betriebliche Prozesse gestalten und lenken zu können, wird ein Verständnis betrieblicher Prozesse benötigt. Dazu wird ein **Modell betrieblicher Prozesse** (Kapitel 3) entwickelt. Unterschiedliche betriebliche Prozesse werden nach ihrem Beitrag zur Wertschöpfung, zur wirtschaftlichen Gesamtleistung einer Unternehmung voneinander abgegrenzt und dargestellt. Das Modell soll den Maßnahmen der Erneuerung betrieblicher Prozesse eine inhaltliche **Struktur** geben.

Darauf aufbauend werden Ziele, Mittel und Maßnahmen für ein **Konzept der Erneuerung** erarbeitet (Kapitel 4). Erneuerung sollte auf konkurrenzfähige, innovative sowie menschen- und umweltgerechte betriebliche Prozesse zielen. Diese **Ziele** der Erneuerung werden hinsichtlich einzelner betrieblicher Prozesse konkretisiert, und es werden geeignete **Mittel** zur Zielerreichung diskutiert. Ein zielgerichteter Mitteleinsatz läßt sich durch unterschiedliche **Maßnahmen** der Erneuerung bewerkstelligen. Dafür wird ein systematischer Katalog aufgestellt.

Für die praktische Umsetzung der Erneuerung wird eine **Methodik** (Kapitel 5) vorgeschlagen. Erneuerung betrieblicher Prozesse sollte in Erneuerungsprojekten umgesetzt werden. Für die Gliederung der **Inhalte** von Erneuerungsprojekten wird ein Rahmen aufgezeigt; und für die **Durchführung** von Erneuerungsprojekten wird ein Vorgehensschema empfohlen. Eine Verantwortlichkeit für die Erneuerung sollte organisatorisch verankert werden. Dafür wird eine **Organisation** skizziert.

Zum Abschluß werden die Ergebnisse der Arbeit zusammengefaßt (Kapitel 6). Zukünftig wird die Erneuerung betrieblicher Prozesse weiter an Bedeutung gewinnen. Der Aufbau elektronischer "Informationsautobahnen" erfordert eine Erneuerung nicht nur innerbetrieblicher Prozesse, sondern auch überbetrieblicher Prozesse.

2 Leitungsaufgabe: Evolution von Unternehmungen

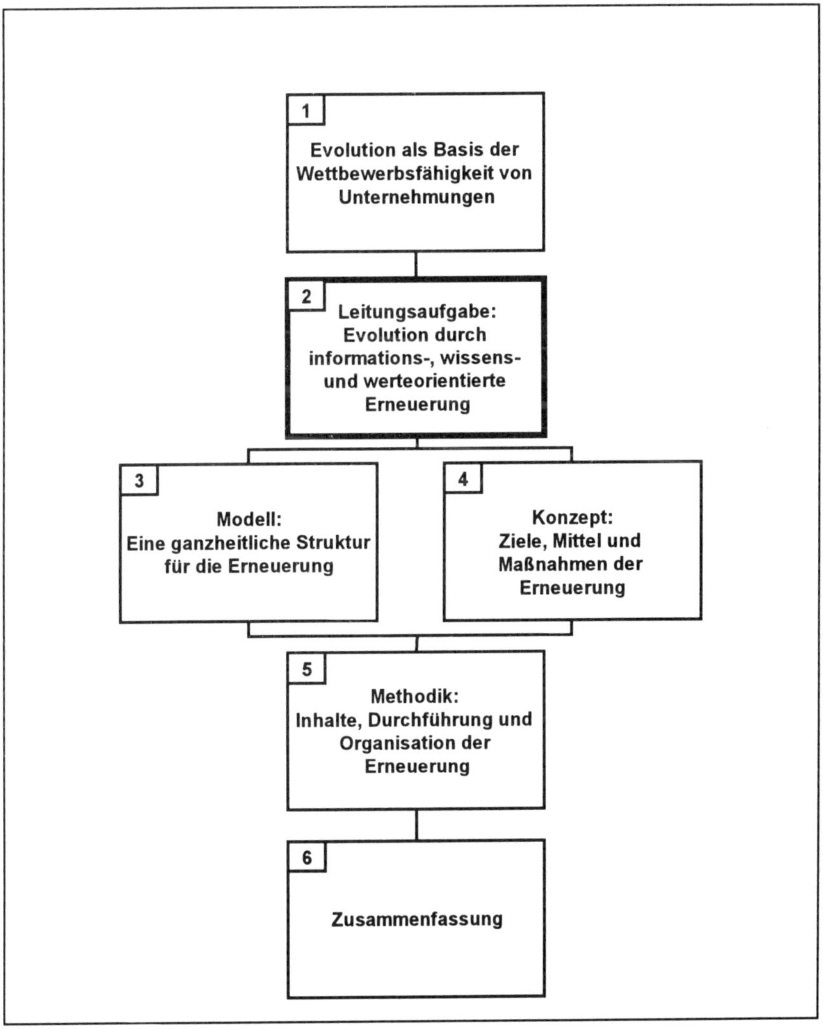

Jede Unternehmung ist ständig eingebettet in den weltweiten Wirkungsverbund technologischen Fortschritts, wirtschaftlichen Wachstums und gesellschaftlichen Wandels (vgl. Müller-Merbach 1991a, S.53). Um sich in dieser Umwelt zu bewähren, ist **"Management der Evolution von Unternehmungen"** die zentrale Leitungsaufgabe (vgl. Kapitel 1). Evolution von Unternehmungen bedeutet einerseits **Stabilisieren** und andererseits **Wandeln**, und zwar Stabilisieren wettbewerbsfähiger Produkte, Technologien, Strukturen und Abläufe und Wandeln des nicht Wettbewerbsfähigen. Bereits Kosiol forderte ein ausgewogenes Gleichgewicht zwischen Stabilität und Wandel (Kosiol 1966, S.56): *"... Gleichgewicht bedeutet inbezug auf organisatorische Tatbestände die Fähigkeit der Unternehmung, im Hinblick auf Umwelteinflüsse und Datenveränderungen sowohl mit einer gewissen Festigkeit und Widerstandskraft als auch mit genügender Anpassungs- und Wandlungsbereitschaft reagieren zu können."* Evolution von Unternehmungen ziele auf ein solches Gleichgewicht.

In diesem Kapitel werden Aufgaben der Leitung zur zielgerichteten Evolution von Unternehmungen in drei Schritten konkretisiert (Gedankenflußplan in Bild 2.1):

- Im ersten Schritt wird ein **Rahmen für die Leitungsaufgabe** enworfen. Er soll den Aufgaben der Evolution von Unternehmungen eine Struktur geben (Abschnitt 2.1). Leitung umfaßt hier **sach-**, **personen-** und **zielbezogenes Gestalten** und **Lenken** von Unternehmungen (vgl. Müller-Merbach 1994c und 1994d). Dies umschließt sowohl das **Wandeln** als auch das **Stabilisieren** von Unternehmungen. Auf diesem Rahmen der Leitungsaufgabe wird in den weiteren Kapiteln ein Maßnahmenkatalog für die Evolution von Unternehmungen aufgebaut.

- Im zweiten Schritt werden **Schwerpunkte zukünftiger Evolution** aufgezeigt. Im Mittelpunkt stehen **Information**, **Wissen** und **Werte** (Abschnitt 2.2). In bezug auf diese drei Schwerpunkte werden Mittel für die Evolution von Unternehmungen ausgewählt werden. Dies entspricht dem Leitbild einer "intelligenten" Unternehmung (vgl. Abschnitt 1.2).

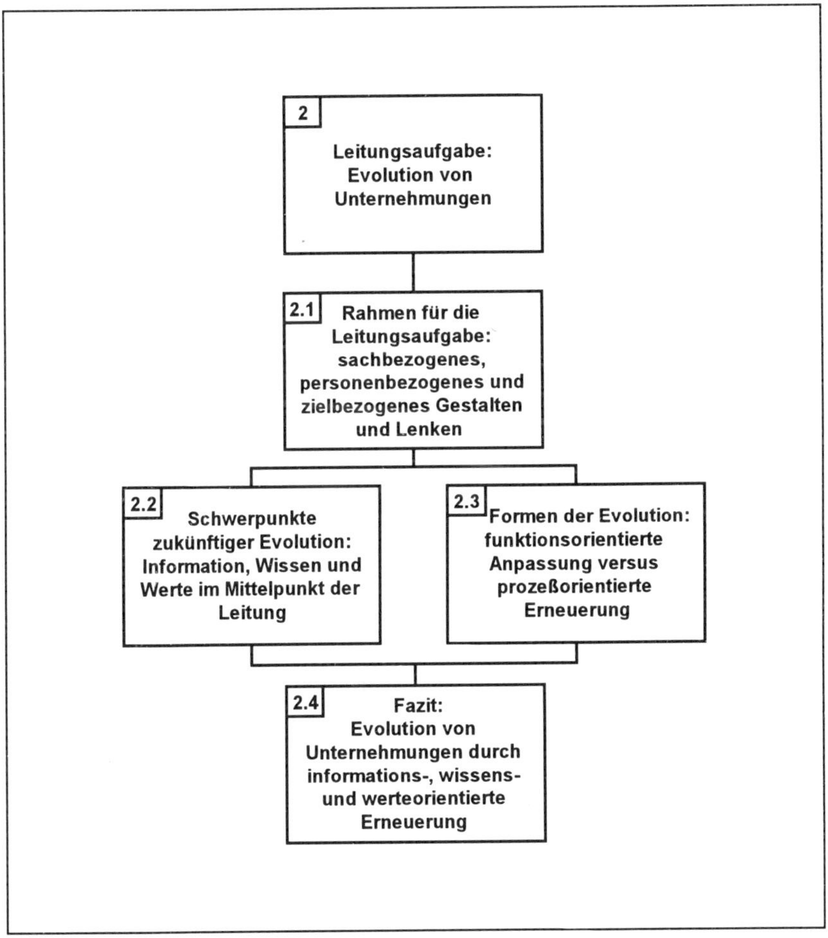

Bild 2.1: Gedankenflußplan zu Kapitel 2

- Im dritten Schritt werden zwei **Formen der Evolution von Unternehmungen** dargestellt (Abschnitt 2.3), und zwar die funktionsorientierte **Anpassung** und die prozeßorientierte **Erneuerung** in bezug auf veränderte Umweltbedingungen. **Anpassung** knüpft am **statischen** Gesamtzusammenhang von Unternehmungen an, an betrieblichen **Funktionen**. Funktionen gliedern das Ganze in **zweckgerichtete Teile**, z.B. Abteilungen, Fachbereiche, Stellen etc. Daher bewirkt Anpassung **partiellen** Wandel, nämlich einzelner betrieblicher Funktionen. Demgegenüber wirkt **Erneuerung** auf den **dynamischen** Gesamtzusammenhang, auf betriebliche **Prozesse**. Prozesse durchdringen die ganze Unternehmung wie ein Netzwerk, z.B. als Prozesse der Leistungserstellung und Auftragsabwicklung. Erneuerung erzielt **grundlegenden** Wandel, d.h. eine Unternehmung wandelt sich im Ganzen.

Für eine bestmögliche Steigerung der Wettbewerbsfähigkeit, für eine zielgerichtete Evolution von Unternehmungen wird hier für eine **informations-, wissens- und werteorientierte Erneuerung von Unternehmungen** plädiert (Abschnitt 2.4). Zum einen sollten Information, Wissen und Werte zukünftig stärker im Mittelpunkt der Leitung stehen, wie dies z.B. in der japanischen *"Organizational-Intelligence"*-Bewegung (vgl. Matsuda 1993, S.16; Momm 1993; Müller-Merbach 1993a) betont wird. Zum anderen wird dafür in vielen Unternehmungen grundlegender Wandel, also Erneuerung erforderlich sein. In diese Richtung gehen auch viele neuere Konzepte wie z.B. das Reengineering (vgl. Davenport 1993; Hammer und Champy 1993; Müller-Merbach 1994d).

2.1 Rahmen für die Leitungsaufgabe: sachbezogenes, personenbezogenes und zielbezogenes Gestalten und Lenken

Zielgerichtetes Wandeln von Unternehmungen wird hier als Leitungsaufgabe verstanden. Leitung umfaßt ein Fülle von Aufgaben, die sich nur schwer in eine klare Systematik fassen lassen (vgl. P. Ulrich und Fluri 1992, S.15). Um den Leitungsaufgaben der Evolution einen Bezugsrahmen zu geben und sie zu anderen Leitungsaufgaben in Beziehung zu setzen, werden die vielfältigen Leitungsaufgaben gegliedert und in einen Rahmen eingeordnet.

Anknüpfend an eine Systematik von Müller-Merbach (vgl. 1994c und 1994d) werden Leitungsaufgaben einerseits in **Gestalten** und **Lenken** gegliedert und andererseits in **sachbezogenes**, **personenbezogenes** und **zielbezogenes** Gestalten und Lenken detailliert. Daraus ergeben sich sechs Aufgabenfelder der Leitung (vgl. Tabelle 2.1):

- Sachbezogenes Gestalten und Lenken: **Sachsystemgestaltung** und **Steuerung** (Abschnitt 2.1.1)
- Personenbezogenes Gestalten und Lenken: **Organisationsgestaltung** und **Führung** (Abschnitt 2.1.2)
- Zielbezogenes Gestalten und Lenken: **Zielgestaltung** und **Zielvermittlung** (Abschnitt 2.1.3)

	sachbezogen	personenbezogen	zielbezogen
Gestalten	Sachsystemgestaltung	Organisationsgestaltung	Zielgestaltung
Lenken	Steuerung	Führung	Zielvermittlung

Tabelle 2.1: Inhalte des Gestaltens und Lenkens (vgl. Müller-Merbach 1994c und 1994d)

Gestalten von Unternehmungen umschließt den zielgerichteten Entwurf von Sachsystemen und einer Organisation sowie den Entwurf der dafür erforderlichen Ziele. Durch Gestalten werden lenkbare Strukturen geschaffen. Lenken bringt die gestalteten Strukturen zur Wirkung, und zwar durch die Steuerung von Sachsystemen, die Führung innerhalb einer Organisation und die Vermittlung der gesetzten Ziele.

In dieser Arbeit werden zwei weitere Aspekte des Gestaltens und Lenkens dargestellt, um konkrete Empfehlungen für ein Konzept für die Evolution von Unternehmungen zu liefern: Alle sechs Aufgabenfelder beinhalten sowohl Aufgaben des **Stabilisierens** als auch Aufgaben des **Wandelns** von Unternehmungen. Die sechs Aufgabenfelder werden erläutert. In der weiteren Arbeit wird darauf ein Maßnahmenkatalog für die Erneuerung aufgebaut (vgl. Abschnitt 4.3).

Sowohl die Unterscheidung des Gestaltens und Lenkens als auch die Gliederung in sach-, personen- und zielbezogenes Handeln sind nicht neu. Auch andere Autoren gliedern Leitung in Gestalten und Lenken (vgl. Forrester 1961; H. Ulrich 1970; ORSA 1970; H. Ulrich und Probst 1980), und bereits mehrfach wurde für die Gliederung in sach-, personen- und zielbezogenes Handeln plädiert (vgl. Esslinger 1949, S.76; Wöhe 1959, S.106; Hinske 1980, S.90-91; Müller-Merbach 1988a, S.306; 1990b, S.172-176; 1992a, S.82-86; 1994c, S.188; Krupinski 1993, S.10-11). Beides wird hier in Anlehnung an Müller-Merbach (vgl. 1994a und 1994d) verknüpft zu einem umfassenden Rahmen für die Leitungsaufgabe und hinsichtlich der Aspekte des Stabilisierens und Wandelns detailliert. Ähnlich umfassende Ansätze entwarfen z.B. Bleicher (1992) mit seinem *"Konzept integriertes Management"* sowie Peters und Waterman (1984) mit ihrem *"7-S-Modell"*. Sie werden hier zum Vergleich skizziert.

Leitung wird in Anlehnung an Müller-Merbach in die Aufgaben des **Gestaltens** und **Lenkens** von Unternehmungen gegliedert. Gestalten und Lenken werden als wechselseitig verflochtene Leitungsaufgaben gesehen (vgl. Müller-Merbach 1994c, S.181):

- **Gestalten** schafft lenkbare Strukturen in Unternehmungen.
- **Lenken** fördert zielorientiertes Handeln innerhalb geschaffener Strukturen.

Müller-Merbach erläutert (1994c, S.181): *"Gestalten ohne Lenken ist wirkungslos. Lenken ohne Gestalten ist orientierungslos."* Und an anderer Stelle: *"Gestalten gibt ... Stabilität durch Statik, Lenken gibt ... Vitalität durch Dynamik. Beides ist erforderlich, und jedes hängt von dem anderen ab. Auf keines kann verzichtet werden. Gestalten ohne Lenken ist Erstarrung, Lenken ohne Gestalten ist Chaos"* (Müller-Merbach 1994d, S.302).

Auch andere Autoren unterscheiden Aufgaben des Gestaltens und Lenkens:

- Bereits Forrester formulierte (1961, S.8): *"Managing is the task of designing and controlling an industrial system."*

- Ähnlich beschreiben H. Ulrich und Probst eine systemorientierte Unternehmungsleitung: Sie gestaltet Zielsysteme und Unternehmungsstrukturen und lenkt das Zielerreichungshandeln einzelner Unternehmungsteile (vgl. H. Ulrich 1970, S.323-324; H. Ulrich und Probst 1988, S.260-263).

- Auch in einer Aufgabendefinition des Operations Research wird in Gestalten und Lenken gegliedert (ORSA ca. 1976, S.1): *"Operations Research is concerned with scientifically deciding how to best design and operate man-machine systems, usually under conditions requiring the allocation of scarce resources."*

- Bleicher nimmt Gestaltung und Lenkung als zwei von drei Fundamenten für sein "Konzept integriertes Management". Zusätzlich nennt er noch Entwicklung, welche das Verändern von Strukturen betrifft (vgl. Bleicher 1992, S.40).

Im Rahmen dieser Arbeit werden jeweils zwei Aspekte des Gestaltens und Lenkens näher betrachtet. Dadurch werden Hinweise für ein Konzept des grundlegenden Wandels von Unternehmungen gegeben. Gestalten und Lenken umfassen Aufgaben des **Wandelns** und Aufgaben des **Stabilisierens** von Unternehmungen (Tabelle 2.2), und zwar einerseits das Gestalten durch Festlegen und Verändern von Strukturen und anderseits das Lenken durch Dirigieren und Moderieren innerhalb von Strukturen.

	Stabilisieren	Wandeln
Gestalten	Festlegen von Strukturen	Verändern von Strukturen
Lenken	Dirigieren innerhalb von Strukturen	Moderieren von Veränderungen

Tabelle 2.2: Gestalten und Lenken umfassen sowohl Stabilisieren als auch Wandeln.

Bisher ergeben sich bereits vier Aufgaben der Leitung. Gleichwohl fehlt noch der Bezug zu Objekten des Gestaltens und Lenkens bzw. Stabilisierens und Wandelns. Die Aufgaben seien konkretisiert in bezug auf **drei Objekte des Gestalten und Lenkens**:

In Anlehnung an eine Dreiteilung von Kant wird hier gegliedert in **Sachen**, **Personen** und **Ziele** (vgl. Hinske 1980, S.90-91; Müller-Merbach 1988a, S.306; Krupinski 1993, S.10-11). Dadurch entstehen jeweils drei Aspekte des Gestaltens und Lenkens (vgl. Müller-Merbach 1994d, S.302-304) bzw. Stabilisierens und Wandelns. Auf diese drei Aspekte jeglichen Handelns nach Kant beziehen sich auch andere Autoren in der Betriebswirtschaftslehre (vgl. Esslinger 1949, S.76; Wöhe 1959, S.106; Müller-Merbach 1988a, S.309-312; 1990b, S.172-176; 1992a, S.82-86; 1994c, S.188; Krupinksi 1993, S.10-18).

Kant unterscheidet idealtypisch zwischen drei untrennbar miteinander verknüpften Aspekten jeglichen Handelns (vgl. Hinske 1980, S.90-91; Müller-Merbach 1988a, S.306; Krupinski 1993, S.10-11), nämlich

- technischem, auf **Sachen** bezogenem Handeln,
- pragmatischem, auf **Personen** bezogenem Handeln und
- ethischem, auf Normen und **Ziele** bezogenem Handeln.

Müller-Merbach schlägt eine analoge Dreiteilung der Betriebswirtschaftslehre vor (vgl. Müller-Merbach 1988a, S.309-312; 1990b, S.172-176; 1992a, S.82-86; 1994c, S.188), und zwar in

- eine Wissenschaft von der Unternehmung zur Vermittlung von sachbezogenem Fachwissen,
- eine personenbezogene Verhaltenslehre über Mitarbeiterführung und
- eine zielbezogene Führungsethik über verantwortungsbewußte Unternehmungsleitung.

Unter Bezug auf diese Vorschläge Müller-Merbachs entwirft Krupinski (vgl. 1993, S.10-18) ein Konzept für die Führungsethik.

Leitung einerseits in Gestalten und Lenken zu gliedern und andererseits auf Sachen, Personen und Ziele zu beziehen, dient in dieser Arbeit als Grundlage für ein Konzept der Erneuerung. Dies soll zu einem umfassenden Verständnis von Leitung beitragen und die auf den Wandel gerichteten Leitungsaufgaben im Gesamtzusammenhang mit anderen Leitungsaufgaben aufzeigen (vgl. Tabelle 2.3):

- **Gestalten** umfaßt hier **Festlegen** und **Verändern** von Strukturen. Gestalten legt zum einen die Sachsystemstrukturen für die Sachgütererstellung sowie die Informationsverarbeitung, die Organisationsstruktur und Zielformulierungen fest. Zum anderen verändert Gestalten die Grundlagen dafür durch Technologieinnovation, Reorganisation und Richtungsänderung.

- **Lenken** wirkt innerhalb vorgegebener Strukturen entweder **dirigierend** auf ein festgelegtes Ziel oder Veränderungen **moderierend** ohne festgelegtes Ziel. Einerseits dirigiert Lenken durch Planung und Kontrolle von Sachgüterströmen und Informationsflüssen, durch Anleitung von Mitarbeitern und durch Motivation. Andererseits moderiert Lenken durch Regelung von Sachgüterströmen und Informationsflüssen, durch Förderung von Mitarbeitern und durch Sinnvermittlung.

	sachbezogen	personenbezogen	zielbezogen
Gestalten • **Festlegen** • **Verändern**	**Sachsystemgestaltung** • Sachsystementwurf • Technologieinnovation	**Organisationsgestaltun g** • Organisations- strukturierung • Reorganisation	**Zielgestaltung** • Zielformulierung • Richtungs- änderung
Lenken • **Dirigieren** • **Moderieren**	**Steuerung** • Planung und Kontrolle • Regelung	**Führung** • Anleitung • Förderung	**Zielvermittlung** • Motivation • Sinnvermittlung

Tabelle 2.3: Rahmen für die Leitungsaufgabe - sach-, personen- und zielbezogenes Gestalten und Lenken, detailliert in "Stabilisieren durch Festlegen und Dirigieren" sowie "Wandeln durch Verändern und Moderieren".

Sowohl auf Bleichers *"Konzept integriertes Management"* (Bleicher 1992) als auch auf das von Peters und Waterman (1984, S.30-32) sei an dieser Stelle zum Vergleich hingewiesen, da sonst kaum ähnlich umfassende Konzepte der Leitung in der Literatur existieren, und zwar in bezug auf die drei Aspekte jeglichen Handelns. Viele andere Konzepte der Führung stellen demgegenüber einzelne Aspekte in den Vordergrund.

Bleicher unterscheidet neun Felder der Unternehmungsführung (1992, S.72), und zwar gegliedert in die drei Dimensionen *operatives* Management, *strategisches* Management und *normatives* Management. Diese drei Dimensionen fächert Bleicher weiter auf in bezug auf *Strukturen*, *Aktivitäten* und *Verhalten*. Daraus ergeben sich neun Felder, und zwar

- in operativer Hinsicht die drei Felder *"Organisatorische Prozesse und Dispositionssysteme"*, *"Aufträge"* und *"Leistungs- und Kooperationsverhalten"*,

- in strategischer Hinsicht die drei Felder *"Organisationsstrukturen und Managementsysteme"*, *"Programme"* und *"Problemverhalten"*,
- in normativer Hinsicht die drei Felder *"Unternehmungsverfassung"*, *"Unternehmungspolitik"* und *"Unternehmungskultur"*.

Das *"7-S-Modell"* von McKinsey umfaßt sieben Faktoren der Unternehmungsführung (Peters und Waterman 1984, S.32). Sie werden hier zum Vergleich eingeteilt in sachbezogene, personenbezogene und zielbezogene Faktoren:

- Sachbezogene Faktoren: *"Systeme"*
- Personenbezogene Faktoren: *"Struktur"*, *"Stammpersonal"* und *"Spezialkenntnisse"*
- Zielbezogene Faktoren: *"Strategie"*, *"Selbstverständnis"* und *"Stil"*

2.1.1 Sachbezogenes Gestalten und Lenken: Sachsystemgestaltung und Steuerung

Leitung gestaltet und lenkt Unternehmungen. Beides bezieht sich auf dreierlei Objekte: Sachen, Personen und Ziele. Sachbezogenes Gestalten und Lenken wirkt auf die Sachzusammenhänge in Unternehmungen, auf Sachsysteme und deren Steuerung. Sachsysteme zielen auf das Hervorbringen wirtschaftlicher Güter (vgl. Kosiol 1966, S.101). Dies erfordert ergänzend Informationsverarbeitung, um die Sachgüterströme zielgerichtet gestalten und lenken zu können. Daher seien sachbezogenes Gestalten und Lenken auf **Sachgüter** und **Information** bezogen (vgl. Tabelle 2.4):

- **Sachbezogenes Gestalten** entwirft **Sachsysteme** für die Sachgüterproduktion und die Informationsverarbeitung, d.h. Produktions- sowie Informations- und Kommunikationssysteme. Informations- und Kommunikationssysteme unterstützen das Lenken der Produktionssysteme (vgl. Kosiol 1966, S.168). Grundlage für den Sachsystementwurf sind Technologien (vgl. Becker 1993, S.47). Durch **Technologieinnovation** können Sachsysteme verändert werden.

- **Sachbezogenes Lenken** dient der zielgerichteten **Planung und Kontrolle** sowie **Regelung** von Sachgüterströmen und Informationsflüssen.

	sachbezogen	personenbezogen	zielbezogen
Gestalten • Festlegen • Verändern	**Sachsystemgestaltung** • Sachsystementwurf • Technologieinnovation	**Organisationsgestaltung**	**Zielgestaltung**
Lenken • Dirigieren • Moderieren	**Steuerung** • Planung und Kontrolle • Regelung	**Führung**	**Sinnvermittlung**

Tabelle 2.4: Sachbezogenes Gestalten und Lenken - Sachsystemgestaltung und Steuerung

Sachbezogenes Gestalten und Lenken bezieht sich sowohl auf **Sachgüter**, also Real- und Nominalgüter, als auch auf **Information**. Realgüter umfassen Produkte, Dienstleistungen, Werkstoffe und Energie; Nominalgüter beinhalten Geld sowie Darlehens- und Beteiligungswerte (vgl. Kosiol 1966, S.111; Corsten 1988, S.17). Zukünftig erfordert die wachsende Bedeutung von Informations- und Komunikationstechnologien (IKT) (vgl. Abschnitt 2.2.1) eine zunehmende Betonung informationsorientierter Leitungsaufgaben (vgl. Müller-Merbach 1988b, S.12-13). Eine wirkungsvolle Steuerung der Sachgüterproduktion durch Informations- und Kommunikationssysteme wird zunehmend wichtiger, um eine Sachgüterproduktion mit geringen Kosten in kurzer Zeit und mit der erforderlichen Qualität gewährleisten zu können.

Müller-Merbach plädierte daher bereits mehrfach für eine *"informationsorientierte Betriebswirtschaftslehre"* (Müller-Merbach 1983a, S.822-823; 1985a; 1989a, S.1042). Er schreibt: *"Der Betriebswirt hat gewöhnlich nicht im physischen Sinne mit den Gegenständen der Realität selbst zu tun, sondern mit Informationen über die Gegenstände"* (Müller-Merbach 1985a, S.15).

Im Mittelpunkt **sachbezogenen Gestaltens** stehen **Technologien** für die Umwandlung von Sachgütern und Information. Sachsysteme beruhen auf Technologien, und durch Technologieinnovation werden neue, veränderte Sachsysteme ermöglicht. Technologie sei hier weit gefaßt als die *"...Anwendung von Wissen zur ökonomischen Herstellung von Produkten und Dienstleistungen"* (Becker 1993, S.47).

Insbesondere Informations- und Kommunikationstechnologien (IKT) eröffnen zukünftig sachbezogene Gestaltungspotentiale (vgl. Abschnitt 4.2.1), die neuerdings vor allem durch Maßnahmen des Business-Process-Redesign (vgl. Abschnitt 4.3.1) zu nutzen versucht werden.

Sachsystemgestaltung auf der Basis von Technologien steht im Verbund mit **sachbezogenem Lenken, der Steuerung**. Steuerung lenkt Sachgüterströme und Informationsflüsse innerhalb der gestalteten Strukturen, und zwar

- zum einen dirigierend durch **Planung und Kontrolle** und
- zum anderen moderierend durch **Regelung.**

Steuerung sei erläutert und an einigen Beispielen verdeutlicht: Sachgüterströme und Informationsflüsse lassen sich beispielsweise planen und kontrollieren durch Logistik, Investition und Finanzierung sowie Controlling und Berichtswesen. Regelnd wirken z.B. die KANBAN-Steuerung von Realgüterströmen und das Workflowmanagement von Informationsflüssen.

Planung und Kontrolle dirigieren Sachgüterströme und Informationsflüsse auf ein festes Ziel hin:

- **Planung** legt Ziele fest (vgl. Krieg 1971, S.72-74). Der zukünftige Bedarf an Sachgütern und Information wird ermittelt, und die Nutzung von Produktions- sowie Informations- und Kommunikationsystemen wird entsprechend festgelegt.

- **Kontrolle** liefert Rückmeldungen über die Zielerreichung und ermöglicht Gegensteuerungsmaßnahmen.

Planung und Kontrolle von Real- und Nominalgüterströmen sowie Informationsflüssen wurden in der Betriebswirtschaftslehre ausführlich diskutiert:

- Planung und Kontrolle von **Realgüterströmen** stehen im Mittelpunkt der **Produktionsplanung und -kontrolle** (vgl. Kränzle 1993, S.75) sowie der Logistik (vgl. Pfohl 1985, S.3).

- Planung und Kontrolle von **Nominalgüterströmen** stehen im Mittelpunkt der **Investition** und **Finanzierung** (vgl. Koch 1982, S.195-203).

- Planung und Kontrolle von **Informationsflüssen** stehen im Mittelpunkt von **Controlling** und **Berichtswesen** (vgl. Horváth 1994, S.346).

Planung und Kontrolle werden durch Regelung ergänzt. **Regelung** lenkt Sachgüterströme und Informationsflüsse innerhalb bestimmter Grenzen ohne vorab festgelegtes Ziel (vgl. Krieg 1971, S.74-78). Innerhalb festgelegter Grenzen können sich Sachgüterströme und Informationsflüsse frei entwickeln. Auf die Regelung von Sachgüterströmen bzw. Informationsflüssen zielen neuere Lenkungsansätze, beispielsweise **KANBAN-Steuerung** bei der Leistungserstellung und **Workflowmanagement** bei der Informationsverarbeitung in betrieblichen Prozessen (vgl. Abschnitt 4.3.1.2).

KANBAN-Steuerung regelt Sachgüterströme, vor allem in Leistungserstellungsprozessen (vgl. Wildemann 1983, S.3-5). KANBANs sind Dokumente zur Produktionssteuerung. Mit ihrer Hilfe werden jeweils zwei zusammenhängende Produktionsstufen nach dem "Hol-Prinzip" verknüpft. Nachgelagerte Produktionsstufen melden ihren Bedarf an Vorprodukten durch Weitergabe von KANBANs an vorgelagerte Produktionsstufen. Die KANBANs legen das mengenmäßige Verhältnis zwischen erstellten Produkten, benötigten Baugruppen und gelieferten Einzelteilen. Durch eine solche bedarfsorientierte Leistungserstellung in den einzelnen Produktionsstufen soll die Gesamtmenge der in Leistungserstellungsprozessen befindlichen Sachgüter möglichst niedrig gehalten werden.

Workflowmanagement regelt Informationsflüsse bei der Bearbeitung von Geschäftsvorfällen (vgl. Abschnitt 4.3.1.2). Einzelne Berarbeitungsschritte werden durch Workflowmanagement IKT-gestützt verknüpft. Im Mittelpunkt steht die Weitergabe von Dokumenten von einem zum nächsten Sachbearbeiter. Dokumente werden IKT-gestützt bearbeitet und IKT-gestützt zum nächsten Sachbearbeiter weitergereicht. Dadurch wird der Informationsaustausch in Geschäftsprozessen IKT-gestützt geregelt (vgl. Nastansky und Hilpert 1993, S.2).

2.1.2 Personenbezogenes Gestalten und Lenken: Organisationsgestaltung und Führung

Leitung umfaßt sach-, personen und zielbezogenes Gestalten und Lenken. **Personenbezogenes Gestalten und Lenken** werden in diesem Abschnitt näher betrachtet, die das Zusammenwirken von Mitarbeitern strukturieren und auf Ziele ausrichten.

Zielgerichtetes Zusammenwirken von Mitarbeitern erfordert eine wirkungsvolle Arbeitsteilung und geeignete Arbeitsabläufe für die Zusammenarbeit (vgl. Grochla 1978, S.31; Hill u.a. 1981, S.17; Bleicher 1991, S.34). Organisationsgestaltung und Führung (vgl. Tabelle 2.5) liefern hierfür generelle und fallweise Regeln (vgl. Siebel 1967, S.361):

- **Organisationsgestaltung** legt die Organisationsstruktur einer Unternehmung durch **Organisationsstrukturierung** fest und verändert sie durch **Reorganisation**. Organisationsstrukturierung schafft generelle Regeln für das Zusammenwirken von Personen. Eine Aufbaustruktur legt die Arbeitsteilung fest, und eine Ablaufstruktur die zeitlichen und räumlichen Arbeitsbeziehungen (vgl. Kosiol 1980, Sp.180). Reorganisation verändert die Aufbau- und die Ablaufstruktur (vgl. Staehle 1980, S.406-408), z.B. in Richtung einer Prozeßorganisation (vgl. Gaitanides 1983, S.64). Dies erfordert den Abbau von Widerständen gegen organisatorischen Wandel, z.B. durch Maßnahmen des Organizational Learning (vgl. Abschnitt 4.2.2.1).

- **Führung** umfaßt die zielgerichtete Einflußnahme auf Mitarbeiter und Gruppen (vgl. von Rosenstiel 1991, S.3-5). Führung ergänzt die generellen Regeln der Organisation um fallweise Regeln (vgl. Siebel 1967, S.361). Auf ein festgelegtes Ziel hin dirigierend wirkt **Anleitung** durch Weisungen**.** Demgegenüber zielt **Förderung** auf Veränderungen innerhalb bestimmter Rahmenbedingungen. Hierauf richten sich Maßnahmen der Personalentwicklung (vgl. Abschnitt 4.2.2.2), insbesondere der Weiterbildung von Mitarbeitern und Gruppen, und der Moderation, z.B. durch Prozeßpromotoren.

	sachbezogen	personenbezogen	zielbezogen
Gestalten • **Festlegen** • **Verändern**	**Sachsystemgestaltung**	**Organisationsgestaltung** • Organisations-strukturierung • Reorganisation	**Zielgestaltung**
Lenken • **Dirigieren** • **Moderieren**	**Steuerung**	**Führung** • Anleitung • Förderung	**Zielvermittlung**

Tabelle 2.5: Personenbezogenes Gestalten und Lenken - Organisationsgestaltung und Führung

Organisationsstrukturierung legt Regeln fest für das zielgerichtete Zusammenarbeiten von Mitarbeitern und Gruppen (vgl. Kosiol 1966, S.53). Häufig wird getrennt in **Aufbau-** und **Ablaufstruktur** (vgl. Kosiol 1980, Sp.180):

- Durch die **Aufbaustruktur** wird das Zusammenwirken von Mitarbeitern in bezug auf deren Arbeitsteilung bzw. Aufgabenverteilung, deren Weisungs- und Entscheidungsbefugnisse sowie deren sachbezogene Zusammenarbeit festgelegt (vgl. Kosiol 1966, S.66). Häufig wird die Aufbaustruktur in Form von **Stellengliederungen** und **Stellenbeschreibungen** schriftlich fixiert.

- Durch die **Ablaufstruktur** werden Arbeitsabläufe in raum-zeitlicher Hinsicht determiniert (vgl. Kosiol 1966, S.79). Dabei werden Ort, Zeitpunkt und Zeitdauer der Aufgabenerfüllung in **Arbeitsplänen** dokumentiert (vgl. Kosiol 1966, S.81-86).

Ergänzend zur Festlegung von Organisationsstrukturen zielt die **Reorganisation** auf veränderte Organisationsstrukturen. Reorganisation paßt die Aufbaustruktur an veränderte Bedingungen an (vgl. Staehle 1980, S. 406-408): Angepaßt werden z.B. die Aufgabenverteilungen, Abteilungsgliederungen, Hierarchieebenen und Gremienstrukturen. Neuerdings wird dabei häufig für eine prozeßorientierte Organisationsgestaltung plädiert. Gaitanides erläutert dies (1983, S.62): *"In diesem Sinn soll unter Prozeßorganisation eine 'prozeßorientierte Organisationsgestaltung' verstanden werden, in der die Stellen- und Abteilungsbildung unter Berücksichtigung spezifischer Erfordernisse des Ablaufs betrieblicher Prozesse ... konzipiert werden."*

Die Veränderung von Organisationsstrukturen im Sinne der Reorganisation, vor allem der Prozeßorganisation (vgl. Abschnitt 4.3.2.1), erfordert besondere Anstrengungen, um alte, bekannte Organisationsstrukturen durch neue zu ersetzen. Hierauf zielen Mittel des Organizational Learning (vgl. Abschnitt 4.2.2.1).

Organisationsgestaltung, also Organisationsstrukturierung und Reorganisation, schaffen generelle Regeln für das Zusammenwirken von Mitarbeitern. **Führung** - personenbezogenes Lenken - ergänzt diese Regeln fallweise durch **Anleitung** und **Förderung**:

- **Anleitung** wirkt dirigierend durch fachliche und disziplinarische **Weisungen**.

- **Förderung** bewirkt Veränderungen innerhalb eines vorgegebenen Rahmens, aber ohne festes Ziel. Personen werden häufig durch Maßnahmen der **Personalentwicklung** gefördert (vgl. Abschnitt 4.2.2.2). Die Zusammenarbeit von Gruppen steht z.B. im Mittelpunkt des **Promotorenmodells** (vgl. Hauschildt 1989, S.13) und des Prozeßmanagements (vgl. Striening 1988b und 1988a, S.165-167).

Durch **Weisung** von Leitungsstellen an Mitarbeiter und Gruppen werden Gebote, Verbote und Anordnungen gegeben. Dabei lassen sich **fachliche** und **disziplinarische** Weisungen unterscheiden (vgl. Grochla 1978, S.40). Fachliche Weisungen beziehen sich auf die Verteilung anfallender Aufgaben auf Mitarbeiter sowie inhaltliche und zeitliche Vorgaben zur Aufgabenerfüllung. Disziplinarische Weisungen betreffen einerseits die Auswahl und Beförderung von Mitarbeitern für bzw. auf bestimmte Stellen und andererseits die Verfügungskompetenz über Sachmittel, insbesondere über finanzielle Budgets.

Weisung dirigiert Mitarbeiter in eine bestimmte Richtung. Demgegenüber fördern **Qualifikation** und **Moderation** von Mitarbeitern und Gruppen deren wirkungsvolle Zusammenarbeit, ohne Inhalt und Form der Zusammenarbeit zu spezifizieren.

Qualifikation soll Mitarbeitern dafür erforderliches Wissen vermitteln. Dies kann sich auf den Aufgabeninhalt beziehen, aber auch auf die angestrebten Ziele und grundlegenden Werte (vgl. Krupinski 1993, S.240) des Handelns. Hier sind Anregungen und Hinweise in Form von Gesprächen, Seminaren, Weiterbildungsmaßnahmen denkbar (vgl. Staehle 1980, S.559-565).

Die **Moderation** von Gruppen stellt eine weitere Form der Förderung der Zusammenarbeit dar. Moderation von Gruppen als Lenkungsinstrument wird besonders im Konzept der *"Prozeßpromotoren"* nach Witte und Hauschildt und beim *"Prozeßmanagement"* nach Striening in den Mittelpunkt gestellt. Prozeßpromotoren lenken Innovationsprozesse durch Vermittlung zwischen den Beteiligten, ohne selbst in den Prozeß einzugreifen (vgl. Hauschildt 1989, S.13). Prozeßverantwortliche sollen die an einem betrieblichen Prozeß beteiligten Mitarbeiter zu einem gemeinsamen Ergebnis führen (vgl. Striening 1988a, S.165-167).

Für ein Konzept der Evolution gewinnen vor allem die Reorganisation in Richtung einer Prozeßorganisation (vgl. Abschnitt 4.3.2.1) und die Förderung durch Personalentwicklung (vgl. Abschnitt 4.2.2.2) und Prozeßmanagement (vgl. Abschnitt 4.3.2.2) an Bedeutung.

2.1.3 Zielbezogenes Gestalten und Lenken: Zielgestaltung und Zielvermittlung

Neben sachbezogene und personenbezogene Leitung tritt das **zielbezogene Gestalten und Lenken**. Diese Aufgaben werden hier als **Zielgestaltung** und **Zielvermittlung** bezeichnet (vgl. Müller-Merbach 1994c, S.189). Zielbezogenes Gestalten und Lenken formuliert ökonomische Unternehmungsziele und prägt grundlegende Einstellungen und Werte der Mitarbeiter. Dies gibt dem zielgerichteten Handeln aller Mitarbeiter eine Orientierung und legt Anforderungen an Sachsysteme fest.

Zielgestaltung und **Zielvermittlung** werden in diesem Abschnitt dargestellt und erläutert (vgl. Tabelle 2.6):

- **Zielgestaltung** dient zum einen der **Zielformulierung**. Strategische Konzepte und Unternehmungsleitbilder liefern einen Rahmen für zielgerichtetes Zusammenwirken von Sachen und Personen. Strategische Konzepte legen ökonomische Ziele fest, und Unternehmungsleitbilder dokumentieren die dabei zugrundeliegenden, handlungsleitenden Werte. Zum anderen zielt **Richtungsänderung** auf eine Veränderung ökonomischer Ziele und grundlegender Wertvorstellungen. Richtungsänderung bedeutet häufig Abkehr von Gewohntem. Damit dies von allen Beteiligten gewollt wird, sollten die Interessen aller Beteiligten bei einer Richtungsänderung berücksichtigt werden. Hierfür gibt die Institutionalethik Hinweise (vgl. Krupinski 1993, S.33; Müller-Merbach 1994c, S.196), z.B. hinsichtlich Partizipation von und Dialog mit Beteiligten sowie Verpflichtung gegenüber Interessengruppen.

- **Zielvermittlung** (vgl. Müller-Merbach 1994d, S.312-313) bringt formulierte Ziele und handlungsleitende Werte allen Beteiligten näher. Einerseits lassen sich die Interessen der Unternehmung und einzelner Mitarbeiter durch **Motivation** koppeln (vgl. von Rosenstiel 1991, S.149). Andererseits unterstützt **Sinnvermittlung** das Verständnis von Gesamtzusammenhängen und fördert eigenverantwortliches Handeln im Sinne des Ganzen, z.B. durch Delegation, vorbildliches Handeln und überschaubare organisatorische Einheiten.

	sachbezogen	personenbezogen	zielbezogen
Gestalten • Festlegen • Verändern	**Sachsystem-gestaltung**	**Organisations-gestaltung**	**Zielgestaltung** • Zielformulierung • Richtungsänderung
Lenken • Dirigieren • Moderieren	**Steuerung**	**Führung**	**Zielvermittlung** • Motivation • Sinnvermittlung

Tabelle 2.6: Zielbezogenes Gestalten und Lenken - Zielgestaltung und Zielvermittlung

Zielbezogenes Gestalten legt **strategische Konzepte** und **Unternehmungsleitbilder** fest und dokumentiert für alle Mitarbeiter sichtbar ökonomische Ziele und handlungsleitende Werte:

- **Strategische Konzepte** enthalten Zielsetzungen in bezug auf die angestrebte ökonomische Unternehmungsentwicklung, z.B. Aussagen über zu entwikkelnde Technologien, zu erschließende Märkte, angestrebte Wettbewerbspositionen sowie Zielgrößen für Return on Investment (RoI), Gewinn etc. (vgl. Gälweiler 1981, S.84; Kirsch 1990, S.276-285). Grundlagen für strategische Konzepte sind häufig Kreativitätsinitiativen, wie z.B. Kreativitätssitzungen und ein betriebliches Vorschlagswesen (vgl. Nütten 1992, S.15).

- **Unternehmungsleitbilder** dokumentieren ein über wirtschaftliche Zielsetzungen hinausgehendes, handlungsleitendes Wertesystem (vgl. Krupinski 1993, S.237; Müller-Merbach 1994c, S.195). Allgemeingültige Vorschläge zu handlungsleitenden Werte in Unternehmungsleitbildern lassen sich nicht machen, da es keine unbedingt allgemeingültigen handlungsleitenden Werte und Normen gibt (vgl. Krupinski 1993, S.89-90). Im Einzelfall müssen solche

Werte formuliert werden, deren Inhalte gültigen Moralvorstellungen entsprechen sollten. Für eine Prüfung handlungsleitender Werte auf ihre Verträglichkeit mit gültigen Moralvorstellungen eignet sich z.B. der kategorische Imperativ von Kant (vgl. Krupinski 1993, S.13). Der kategorische Imperativ von Kant lautet: *"Handle so, daß die Maxime deines Willens jederzeit zugleich als Prinzip einer allgemeinen Gesetzgebung gelten könne"* (zitiert nach Müller-Merbach 1992a, S.88).

Krupinski erläutert die Anwendung des **kategorischen Imperativs** von Kant (Krupinski 1993, S.13): *"Bei der Suche eigener und der Reflexion vorgegebener Ziele solle sich der einzelne an solchen Grundsätzen (Kant spricht von Maximen) orientieren, die nach eigenem Willen als 'allgemeines Gesetz' gelten können."*

Aus einer großen Fülle ethischer Konzepte hat Krupinski 20 inhaltliche Werte herausgearbeitet, von denen hier sechs als Orientierung für den Entwurf von Unternehmungsleitbildern zitiert seien (Krupinski 1993, S.222-223):

- *"Zukunftsverantwortung erkennen!"*
- *"Andere behandeln, wie man selbst behandelt werden will!"*
- *"Nach konsensfähigen Grundsätzen handeln!"*
- *"Sich mit den Betroffenen verständigen!"*
- *"Die Unternehmung erhalten und in den Dienst der Gesellschaft stellen!"*
- *"Die Unternehmung als Gemeinschaft führen!"*

Die Zielformulierung durch die Festlegung von strategischen Konzepten und Unternehmungsleitbildern sei hier ergänzt um die **Richtungsänderung**. Dadurch werden strategische Konzepte und Unternehmungsleitbilder verändert. Anlaß dafür können z.B. strategische Neuausrichtung und veränderte gesellschaftliche Interessen sein. Die ökonomischen Ziele einer Unternehmung stimmen nicht unbedingt mit gesellschaftlichen Interessen an einer Unternehmung überein (vgl. Staehle 1979, S.36), d.h. mit den Zielen für eine Unternehmung (vgl. Kirsch 1969, S.668-669; Staehle 1979, S.27; Müller-Merbach, S.14-15). Mögliche Interessenkonflikte lassen sich durch Richtungsänderung vermeiden. Hierfür gibt eine Institutionalethik Anregungen, welche den **Interessenausgleich** in den

Mittelpunkt stellt. Krupinski dazu (1993, S.33): *"Bei der Institutionalethik geht es um die Gestaltung von Mechanismen, durch die individuelles oder kollektives Eigeninteresse für die Gesellschaft als Ganzes genutzt werden kann."*

Als solche Mechanismen für den Interessenausgleich kommen Regelwerke, Gebote und Verbote in Frage (vgl. Krupinski 1993, S.35) in bezug auf den Umgang der Unternehmungsglieder untereinander sowie mit Kunden, Lieferanten, staatlichen Repräsentanten und Wettbewerbern. Im einzelnen sei spezifiziert, inwieweit sie bei einer Richtungsänderung zu berücksichtigen sind, z.B. durch Partizipation, Dialog und Verpflichtung ihnen gegenüber (vgl. Abschnitt 4.2.3.1).

Strategische Konzepte und Unternehmungsgrundsätze geben Leitlinien für das Handeln in Unternehmungen. Dadurch läßt sich das Unternehmungsgeschehen zielbezogen gestalten. Ergänzend bedarf es **zielbezogenen Lenkens,** damit in strategischen Konzepten und in Unternehmungsgrundsätzen formulierte Ziele für alle Beteiligten Bedeutung erlangen. Dies sei anknüpfend an Müller-Merbach als **Zielvermittlung** bezeichnet (vgl. Müller-Merbach 1994c, S.194-196). Die gefaßten Ziele sollen allen Unternehmungsmitgliedern verdeutlicht werden, und es soll ein Umgang zwischen Mitarbeitern, Kunden, Lieferanten etc. gemäß den formulierten Unternehmungsgrundsätzen gefördert werden (vgl. Bleicher 1992, S.178).

Zielvermittlung kann einerseits dirigierend wirken durch **Motivation**, andererseits moderierend durch **Sinnvermittlung**. **Motivation** soll die Handlungsbereitschaft von Mitarbeitern in eine gewünschte Richtung lenken, zum einen durch **intrinsische** Motivation und zum anderen durch **extrinsische** Motivation (vgl. von Rosenstiel 1991, S.149):

- **Intrinsische Motivation** verknüpft den Aufgabeninhalt einzelner Mitarbeiter mit deren Bedürfnis nach Selbstbestätigung, Anerkennung, anspruchsvollen Aufgaben, Verantwortung, Selbstentfaltung etc. Solche Aspekte des Arbeitsinhaltes bezeichnet Herzberg als *"Motivatoren"* (vgl. Zink 1979, S.65-66).

- **Extrinsische Motivation** verknüpft das Arbeitsumfeld der Mitarbeiter mit deren Bedürfnis nach angemessener Bezahlung, nach einem guten Arbeitsklima und nach Arbeitsplatzsicherheit etc. Solche Faktoren bezeichnet Herzberg als *"Hygienefaktoren"* (vgl. Zink 1979, S.65-66), deren Erfüllung den menschlichen Grundbedürfnissen nach materieller Sicherheit und sozialem Kontakt entspricht.

Sinnvermittlung knüpft demgegenüber an die innere Überzeugung jedes einzelnen an statt an Arbeitsinhalt und Arbeitsumfeld. Im Mittelpunkt der Sinnvermittlung stehen die gegenseitige Beeinflussung von Mitarbeitern und geeignete Rahmenbedingungen für den Sinnfindungsprozeß von Mitarbeitern. Hierdurch sollen Mitarbeiter aus sich selbst heraus Handlungsbereitschaft entfalten, die über die motivierende Wirkung von Aufgabeninhalten und Arbeitsumfeld hinausgehen.

Geeignete Mittel der Sinnvermittlung werden vor allem in der **Individualethik** diskutiert (vgl. Müller-Merbach 1994c, S.196). Individualethik zielt auf innere Überzeugung des einzelnen und nicht auf äußere Beeinflussung im Sinne dirigierender Motivation. Krupinski erläutert (1993, S.28): *"Die Individualethik ist an das Verantwortungsbewußtsein des einzelnen gerichtet, an seine Vernunft, an seine Einsicht in die Bedeutung von Verantwortung für das Zusammenleben aller Menschen, für die Gesellschaft als Ganzes. Der einzelne solle aus innerer Überzeugung, nicht aus äußerem Zwang, verantwortungsvoll handeln."*

Drei Arten der Sinnvermittlung werden häufig diskutiert (vgl. Krupinski 1993, S.241-243):

- **Delegation von Verantwortung** gibt Mitarbeitern Gelegenheit zum selbständigen zielorientierten Handeln und fördert dadurch deren Überzeugung für die gesetzten Ziele (vgl. Bleicher 1991, S.768; Krupinski 1993, S.241). Beispiele hierfür sind "Management by Objektives" (MbO) und "teilautonome Gruppen".

- **Vorbildliches Handeln** von Mitarbeitern wirkt beeinflussend auf andere. Insbesondere Führungskräfte sollten anderen Mitarbeitern Vorbild sein und beispielsweise nach den Leitsätzen "stoischen Managements" nach Müller-Merbach (1992a, S.181-203) handeln.

- **Überschaubare organisatorische Einheiten** geben Mitarbeitern unmittelbaren Einblick in die Folgen ihres Handelns. Einerseits fördern überschaubare organisatorische Einheiten die Einsicht jedes einzelnen in Handlungszusammenhänge, und andererseits erhöhen sie die *"kooperative Aufmerksamkeit unter den Beteiligten"* (Krupinski 1993, S.242) und wirken dadurch sinnstiftend.

Delegation von Verantwortung entlastet einerseits Leitungsstellen, andererseits eröffnet sie Mitarbeitern Freiräume zur Selbstentfaltung. Dieser zweite Aspekt ermöglicht Sinnvermittlung durch Delegation (vgl. Hill u.a. 1981, S.232-233). Hierfür werden häufig zwei Konzepte genannt, und zwar zum einen *"Management by Objectives"* (MbO) und zum anderen das Konzept *"teilautonomer Gruppen"*:

- *"Management by Objectives"* (MbO) beruht auf der Vereinbarung bzw. Vorgabe von Handlungszielen für Mitarbeiter; alle verbleibenden Entscheidungsbefugnisse in bezug auf die Aufgabenerfüllung werden an die Mitarbeiter delegiert (vgl. Staehle 1980, S.370-372).

- *"Teilautonome Gruppen"* erfüllen umfangreichere Aufgabenkomplexe in eigener Regie. Lediglich Rahmenbedingungen hinsichtlich geforderter Arbeitsergebnisse und verfügbarer Arbeitsmittel begrenzen die Gruppenautonomie (vgl. Staehle 1980, S.489-490).

Vorbildliches Handeln stellt eine weitere Art der Sinnvermittlung dar. Vorbildliches Handeln hat für andere handlungsleitenden, symbolischen Charakter (vgl. Deal und Kennedy 1982, S.62; Kobi und Wüthrich 1986, S.31) und wirkt nicht direkt beeinflussend. Es vermittelt erkennbare zielorientierte und moralische Standards, ohne anzuleiten. Dies entspricht dem zielbezogenen Lenkungsideal des Taoismus (Müller-Merbach 1994c, S.186): *"... das taoistische Prinzip des*

Wirkens durch Nicht-Wirken, des Handelns durch nicht Handeln, des Tuns durch Nicht-Tun, des Führens durch Nicht-Führen ..."

Voraussetzung für vorbildliches Handeln jedes einzelnen mag z.B. dessen Fähigkeit zur Selbstführung sein. Hierauf zielt Müller-Merbach mit zwölf Leitsätzen stoischen Managements. Er erläutert (1992a, S.182): *"Stoisches Management, Führung in stoischer Kultur, bedeutet, sich selbst führen zu lernen, um andere besser führen zu können."*

Zielbezogenes Gestalten und Lenken erfordert zukünftig vor allem eine Konzentration auf grundlegende Werte als Basis für eine Richtungsänderung, ebenso auf die Sinnvermittlung. Hierdurch erhält der Interessenausgleich bei der Evolution Vorrang vor der Zielformulierung (vgl. Abschnitt 4.2.3.1), und die Identifikation aller Beteiligten mit dem angestrebten Wandel wird durch Einbeziehung der Betroffenen zu fördern versucht (vgl. Abschnitt 4.2.3.2). Maßnahmen sind beispielsweise die Formulierung von wertebezogenen Grundsätzen für Evolutionsprozesse (vgl. Abschnitt 4.3.3.1) und Maßnahmen zur Vermittlung eines Wir-Gefühls (vgl. Abschnitt 4.3.3.2).

2.2 Schwerpunkte zukünfiger Evolution: Information, Wissen und Werte im Mittelpunkt der Leitung

Je nach den zukünftigen Herausforderungen sollte sich die Evolution von Unternehmungen auf Schwerpunkte konzentrieren, um möglichst wirkungsvoll die Wettbewerbsfähigkeit einer Unternehmung zu stärken. In diesem Abschnitt werden anknüpfend an zukünftige Entwicklungen **drei Schwerpunkte** für die Evolution von Unternehmungen aufgezeigt (vgl. Bild 2.2):

- Im Mittelpunkt **sachbezogenen** Gestaltens und Lenkens stehe **Information**. Die **wachsende Bedeutung von Informations- und Kommunikationstechnologien (IKT)** erfordert zukünftig eine informationsorientierte Leitung (Abschnitt 2.2.1). IKT machen immer mehr Information verfügbar (vgl. Zuboff 1985, S.6-9; Mittelstraß 1988, S.198) und eröffnen dadurch Möglichkeiten für eine wirkungsvollere Unternehmungsleitung. Diese Möglichkeiten sollten durch **informationsorientierte Leitung** genutzt werden.

- Im Mittelpunkt **personenbezogenen** Gestaltens und Lenkens stehe **Wissen**. Wissen ermöglicht innovative Wettbewerbsstrategien in der Auseinandersetzung mit dem **intensiver werdenden Wettbewerb** (Abschnitt 2.2.2). Geeignete Maßnahmen personenbezogenen Gestaltens und Lenkens sollten das Wissen der Mitarbeiter möglichst wirkungsvoll nutzbar machen. Hierauf sollte eine **wissensorientierte Leitung** zielen.

- Im Mittelpunkt **zielbezogenen** Gestaltens und Lenkens sollten **Werte** stehen. **Zunehmende gesellschaftliche Interessen** an einer Unternehmung sollten bei der Zielgestaltung und -vermittlung berücksichtigt werden, um Interessenkonflikte zu vermeiden. Grundlage hierfür sind handlungsleitende Werte, die Orientierung geben für die Wahl interessengerechter Ziele und für eine überzeugende Sinnvermittlung (vgl. Bleicher 1992, S.156; Krupinski 1993, S.228-230; Müller-Merbach 1994d, S.308-309). Eine **werteorientierten Leitung** unterstützt die Entwicklung handlungsleitender Werte (Abschnitt 2.2.3).

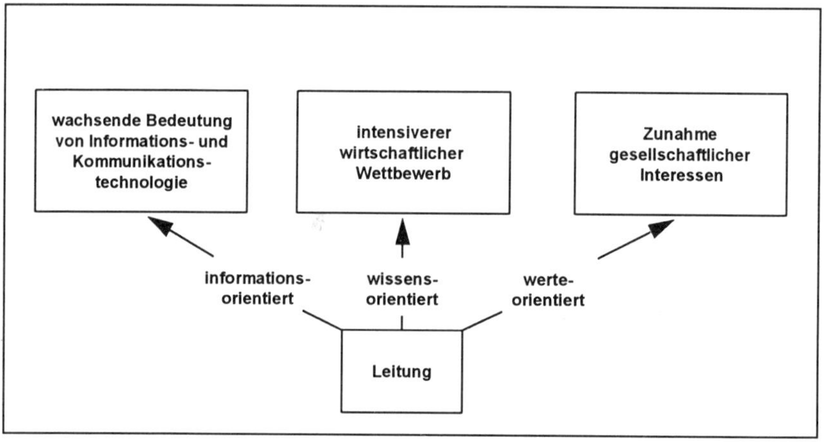

Bild 2.2: IKT-Einsatz, wirtschaftlicher Wettbewerb und gesellschaftlicher Wandel erfordern zukünftig eine informations-, wissens- und werteorientierte Leitung.

Alle drei Schwerpunkte des Wandels sind eng miteinander verflochten. Daher sollten für den Wandel nicht nur einzelne Schwerpunkte berücksichtigt werden, sondern alle drei gemeinsam. Sie geben zukünftiger Leitung eine Orientierung für die Wahl geeigneter Mittel der Erneuerung (vgl. Abschnitt 4.2). Die Zusammenhänge zwischen Information, Wissen und Werten seien verdeutlicht unter Bezug auf Mittelstraß:

Information ist nur durch **Wissen** nutzbar (vgl. Mittelstraß 1988, S.198); und **Wissen** ist nur auf der Basis von **Werten** zielgerichtet anwendbar (vgl. Mittelstraß 1992, S.170). Mittelstraß bezeichnet Werte als subjektives Orientierungswissen. Orientierungswissen gibt Auskunft über das "Sollen" bzw. "Dürfen" beim Handeln. Demgegenüber stellt er objektives Verfügungswissen, das hier einfach als Wissen bezeichnet sei. Verfügungswissen eröffnet Handlungsmöglichkeiten, es ist Grundlage für das "Können". Mittelstraß kommt zu der Einsicht (1992, S.170): *"Unser Können reicht weiter als unser Dürfen. Das Können ist klar, das Dürfen nicht."*

Ähnlich setzt Müller-Merbach Information, Wissen und Meinung zueinander in Beziehung (vgl. Müller-Merbach 1994e):

- **Information** entsteht durch die zweckgerichtete Verwendung von Daten.
- **Wissen** macht Information verständlich, gibt Information Bedeutung und ermöglicht so zielgerichtete Informationsverarbeitung.
- **Meinung** dokumentiert eine über Wissen hinausgehende subjektive Überzeugung. In dieser Arbeit werden **Werte** als innere Grundlage subjektiver Überzeugung näher betrachtet. Denn Werte gilt es durch Unternehmungsleitbilder zu prägen und durch Sinnvermittlung zu beeinflussen (vgl. Abschnitt 2.1.3). Daher wird statt des eher soziologisch geprägten Begriffs der Meinung in dieser Arbeit der eher philosophisch geprägte Begriff der Werte verwendet. Meinung bezeichnet häufig den äußeren Ausdruck subjektiver Überzeugung, und Werte stellen die innere Grundlage subjektiver Überzeugung dar.

Informations-, wissens- und werteorientierte Leitung zielt auf möglichst wirkungsvolles Gestalten und Lenken von Informationsverarbeitung, Wissensnutzung und -erwerb sowie Wertebildung. Dabei sind vermutlich jeweils unterschiedliche Zielsetzungen zu beachten: Mittelstraß warnt davor, daß wir durch IKT-Einsatz zu *"Informationsriesen"* und zu *"Wissenszwergen"* werden (Mittelstraß 1988, S.198). Ähnlich formuliert Naisbitt (1984, S.41): *"Wir ertrinken in Information, aber wir hungern nach Wissen."* Andere weisen hin auf einen gefährdeten *"Wertekonsens"* (vgl. Berger 1994, S.10), vermutlich wegen des *"Unterangebotes an Orientierungswissen"* (vgl. Mittelstraß 1992, S.40), an handlungsleitenden Werten.

2.2.1 Wachsende Bedeutung von Informations- und Kommunikationstechnologien (IKT): informationsorientierte Leitung

Zukünftiger technologischer Fortschritt wird stark geprägt durch Informations- und Kommunikationstechnologien (IKT). Bereits heute durchdringen IKT Unternehmungen zunehmend, z.B.

- als mikroelektronische Komponenten von Produkten,
- als Steuerungs- und Regelungstechnik in betrieblichen Prozessen,
- als automatische Bedienungsstationen, elektronische Produktkataloge und computergestützte Buchungssysteme im Vertrieb,
- als automatische Bestellsysteme in der Beschaffung,
- als fahrerlose Transportfahrzeuge und computergestützte Lagersysteme in der Logistik,
- als computergestützte Informations- und Kommunikationssysteme in Unternehmungen.

Die Anwendung von IKT birgt eine Fülle neuer Möglichkeiten. Zum einen führt IKT-Einsatz zur **Leistungssteigerung von Unternehmungsteilen**, z.B. von Produkten, Prozessen, betrieblichen Teilbereichen etc. Zum anderen ermöglichen IKT eine **wirkungsvollere Unternehmungsleitung**. Beide Aspekte des IKT-Einsatzes sind eng miteinander verknüpft (vgl. Zuboff 1985, S.6-9; 1988, S.9-11). Gleichwohl scheint bisher die Leistungssteigerung zu dominieren, und die vielfältigen Möglichkeiten einer wirkungsvolleren Unternehmungsleitung auf einer breiten verfügbaren Informationsbasis bleiben weitgehend ungenutzt (vgl. Zuboff 1988, S.11). Daher wird hier für eine **informationsorientierte Leitung** plädiert.

Eine informationsorientierte Leitung gestaltet und lenkt den IKT-Einsatz sowohl zur **Leistungssteigerung von Unternehmungsteilen** als auch für eine **wirkungsvollere Unternehmungsleitung**:

- Steht der Aspekt der **Leistungssteigerung von Unternehmungsteilen** im Vordergrund, dann lassen sich solche Aufgaben informationsorientierter Leitung weitgehend delegieren an eine EDV-Abteilung sowie die jeweiligen Fachabteilungen für die Gestaltung von Produkten, Prozessen, Vertrieb, Logistik etc. Unternehmungen als Ganze bleiben durch solchen IKT-Einsatz weitestgehend gleich, nur einzelne Unternehmungsteile werden leistungsfähiger.

- Soll jedoch die durch den IKT-Einsatz zusätzliche über die Unternehmungsteile verfügbare Information für eine **wirkungsvollere Unternehmungsleitung** genutzt werden, dann läßt sich diese Aufgabe informationsorientierter Leitung nicht an eine EDV-Abteilung und die Fachabteilungen delegieren. Auf eine wirkungsvollere, informationsorientierte Unternehmungsleitung zielen erst neuere Ansätze informationsorientierter Leitung wie z.B. das Reengineering (vgl. Davenport 1993, S.37-70; Hammer und Champy 1993, S.83-101; Müller-Merbach 1994d, 1994b, 1994f).

In diesem Abschnitt werden die **Wirkungen des IKT-Einsatzes in Unternehmungen** erläutert und an Beispielen verdeutlicht, einerseits der IKT-Einsatz zur **Leistungssteigerung von Unternehmungsteilen** und andererseits eine **wirkungsvollere Unternehmungsleitung** durch die Nutzung der zusätzlich verfügbaren Information. Viele Beispiele zeigen bisher die **Dominanz bloßer Leistungssteigerung** von Unternehmungsteilen. Möglichkeiten für eine wirkungsvollere Unternehmungsleitung scheinen häufig ungenutzt. Hierfür liefert z.B. eine informationsorientierte Betriebswirtschaftslehre Grundlagen. Um für eine informationsorientierte Leitung geeignete Führungskräfte auszubilden, plädierte

Müller-Merbach bereits mehrfach für eine entsprechende Ausbildung im Sinne einer *"informationsorientierten Betriebswirtschaftslehre"* (Müller-Merbach 1983a, S.822-823; 1985a; 1989a, S.1042).

Jeglicher IKT-Einsatz in Unternehmungen hat zweierlei **Wirkungen**:

- IKT-Einsatz führt zur **Leistungssteigerung von Unternehmungsteilen**.
- Dadurch wird zusätzliche Information über die Unternehmungsteile verfügbar, die eine **wirkungsvollere Unternehmungsleitung** ermöglicht.

Prägnant beschreibt Zuboff beide Aspekte des IKT-Einsatzes, die sie mit *"Automate"* bzw. *"Informate"* bezeichnet: Automate bezieht sich auf die **Leistungssteigerung von Unternehmungsteilen**, Informate auf eine **wirkungsvollere Unternehmungsleitung** durch die zusätzlich verfügbare Information über die Unternehmungsteile. Zuboff weist hin auf den bisher kaum beachteten Informate-Aspekt, (Zuboff 1988, S.11): *"Because of this duality intelligent technology has not been clearly recognized, the consequences of the technology's informating capacity are often regarded as unintended. Its effects are not planned, and the potential that it lays open remains relatively unexploited."*

Vielfältige Beispiele zeigen die bisherige **Dominanz bloßer Leistungssteigerung von Unternehmungsteilen** durch IKT-Einsatz, kaum wird die zusätzlich verfügbare Information für die Unternehmungsleitung genutzt:

- Mikroelektronische Komponenten in Produkten steigern die Leistungsfähigkeit informationsverarbeitender Produkte wie Taschenrechner, Uhren, Unterhaltungselektronik, elektronische Zündanlagen in Fahrzeugen etc. Zusätzlich wird dadurch Information über die Produkte verfügbar, die neue Möglichkeiten eröffnet. Z.B. liefern Bordcomputer vielfältige Information über wartungsbedürftige Komponenten und Nutzungsgewohnheiten von Fahrzeugen. Solche Information ermöglicht Entscheidungen der Unternehmungsführung z.B. in bezug auf Vertrieb und Service.

- Steuerungs- und Regelungstechnik in betrieblichen Prozessen erlaubt höhere Prozeßgeschwindigkeiten als bei manueller Steuerung und Regelung. Zusätzlich wird Information über den Prozeßablauf verfügbar, die zur Prozeßgestaltung und -lenkung z.B. in bezug auf geringere Kosten genutzt werden kann (vgl. Knoop 1986, Schmitz 1994, S.239).

- Automatische Bedienungsstationen z.B. bei Banken, elektronische Produktkataloge z.B. im Buchhandel und computergestützte Buchungssysteme z.B. in Reisebüros beschleunigen Auftragsabwicklungsprozesse im Vertrieb. Zusätzlich können neue IKT-gestützte Zusatzprodukte wie z.B. einfache Beratungsleistungen angeboten werden und *"elektronische Märkte"* (vgl. Schmid 1993) erschlossen werden.

- Automatische Bestellsysteme in der Beschaffung erleichtern Beschaffungsaktivitäten. Dadurch wird vielfältige Information verfügbar, die z.B. bei der Lieferantenauswahl, bei der Wahl der Bestellzeitpunkte und Bestellmengen genutzt werden kann (vgl. Pümpin und Steinbach 1988, S.14).

- Fahrerlose Transportfahrzeuge und computergestützte Lagersysteme rationalisieren nicht nur Logistikaktivitäten, sondern eröffnen Möglichkeiten zur Transport- und Lageroptimierung.

- Computergestützte Informations- und Kommunikationssysteme liefern nicht nur aktuellere Information über Unternehmungsaktivitäten, sondern lassen zusätzlich eine Vielfalt weiterer Auswertungs-, Verdichtungs- und Präsentationsmöglichkeiten zu (vgl. Rockart und Treacy 1982; Müller-Merbach 1991b).

Zukünftig sollte durch IKT-Einsatz verfügbare Information stärker für eine wirkungsvollere Unternehmungsleitung genutzt werden (vgl. Venkatraman 1991; Keen 1991; Davenport 1993, S.37-70; Hammer und Champy 1993, S.83-101). Dies läßt sich vor allem durch ein Informationsmanagement bewirken (vgl. Abschnitt 4.2.1), welches Rahmenbedingungen für informationsorientiertes Gestalten und Lenken schafft.

2.2.2 Intensiverer wirtschaftlicher Wettbewerb: wissensorientierte Leitung

Zukünftige Leitung sollte sich nicht nur auf die wachsende Bedeutung von Informations- und Kommunikationstechnologien (IKT) konzentrieren, sondern auch auf den intensiveren wirtschaftlichen Wettbewerb. Dem intensiveren Wettbewerb sollte durch innovative Wettbewerbsgrundlagen begegnet werden, welche auf Wissensnutzung und -erwerb beruhen. Daher wird hier für einen zweiten Schwerpunkt der Evolution plädiert: Das **Wissen** der Mitarbeiter sollte im Mittelpunkt personenbezogenen Gestaltens und Lenkens stehen, also der Organisationsgestaltung und der Führung. Eine **wissensorientierte Leitung** sollte Wissensnutzung und Wissenserwerb in Unternehmungen möglichst wirkungsvoll zu gestalten und lenken versuchen.

Intensiverer Wettbewerb wird hier auf zwei Einflußgrößen zurückgeführt, zum einen auf die zunehmende **Ausdehnung der Wettbewerbsarena** bis hin zur Globalisierung (vgl. Kotler 1990) und zum anderen auf die **Verkürzung von Produktentwicklungszeiten**. Unternehmungen können auf den intensiveren Wettbewerb reagieren, entweder indem sie ihre bisherigen **Wettbewerbsanstrengungen intensivieren** oder indem sie sich **neue Wettbewerbsgrundlagen** erarbeiten. Immer häufiger wird für neue Wettbewerbsgrundlagen plädiert.

Die Wettbewerbsintensität ergibt sich aus der Anzahl der Wettbewerber und der Häufigkeit neuer Produktentwicklungen der Wettbewerber. Daran anknüpfend wird hier die Wettbewerbsintensität auf zwei Phänomene zurückgeführt, nämlich die räumliche **Ausdehnung der Wettbewerbsarena** von Unternehmungen und die **Verkürzung von Produktentwicklungszeiten**:

- Die Anzahl der Wettbewerber steigt mit der räumlichen **Ausdehnung der Wettbewerbsarena**. Der Wettbewerb wird intensiver, da um jeden einzelnen Kunden immer mehr Unternehmungen mit ihren Produkten konkurrieren. Dies wird z.B. durch den Zusammenschluß nationaler Wirtschaftsräume zu supranationalen wie die Europäische Union gefördert. Und Globalisierungsstrategien von Unternehmungen zielen ebenfalls in diese Richtung (vgl. Kotler 1990).

- Die Häufigkeit von Produktentwicklungen nimmt durch kürzer werdende **Produktentwicklungszeiten** zu (vgl. Reichwald und Schmelzer 1990; Geschka 1993), und die Wettbewerbsintensität steigt. Vor allem japanische Unternehmungen scheinen mit häufigen Produktinnovationen einen *"Zeitwettbewerb"* (Stalk 1989) zu führen, statt statisch durch Kosten- und Qualitätsvorteile sowie größere Kundennähe zu konkurrieren (vgl. dazu Porter 1986, S.31-39).

Dem intensiveren Wettbewerb kann Leitung auf zwei Arten begegnen: Entweder werden die eigenen **Wettbewerbsanstrengungen intensiviert** oder **neue Wettbewerbsgrundlagen** erarbeitet. Nütten beschreibt die unterschiedlichen Vorgehensweisen plakativ, und zwar mit *"Try the same, but harder!"* und mit *"Try something new!"* (Nütten 1992, S.12):

- Zum einen können z.B. die Bemühungen im Marketing sowie in Forschung und Entwicklung **intensiviert** werden, um dem internsiveren Wettbewerb zu begegnen. Intensivere Bemühungen in Marketing, Forschung und Entwicklung werden vor allem diskutiert in bezug auf kürzere Innovationszeiten (vgl. Reichwald und Schmelzer 1990; Geschka 1993) und eine Globalisierung von Unternehmungsaktivitäten (vgl. Kotler 1990).

- Zum anderen können **neue Wettbewerbsgrundlagen** erschlossen werden, um dem intensiveren Wettbewerb zu begegnen. Entsprechende Strategien zielen auf Wettbewerbsgrundlagen, die nur schwer von Wettbewerbern imitiert werden können. Im Mittelpunkt steht häufig der **Erwerb und die wirkungsvollere Nutzung von Wissen** durch **wissensorientierte Leitung**.

Wissenserwerb und Wissensnutzung stehen im Mittelpunkt personenbezogenen Gestaltens und Lenkens. Auf den **Wissenserwerb** richten sich ein Innovationsmanagement (vgl. Abschnitt 4.2.2.1) und überbetriebliche Kooperations- und

Akquisitionsstrategien (vgl. Wolfrum 1991, S.293; Staudt u.a. 1992, S.18-21; Backhaus und Klein 1993, S.331; Linné 1993).

Für eine wirkungsvollere **Wissensnutzung** wird neuerdings für eine Konzentration auf Kernkompetenzen plädiert (vgl. Prahalad und Hamel 1991; Stalk u.a. 1993), und Albrecht (1993) empfiehlt ein Wissensmanagement. In Richtung auf eine wirkungsvollere Wissensnutzung zielen neuere Ansätze der Organisationsentwicklung (vgl. Abschnitt 4.2.2), insbesondere des Organizational Learning (vgl. Abschnitt 4.2.2.1) und der Personalentwicklung (vgl. Abschnitt 4.2.2.2).

2.2.3 Zunahme gesellschaftlicher Interessen: werteorientierte Leitung

Durch den gesellschaftlichen Wandel wird die Unternehmungsleitung zunehmend mit gesellschaftlichen Interessen konfrontiert (vgl. Schmidheiny 1992, S.13), z.B.

- mit ökologischen Forderungen nach umweltfreundlichen Produkten und Prozessen, nach einer Schonung natürlicher Ressourcen und nach Recycling,
- mit moralischen Einschränkungen in bezug auf die Herstellung von gentechnischen Produkten oder von Waffensystemen,
- mit sozialen Anforderungen in bezug auf den Handel mit verschuldeten Ländern der dritten Welt und mit Entwicklungsländern, ebenso mit der *"Humanisierung des Arbeitslebens"* (vgl. Staehle 1980, S.567; Böttcher 1992).

Die Unternehmungsleitung sollte die vielfältigen gesellschaftlichen Interessen mit den Unternehmungszielen in Einklang bringen, um langfristig wettbewerbsfähig zu bleiben (vgl. Krupinski 1993, S.162-188).

Hierauf zielt eine **werteorientierte Leitung**. Werteorientierte Leitung gestaltet und lenkt das Wertesystem einer Unternehmung (vgl. Müller-Merbach 1994d, S.308-309) als Grundlage für die Wahl interessengerechter Unternehmungsziele und für verantwortungsvolles Handeln. Häufig dokumentieren Unternehmungsleitbilder und Unternehmungsverfassungen entsprechende handlungsleitende Werte, und solche Werte werden durch Sinnvermittlung mit Leben gefüllt (vgl. Abschnitt 2.1.3).

Patentrezepte für eine werteorientierte Leitung, z.B. für den Entwurf von Unternehmungsleitbildern und -verfassungen bzw. geeignete Formen der Sinnvermittlung gibt es wohl kaum. Gleichwohl enthalten zum einen neuere wissenschaftliche Konzepte einer **Führungsethik** (vgl. Krupinski 1993) Hinweise (vgl. Abschnitt 4.2.3). Zum anderen gehen in der Unternehmungspraxis beispielsweise die Bemühungen einiger im *"Business Council for Sustainable Development"* (vgl. Schmidheiny 1992) zusammengeschlossener Unternehmungsleiter in die Richtung werteorientierter Leitung. Sie streben besonders nach der Berücksichtigung ökologischer Interessen im ökonomischen Handeln. Schmidheiny dazu (1992, S.13): *"Als Unternehmensleiter sind wir dem Konzept der nachhaltigen Entwicklung verpflichtet, das den heute Lebenden ihr Auskommen ermöglichen soll, ohne dafür das Wohlergehen künftiger Generationen aufs Spiel zu setzen."*

Die **Führungsethik** weist hin auf zweierlei Arten der Auseinandersetzung mit gesellschaftlichen Interessen an einer Unternehmung im Sinne einer **werteorientierten Leitung**, und zwar (vgl. Krupinski 1993, S.233)

- einerseits die Einrichtung von Instanzen wie z.B. **Ethikinstanzen**, die eine Beachtung gesellschaftlicher Interessen bei der Zielgestaltung und Zielvermittlung gewährleisten sollen.

- andererseits die Verknüpfung ökonomischer Ziele und gesellschaftlicher Interessen im Prozeß der Zielgestaltung bzw. Zielvermittlung, z.B. durch **Partizipation** von und **Dialog** mit Interessengruppen.

Ethikinstanzen sollen gesellschaftliche Interessen unternehmungsintern repräsentieren und dadurch ökonomisches Handeln auf gesellschaftlich vertretbares Handeln beschränken. Häufig diskutiert werden z.B. Ombudsstellen als Ansprechpartner für gesellschaftliche Interessengruppen, Beauftragte einzelner Inzteressengruppen und Ethikkommissionen (vgl. Krupinski 1993, S.233).

2.3 Formen der Evolution: funktionsorientierte Anpassung versus prozeßorientierte Erneuerung

Sachen, Personen und Ziele stehen in Unternehmungen auf vielfältige Weise zueinander in Beziehung. Zielgerichtete Evolution von Unternehmungen erfordert ein Modell dieser Beziehungen in Unternehmungen, um Unternehmungen als Ganzes gezielt gestalten und lenken zu können. Je nachdem ob Evolution an einem **statischen** oder an einem **dynamischen** Modell von Unternehmungen anknüpft, ergeben sich zwei unterschiedliche **Formen der Evolution**. Unter Bezug auf ein **statisches** Modell wird **funktionsorientierte Anpassung** bewirkt, und unter Bezug auf ein **dynamisches** Modell wird **prozeßorientierte Erneuerung** bewirkt.

Zunächst wird die **statische** Sicht betrieblicher **Funktionen** der **dynamischen** Sicht betrieblicher **Prozesse** gegenübergestellt (vgl. Abschnitt 2.3.1):

- In **statischer** Sicht lassen sich Unternehmungen in **Teile** gliedern, die jeweils einen bestimmten **Zweck** für die Unternehmung erfüllen. Solche zweckgerichteten Teile einer Unternehmung werden häufig als betriebliche **Funktionen** bezeichnet. Dies können Unternehmungsbereiche wie z.B. Produktion, Absatz, Lagerhaltung, Rechnungswesen sein (vgl. Müller-Merbach und Sommer 1982, S.265).

- In **dynamischer** Sicht lassen sich **Wirkungszusammenhänge zwischen den Teilen** einer Unternehmung betrachten, die gemeinsam ein bestimmtes **Ergebnis** hervorbringen. Solche ergebnis- bzw. zielorientierten Wirkungszusammenhänge von Sachen und Personen in Unternehmungen werden häufig als betriebliche **Prozesse** bezeichnet. Prozesse verknüpfen Personen und Sachen als ein Netzwerk von Wirkungsbeziehungen. Dies können z.B. Prozesse der Leistungserstellung und Leistungsverwertung oder der Entwicklung neuer

Produkte, Dienstleistungen und Herstellungsverfahren sein (vgl. dazu ausführlich Kapitel 3).

Anschließend werden daran anknüpfend zwei unterschiedliche **Formen der Evolution** erläutert, einerseits die **funktionsorientierte Anpassung** und andererseits die **prozeßorientierte Erneuerung** von Unternehmungen (Abschnitt 2.3.2):

- Gestalten und Lenken von **Funktionen** verändert zweckgerichtete Unternehmungsteile. **Evolution der Teile** sei hier als partielle **Anpassung** bezeichnet, z.B. von Abteilungen, Fachbereichen, Stellen etc. Anpassung betrifft nur einzelne Teile, und die Unternehmung als Ganzes bleibt weitgehend unverändert.

- Gestalten und Lenken von **Prozessen** wandelt ergebnisorientierte Wirkungszusammenhänge. **Evolution der Wirkungszusammenhängen** sei hier als grundlegende **Erneuerung** bezeichnet, z.B. von Prozessen der Leistungserstellung und Auftragsabwicklung. Erneuerung betrifft netzwerkartige, die gesamte Unternehmung durchdringende Wirkungszusammenhänge.

Beide Formen der Evolution haben Vor- und Nachteile. Weder dauerhafte Anpassung noch ständige Erneuerung mögen nützlich sein. Dauerhafte Anpassung von Unternehmungen droht zu "Stückwerk" zu werden, und betriebliche Prozesse werden dadurch immer komplizierter (vgl. Hammer und Champy 1993, S.201-202). Ständige Erneuerung von Unternehmungen droht Mitarbeiter zu überfordern und kann zu chaotischen Verhältnissen führen (vgl. Davenport 1993, S.160-161).

2.3.1 Funktionen und Prozesse

Leitung von Unternehmungen bezieht sich auf Sachen, Personen und Ziele. Für eine gezielte Evolution sollte ein **strukturierter Gesamtzusammenhang** von Sachen, Personen und Zielen modelliert werden. Unter Bezug auf eine solches ganzheitliches Modell können konkrete **Anknüpfungspunkte für Leitungsmaßnahmen** identifiziert werden und deren Wirkungen abgeschätzt werden. Daher werden hier zwei unterschiedliche Gesamtzusammenhänge von Sachen, Personen und Zielen in Unternehmungen aufgezeigt, und zwar einerseits betriebliche **Funktionen** und andererseits betriebliche **Prozesse** (vgl. Bild 2.3):

- Betriebliche **Funktionen** geben den **statischen** Gesamtzusammenhang von Sachen, Personen und Zielen wieder. Funktionen sind **zweckgerichtete Teile** von Unternehmungen (vgl. die ausführliche Diskussion betrieblicher Funktionen bei Böhrs 1963, S.153-178). In statischer Perspektive lassen sich Gesamtzusammenhänge von oben nach unten hierarchisch gliedern vom Ganzen zu den Teilen. Jeder Teil erfüllt jeweils in bezug auf die nächsthöhere Betrachtungsebene einen bestimmten Zweck.

- Betriebliche **Prozesse** repräsentieren den **dynamischen** Gesamtzusammenhang von Sachen, Personen und Zielen. In dynamischer Sicht lassen sich **Wirkungszusammenhänge** zwischen Teilen abgrenzen, die auf ein bestimmtes **Ergebnis** gerichtet sind (vgl. Nordsieck 1972a, Sp.12; Gaitanides 1983, S.65; Cooper 1994, S.3). Prozesse verknüpfen Sachen und Personen als ein **Netzwerk** ergebnisorientierter Wirkungszusammenhänge zwischen Teilen.

Betriebliche **Funktionen** können z.B. Sachsysteme für spezielle Zwecke der Sachgüterumwandlung und Informationsverarbeitung sein, aber auch organisatorische Bereiche und Abteilungen mit bestimmten Aufgaben. Beispiele hierfür sind Abteilungen bzw. Bereiche wie Produktion, Absatz, Lagerhaltung, Unternehmungsleitung (vgl. Müller-Merbach und Sommer 1982, S.265; Schierenbeck 1983, S.262; Wöhe 1990, S.11; Busse von Colbe und Laßmann 1991, S.21). Betriebliche **Prozesse** können z.B. Produktionsprozesse sein, die bestimmte Sachgüter liefern, oder Arbeitsprozesse, die bestimmte Leistungen erbringen (vgl. ausführlich Kapitel 3).

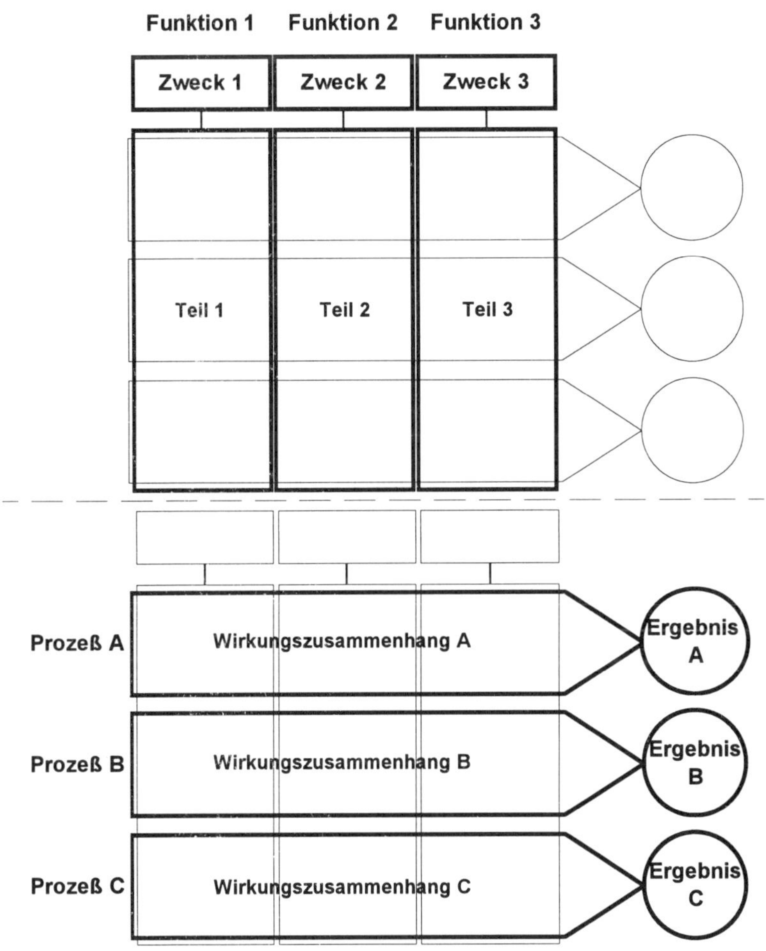

Bild 2.3: Statische und dynamische Sichtweise von Unternehmungen - Funktionen als zweckorientierte Unternehmungsteile und Prozesse als ergebnisorientierte Wirkungszusammenhänge zwischen Unternehmungsteilen.

Gesamtzusammenhänge in Funktionen und Prozesse zu gliedern, ist nicht auf die Betriebswirtschaftslehre beschränkt. Auch in anderen Wissenschaften wird zwischen dem statischen und dem dynamischen Gesamtzusammenhang zwischen Teilen eines Ganzen differenziert. Diese Differenzierung geht bis auf klassische Wurzeln zurück und wird immer wieder aufgegriffen. Manche Autoren plädieren für eine Gliederung in Funktionen, andere für eine Gliederung in Prozesse.

Gleichwohl ist weder die eine noch die andere Gliederung richtig oder falsch. Beide Gliederungen haben für die Leitung Vor- und Nachteile und sind daher im Einzelfall mehr oder weniger zweckmäßig. In der Unternehmungspraxis scheint seit Taylor vor allem funktionsorientierte Leitung zu dominieren. Neuerdings favorisieren einige Ansätze eine prozeßorientierte Leitung.

Nicht nur in der Betriebswirtschaftslehre, sondern auch in anderen Wissenschaften wird häufig zwischen Funktionen und Prozessen unterschieden, auch wenn diese nicht immer so bezeichnet werden. Dies sei hier an drei Beispielen verdeutlicht:

- **Volkswirtschaftslehre**: Einerseits können volkswirtschaftliche Sektoren und andererseits volkswirtschaftliche Wertschöpfungsprozesse hervorgehoben werden.

- **Biologie**: Einerseits können Körperorgane und andererseits Stoffwechselprozesse betrachtet werden.

- **Soziologie**: Einerseits können einzelne gesellschaftliche Bereiche wie Politik, Wirtschaft, Wissenschaft und Recht im Vordergrund stehen und andererseits soziale Prozesse der Kommunikation und Interaktion.

Die **klassischen Wurzeln** der Unterscheidung zwischen Funktionen und Prozessen lassen sich zurückverfolgen bis zu Kant und zu Aristoteles. **Kant** unterschied in seiner "Kritik der reinen Vernunft" zwischen dem "Bestimmungszusammenhang" von Dingen (hier als Funktion bezeichnet) und dem "Wirkungszusammenhang" zwischen Dingen (hier als Prozeß bezeichnet): *"Also* *muß jede Substanz ... die Causalität gewisser Bestimmungen in der andern und zugleich die Wirkungen von der Causalität der andern in sich enthalten ..."* (Kant 1781, S.212).

Ähnlich systematisierte bereits **Aristoteles** vier Ursachen des Seienden (vgl. Müller-Merbach 1992a, S.211), die unterschiedliche Beziehungen zwischen einem Ganzem und den Teilen aufzeigen (vgl. Bild 2.4):

- **Zweck** eines Teils in bezug auf das Ganze (causa finalis: Zweckursache)
- **Form** bzw. Teilestruktur eines Ganzen (causa formalis: Formursache)
- **Wirkungszusammenhang** zwischen Teilen (causa efficiens: bewirkende Ursache)
- **Stoff** bzw. Material der Teile (causa materialis: Stoffursache).

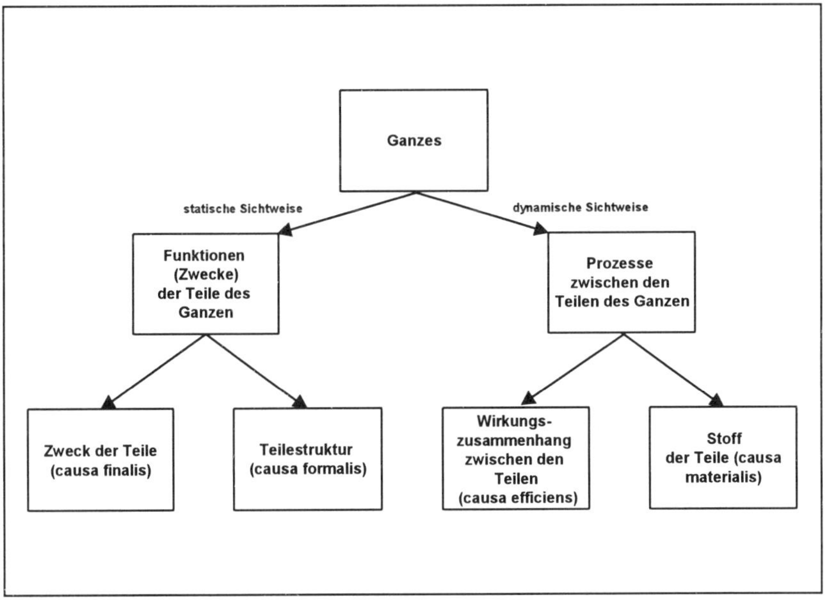

Bild 2.4: Die vier Ursachen des Seienden nach Aristoteles und ihre Verknüpfung zu Funktionen und Prozessen (vgl. Riedl 1984, S.43)

Funktionen und Prozesse verknüpfen jeweils zwei der vier Ursachen des Aristoteles (vgl. Riedl 1984, S.43): Funktionen verbinden Zweck- und Formursache, d.h. sie strukturieren eine Ganzheit in Teile und stellen deren Zweck in bezug auf das Ganze dar. Prozesse vereinigen Wirkungszusammenhang und Stoffursache, d.h. sie stellen die Wechselwirkungen und Veränderungen der Teile eines Ganzen dar.

Weder in Funktionen noch in Prozesse zu gliedern ist falsch oder richtig. Beides ist möglich. Gleichwohl plädieren in der Betriebswirtschaftslehre einige für **funktionsorientierte** und andere für **prozeßorientierte Leitung**:

- Böhrs trat bereits in den 1940er Jahren als ein Befürworter einer **funktionsorientierten** Leitung auf (vgl. Böhrs 1963, S.166-168). Er argumentiert (Böhrs 1963, S.13-15): *"Wenn auch die in einem Industriebetrieb zu stellenden Aufgaben je nach Betriebszwecken ... verschiedenartig zu lösen sind ..., so sind doch die Aufgaben in allen Industriebetrieben grundsätzlich die gleichen. ... Die in einem Betrieb zu lösenden Aufgaben bilden insgesamt ein ganzes System, ... Man kann ... diese Aufgaben unseres Systems auch als 'direkte Funktionen' bezeichnen..."* Nach Böhrs bilden die im Zeitablauf gleichbleibenden Aufgaben in Unternehmungen das Gerüst für eine Gliederung betrieblicher Funktionen.

- Nordsieck sei hier stellvertretend für viele als Fürsprecher einer **prozeßorientierten** Leitung zitiert. Er hält eine Unterscheidung betrieblicher Funktionen für eine nicht akzeptable Vereinfachung der Realität (vgl. Nordsieck 1972a, Sp.9): *"Wer sich die Gliederung der Betriebsaufgabe als eine Struktur vorstellt und dabei im Geiste die Hierarchie einer Stufenfolge vor sich sieht, muß sich darüber im klaren sein, daß er eine Vereinfachung, eine Abstraktion, vorgenommen hat. Er hat nämlich weggelassen die Vorstellung der Tatsache, das der Betrieb in Wirklichkeit ein fortwährender Prozeß, eine ununterbrochene Leistungskette ist. Die wirkliche Struktur eines Betriebes ist die eines Stromes."*

Sowohl eine funktions- als auch eine prozeßorientierte Leitung haben **Vor- und Nachteile**, zwischen denen im praktischen Anwendungsfall abgewogen werden sollte. Zum einen sei auf Vor- und Nachteile **funktionsorientierter Leitung** hingewiesen:

- **Vorteile funktionsorientierter Leitung** liegen vor allem in der Spezialisierung der Leitungsaufgaben (vgl. Hill u.a. 1981, S.194-195). Dadurch kommt eine Funktionsorientierung häufig der in Schule und Studium erworbenen Qualifikation vieler Gestalter und Lenker in Unternehmungen entgegen. Funktionsorientierte Leitung erfordert überwiegend monodisziplinäre Kenntnisse, z.B. über Produktion, Vertrieb, Marketing, Forschung und Entwicklung. Genau diese Vorteile nutzte bereits Taylor (1911) mit seinem *"Funktionsmeisterprinzip"* (vgl. Böhrs 1963, S.155-156; Hill u.a. 1981, S.194).

- **Nachteile funktionsorientierter Leitung** betreffen vor allem die geringe Berücksichtigung funktionsübergreifender Gesamtzusammenhänge. Stichworte wie *"Ressortegoismus"* dokumentieren dies (vgl. Bleicher 1991, S.779).

Zum anderen sei auf **Vor- und Nachteile prozeßorientierter Leitung** hingewiesen:

- **Vorteile prozeßorientierter Leitung** liegen vor allem in der konsequenten Ergebnisorientierung. Im Mittelpunkt stehen Prozeßergebnisse, die unabhängig von Funktionsgrenzen bestmöglich erreicht werden sollen. Cooper schreibt plakativ (1994, S.3): *"All work is a process. If you want better results at the end - the output - then focus on the process that delivered the results."* Striening konkretisiert dies für das Prozeßmanagement (1988a, S. 202): *"Der Prozeß 'Erfüllung des Kundenauftrages' umfaßt alle Aktivitäten, welche auf die Gewinnung und Befriedigung von Kundenaufträgen hinwirken. Dies schließt die aktive und bewußte Mitarbeit aller direkt und indirekt daran beteiligten Personen und Funktionen ein."*

- **Nachteile prozeßorientierter Leitung** mögen die hohen Anforderungen an die Leitung sein. Vor allem interdisziplinäre, d.h. interfunktionale Kenntnisse und funktionsübergreifende Erfahrung werden für prozeßorientierte Leitung benötigt. Mitarbeiter mit solchen umfassenden Fähigkeiten sind häufig knapp, da z.B. viele Ausbildungs- und Studiengänge einseitig spezialisierte Fächerkataloge umfassen (vgl. Müller-Merbach 1990b, S.173-174).

Auch wenn es Argumente für beide Orientierungen der Leitung gibt und jede Orientierung ihre Vor- und Nachteile hat, so scheinen in der **Unternehmungspraxis** seit Taylor (1911) Anwendungen funktionsorientierter Leitung zu dominieren. Nur einige neuere Ansätze zielen auf prozeßorientierte Leitung. Gaitanides lieferte Grundlagen für eine prozeßorientierte Organisation (vgl. Gaitanides 1983, S.62), und Striening führte ein Prozeßmanagement in der Auftragsabwicklung bei IBM ein (vgl. Striening 1988a). Durch Bewegungen wie Total Quality Management (vgl. Zink 1992a) und Reengineering (vgl. Hammer und Champy 1993; Davenport 1993; Johansson u.a. 1993) wurde eine Welle prozeßorientierter Leitung in Unternehmungen ausgelöst. Einen Überblick über diese neuere Euphorie prozeßorientierter Leitung gibt Müller-Merbach (vgl. 1994b, S.51-54).

2.3.2 Anpassung versus Erneuerung

Leitung kann Evolution von Unternehmungen bewirken unter Bezug auf **Funktionen** und **Prozesse**. Je nachdem wo entsprechende Veränderungsmaßnahmen ansetzen, führt dies zu **partieller Anpassung** oder zu **grundlegender Erneuerung** von Unternehmungen (Bild 2.5):

- **Funktionsorientierte Leitung** bewirkt eine **Veränderung der Teile** einer Unternehmung und deren Zwecke. Dieser **partielle** Wandel sei hier als **Anpassung** bezeichnet, da er nur einzelne Teile verändert und die Unternehmung als Ganzes weitgehend unverändert bleibt.

- **Prozeßorientierte Leitung** zielt demgegenüber auf eine **Veränderung des Wirkungszusammenhangs** zwischen Teilen. Die Wirkungszusammenhänge durchdringen die gesamte Unternehmung wie ein Netzwerk. Daher sei hier solcher Wandel als grundlegend, als **Erneuerung** bezeichnet.

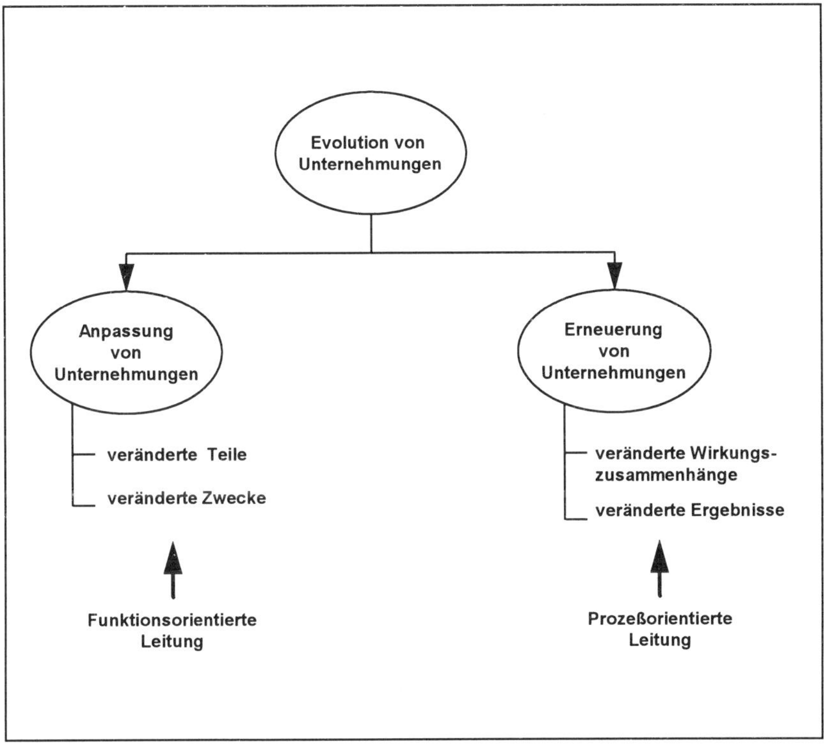

Bild 2.5: Anpassung und Erneuerung von Unternehmungen - funktions- und prozeßorientierte Leitung

Anpassung und Erneuerung sind zwei Formen der Evolution, die sich durch funktions- bzw. prozeßorientierte Leitung bewirken lassen. Beide Formen der Evolution wurden bereits in der klassischen Philosophie thematisiert, und Krieg (vgl. 1971, S.68-70) beschrieb sie speziell in bezug auf den Wandel von Unternehmungen. Jede der beiden Formen bewirkt Wandel in unterschiedlichem

Ausmaß. Im Zeitablauf sollte nach einem Gleichgewicht zwischen Anpassung und Erneuerung gestrebt werden, da weder ständige Anpassung noch ständige Erneuerung auf Dauer nützlich sein können.

Bereits in der griechischen Philosophie findet man die Betonung des Beständigen und des Wandels: Heraklit stellte den grundlegenden Wandel in den Mittelpunkt seiner Philosophie (vgl. Müller-Merbach 1992a, S.18-19). Demgegenüber orientierte sich Parmenides am Dauerhaften, am Beständigen (vgl. Müller-Merbach 1994c, S.182). Die Stabilität eines Ganzen gegenüber dem Wandel wird betont.

Ähnlich unterscheidet Krieg zwei Typen des Wandels von Unternehmungen, und zwar einerseits "morphostatischen" und "morphogenetischen" Wandel (vgl. Krieg 1971, S.68-70): Morphostatische Unternehmungen passen sich an und behalten dabei ihre Grundstruktur bei. Morphogenetische Unternehmungen verändern demgegenüber ihre Grundstruktur, die Wirkungszusammenhänge zwischen den Teilen.

Anpassung und Erneuerung wandeln betriebliche Funktionen und Prozesse hinsichtlich veränderter Ergebnisse des Ganzen, z.B. sollen neue Anforderungen wie Qualitätsanforderungen an Produkte oder Informationsbedürfnisse der Kunden und Mitarbeiter etc. (im Bild mit X bezeichnet) erfüllt werden:

- **Anpassung** verändert betriebliche Funktionen, um neue (X-orientierte) Ergebnisse zu erhalten (vgl. Bild 2.6). Die neue Anforderung (X) stellt einen neuen zu erfüllenden Zweck dar, der als Aufgabe bestimmten Teilen der Unternehmung übertragen wird. Z.B. wird eine Qualitätssicherung mit der Prüfung der Erfüllung neuer Qualitätsanforderungen beauftragt. Dadurch verlängern sich in der Regel betriebliche Prozesse, und die bei der Leitung zu berücksichtigenden Schnittstellen nehmen zu.

- **Erneuerung** verändert betriebliche Prozesse (vgl. Bild 2.7), d.h. die Wirkungszusammenhänge zwischen Teilen werden gewandelt, um neue (X-orientierte) Ergebnisse zu bekommen. Betriebliche Prozesse werden so erneuert, daß durch das Zusammenwirken der Funktionen den neuen Anforderungen entsprechende Ergebnisse geliefert werden. Z.B. werden alle betrieblichen Prozesse so gestaltet und gelenkt, daß sie neuen Qualitätsanforderungen genügen. Auf eine neue Qualitätsfunktion wird dabei verzichtet.

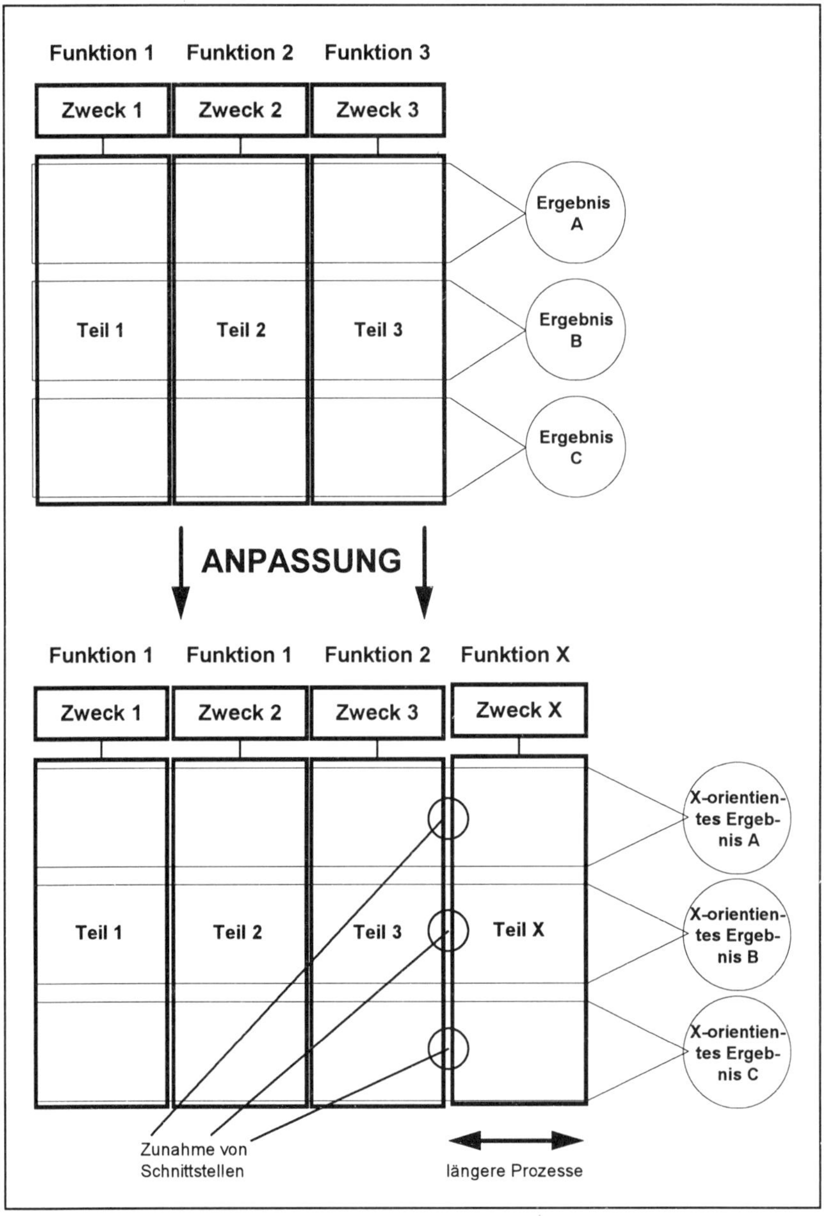

Bild 2.6: Anpassung von Unternehmungen durch funktionsorientierte Leitung

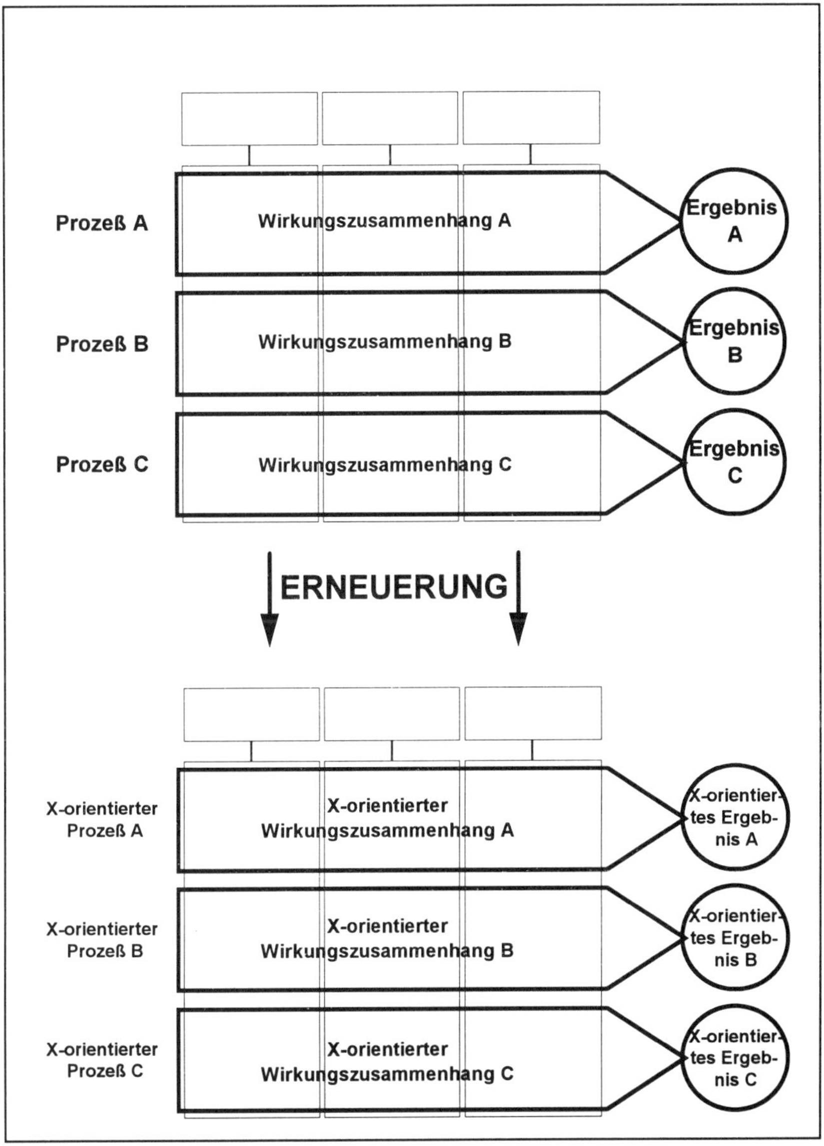

Bild 2.7: Erneuerung von Unternehmungen durch prozeßorientierte Leitung

Beide Formen der Evolution von Unternehmungen wurden bereits in Abschnitt 2.2 diskutiert:

- **Anpassung** an den zunehmenden IKT-Einsatz, intensiveren Wettbewerb und zunehmende gesellschaftliche Interessen: EDV-Abteilungen, intensivere Bemühungen in Marketing, Forschung und Entwicklung sowie Ethikinstanzen stellen Anpassungen an den Wandel durch veränderte Funktionen der Unternehmung dar.

- **Erneuerung** in bezug auf zunehmenden IKT-Einsatz, intensiveren Wettbewerb und zunehmende gesellschaftliche Interessen: Informationsmanagement (vgl. Abschnitt 4.2.1), Organisationsentwicklung (vgl. Abschnitt 4.2.2) und Führungsethik (vgl. Abschnitt 4.2.3) erneuern betriebliche Prozesse in bezug auf den technologischen, wirtschaftlichen und gesellschaftlichen Wandel.

Je nach der Einschätzung des Veränderungsbedarfs sei die **Wahl zwischen Anpassung und Erneuerung** von Unternehmungen getroffen:

- **Informations- und Kommunikationstechnologie (IKT)** mögen manche beurteilen als bloßes Mittel zur Leistungssteigerung von Unternehmungsteilen. Sie entwickeln entsprechend veränderte Produkte und Informationssysteme für die Produktion, Forschung und Entwicklung, Vertrieb etc., passen also an. Andere stufen die Bedeutung von IKT sehr hoch ein, z.B. als vierte Kulturtechnik, deren Beherrschung für die Unternehmungsführung zukünftig unverzichtbar ist (vgl. Zimmerli 1989, S.27; Müller-Merbach 1990b, S.187-189). Sie fordern z.B. eine informationsorientierte Leitung, also eine Erneuerung.

- **Intensiverem wirtschaftlichen Wettbewerb** mögen manche durch intensivere Bemühungen in Marketing sowie in Forschung und Entwicklung, also durch Anpassung begegnen. Andere reagieren mit wirkungsvollerer Nutzung von Wissen, also durch Erneuerung.

- **Gesellschaftliche Interessen** zu berücksichtigen, mögen manche als zu erfüllende Aufgabe einzelner auffassen und dafür Ethikinstanzen bilden, also durch Anpassung reagieren. Andere sehen in der Interessenberücksichtigung einen Anlaß zu grundlegender Erneuerung betrieblicher Prozesse in bezug auf grundlegende handlungsleitende Werte (vgl. Schmidheiny 1992, S.13; Krupinski 1993, S.102-103).

2.4 Fazit: Evolution von Unternehmungen durch informations-, wissens- und werteorientierte Erneuerung

Für eine bestmögliche Steigerung der Wettbewerbsfähigkeit, für eine zielgerichtete Evolution von Unternehmungen wird hier für eine **informations-, wissens- und werteorientierte Erneuerung von Unternehmungen** plädiert. Zum einen sollten Information, Wissen und Werte zukünftig stärker im Mittelpunkt der Leitung stehen (vgl. Abschnitt 2.2), wie dies z.B. in der japanischen *"Organizational-Intelligence"*-Bewegung (vgl. Matsuda 1993, S.16; Momm 1993; Müller-Merbach 1993a) betont wird. Zum anderen wird dafür in vielen Unternehmungen grundlegender Wandel, also prozeßorientierte Erneuerung erforderlich sein. In diese Richtung gehen auch viele neuere Konzepte wie z.B. das Reengineering (vgl. Davenport 1993; Hammer und Champy 1993; Müller-Merbach 1994d).

Informations-, wissens- und werteorientierte Erneuerung lassen sich bewirken durch eine Veränderung betrieblicher Prozesse. Hierfür werden in dieser Arbeit ein **Modell** betrieblicher Prozesse sowie ein **Konzept** und eine **Methodik** der Erneuerung aufgezeigt:

- Das **Modell betrieblicher Prozesse** (Kapitel 3) liefert eine Grundlage für die praktische Erneuerung. Das Modell zeigt eine Struktur betrieblicher Prozesse auf, an der sich die Leitung bei der Erneuerung von Unternehmungen orientieren sollte.

- Das **Konzept für die Erneuerung** (Kapitel 4) zeigt Ziele, Mittel und Maßnahmen der Erneuerung auf und verdeutlicht diese an einzelnen betrieblichen Prozessen.

- Die **Methodik** (Kapitel 5) beschreibt eine Vorgehensweise bei der Erneuerung in der Unternehmungspraxis.

3 Modell: Eine ganzheitliche Struktur für die Erneuerung

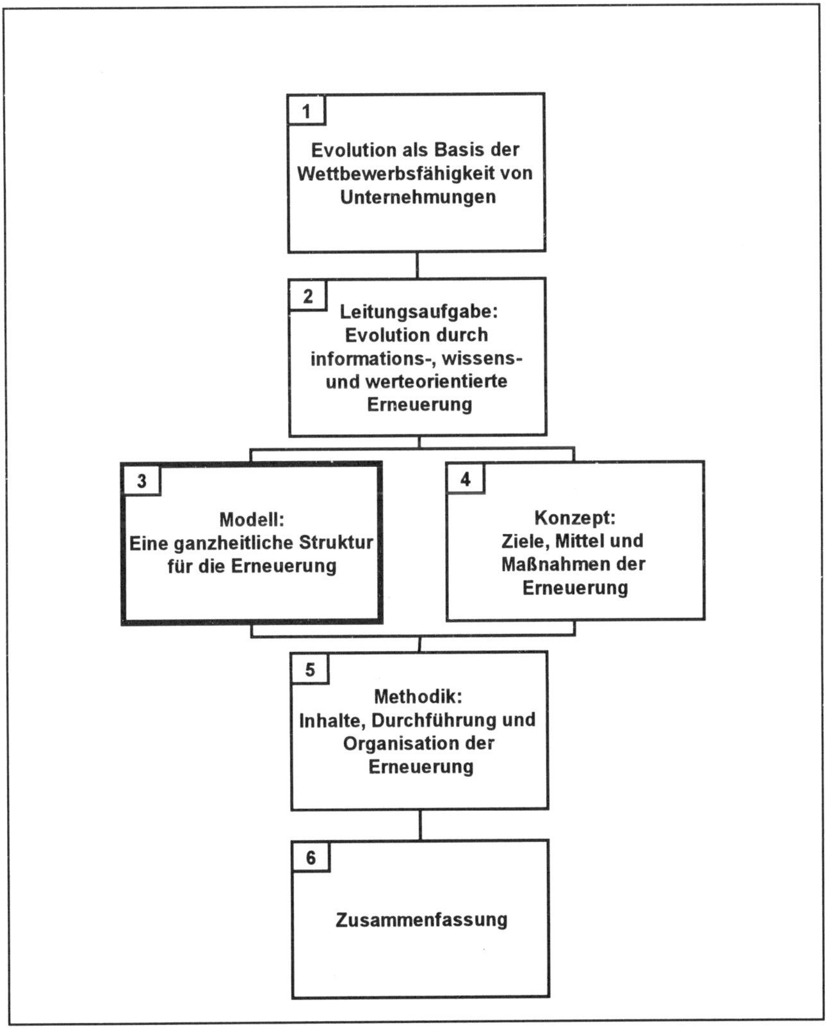

Zur Steigerung der Wettbewerbsfähigkeit von Unternehmungen wird hier ein Konzept für die Erneuerung von Unternehmungen entwickelt. Erneuerung gestaltet und lenkt betriebliche Prozesse (vgl. Abschnitt 2.3.2). Um Unternehmungen als Ganzes zielgerichtet erneuern zu können, wird in diesem Kapitel ein ganzheitliches Modell betrieblicher Prozesse aufgezeigt. Es soll praktischen Maßnahmen der Erneuerung eine Struktur geben, und es diene als Orientierungsrahmen, der im praktischen Einzelfall detailliert werden sollte (vgl. Abschnitt 5.2.1).

In drei Schritten wird ein ganzheitliches Modell betrieblicher Prozesse erarbeitet (vgl. Gedankenflußplan zu Kapitel 3 in Bild 3.1):

- **Betriebliche Prozesse** werden hinsichtlich wesentlicher Merkmale charakterisiert (Abschnitt 3.1): Prozesse liefern bestimmte Ergebnisse (Output) wie z.B. Produkte, Dienstleistungen, Information, Werkstoffe, Energie und Geld. Dafür werden Vorleistungen (Input) wie Vorprodukte, Dienstleistungen, Information, Werkstoffe, Energie und Geld sowie Ressourcen wie Personal, Maschinen und Gebäude benötigt. Die Umwandlung von Vorleistungen in Ergebnisse gleicht einem Strom von Objekten, auf den vielfältige in einem Wirkungszusammenhang stehende Aktivitäten einwirken (vgl. Abschnitt 2.3.1). Drei Aspekte betrieblicher Prozesse werden näher beleuchtet: Erstens werden die **Objekte** in Prozessen und deren **Input-Output-Struktur** näher detailliert. Zweitens werden unterschiedliche **Aktivitäten** in betrieblichen Prozessen und deren **Wirkungszusammenhang** beschrieben. Drittens lassen sich unterschiedliche Koordinationsformen für den Ressourceneinsatz in betrieblichen Prozessen unterscheiden, und zwar anknüpfend an die Gliederung der Lenkungsaufgabe in Abschnitt 2.1.

- Um zielgerichtete Veränderungen durch Maßnahmen der Erneuerung bewirken zu können, wird hier für ein **ganzheitliches Modell betrieblicher Prozesse** plädiert (Abschnitt 3.1.5). Betriebliche Prozesse sollen in allen für eine Erneuerung wesentlichen Aspekten dargestellt werden, d.h. es soll bewußt auf Einseitigkeit verzichtet werden. Sowohl Sachgüterströme und Nominalgüterströme als auch Informationsflüsse und Dienstleistungen sollen erfaßt werden. Darüber hinaus sollten auch die sie bewirkenden, koordinierenden und unterstützenden Aktivitäten berücksichtigt werden. Nur so läßt sich ein wirkungsvolles Gesamtkonzept der Erneuerung von Unternehmungen begründen.

- Je nach speziellen Erneuerungszielen lassen sich im Einzelfall unterschiedliche ganzheitliche Prozeßmodelle entwerfen. Hier wird ein ganzheitliches Modell betrieblicher Prozesse entwickelt, welches **betriebliche Prozesse in ihrem Wertschöpfungsverbund** darstellt (Abschnitt 3.3). Wertschöpfung wird als Gesamtergebnis (Output) aller betrieblichen Prozesse angesehen. Dementsprechend werden dreierlei betriebliche Prozesse mit unterschiedlichen Beiträgen zur betrieblichen Wertschöpfung aufgezeigt. Das hier entworfene Prozeßmodell soll für die praktische Erneuerung als Leitfaden dienen.

Das Prozeßmodell umfaßt dreierlei Prozesse, und zwar **Kernprozesse**, **Koordinationsprozesse** und **unterstützende Prozesse**:

- **Kernprozesse** liefern die Basis betrieblicher Wertschöpfung (Abschnitt 3.3.1). Zum einen dienen **operative** Kernprozesse der Wertschöpfungsrealisierung durch Leistungserstellung und Leistungsverwertung (Auftragsabwicklung). Zum anderen erschließen **strategische** Kernprozesse zukünftige Wertschöpfungsquellen, nämlich durch Aufbau und Pflege von Kunden- und sonstigen Außenbeziehungen, durch Entwicklung neuer Produkte, Verfahren und Dienstleistungen sowie durch die Entwicklung von Kompetenz.

- **Koordinationsprozesse** integrieren die einzelnen Prozesse zu einem Gesamtverbund (Abschnitt 3.3.2), und zwar sachbezogen durch **Planung und Kontrolle** sowie **Regelung**, personenbezogen durch **Führung** und zielbezogen durch **Zielvermittlung**.

- **Unterstützende Prozesse** entlasten andere Prozesse von nicht unmittelbar der Wertschöpfung und Koordination dienenden Tätigkeiten (Abschnitt 3.3.2). Zum einen sorgen sie für die Ressourcenbeschaffung und -verwendung, z.B. durch **Investition und Finanzierung**. Zum anderen fördern sie eine reibungsfreie Abwicklung betrieblicher Prozesse durch Bereitstellung und Aufrechterhaltung der erforderlichen **Infrastruktur** und **Verwaltung**.

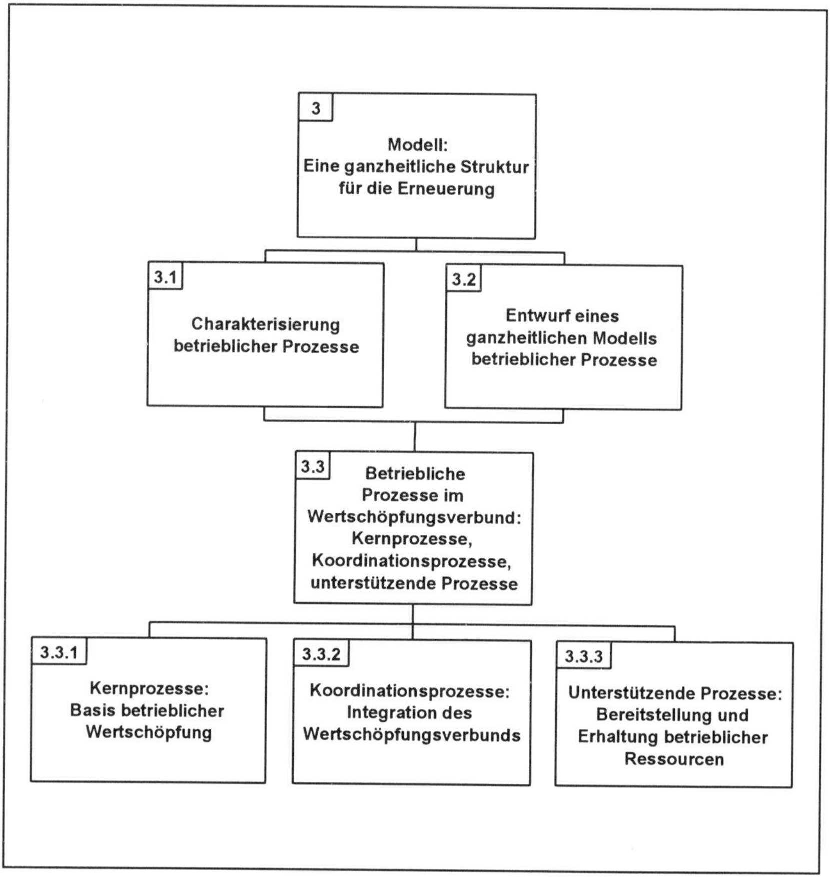

Bild 3.1: Gedankenflußplan zu Kapitel 3

3.1 Charakterisierung betrieblicher Prozesse

Erneuerung gestaltet und lenkt betriebliche Prozesse. Hierfür wird ein detailliertes Verständnis betrieblicher Prozesse benötigt. Wesentliche Merkmale betrieblicher Prozesse und deren Ausprägungen werden aufgezeigt, und zwar ausgehend von Nordsiecks Vorstellung einer Unternehmung als *"fortwährender Prozeß"*, als *"ununterbrochene Leistungskette"*, als *"Strom"* (Nordsieck 1972a, Sp.9).

Nach Nordsieck durchziehen stoffliche Ströme von Material, von Information und von Energie eine Unternehmung - allgemein Ströme aus unterschiedlichen **Objekten**. Solche Ströme sind sichtbar als Werkstoffströme, Aktenströme, Geldströme, Energieströme etc. Darin werden Vorleistungen (Input) wie Vorprodukte, Dienstleistungen, Information, Werkstoffe, Energie und Geld durch eine Vielzahl von **Aktivitäten** in Ergebnisse (Output) wie Produkte, Dienstleistungen, Information, Werkstoffe, Energie und Geld umgewandelt (vgl. Nordsieck 1972a, Sp.11).

Anknüpfend an diese einfache Beschreibung werden in diesem Abschnitt betriebliche Prozesse näher charakterisiert (vgl. Bild 3.2 und Tabelle 3.1):

- **Objekte** sind der stoffliche Gegenstand in betrieblichen Prozessen. In betrieblichen Prozessen werden Vorleistungen (Input) zu Ergebnissen (Output) umgewandelt. Prozesse umfassen vielfältige Objekte als Ergebnisse (Output) und als Vorleistungen (Input) (Abschnitt 3.1.1). Hierzu gehören **Produkte**, **Dienstleistungen**, **Information**, **Werkstoffe**, **Energie** und **Geld**.

- **Input-Output-Strukturen** repräsentieren die Umwandlungsbeziehungen von Vorleistungen (Input) zu Ergebnissen (Output) (Abschnitt 3.1.2). Umwandlungsbeziehungen zwischen Input und Output bilden die Struktur von **Ketten**, **Kreisläufen**, **Bäumen** oder **Netzwerken**.

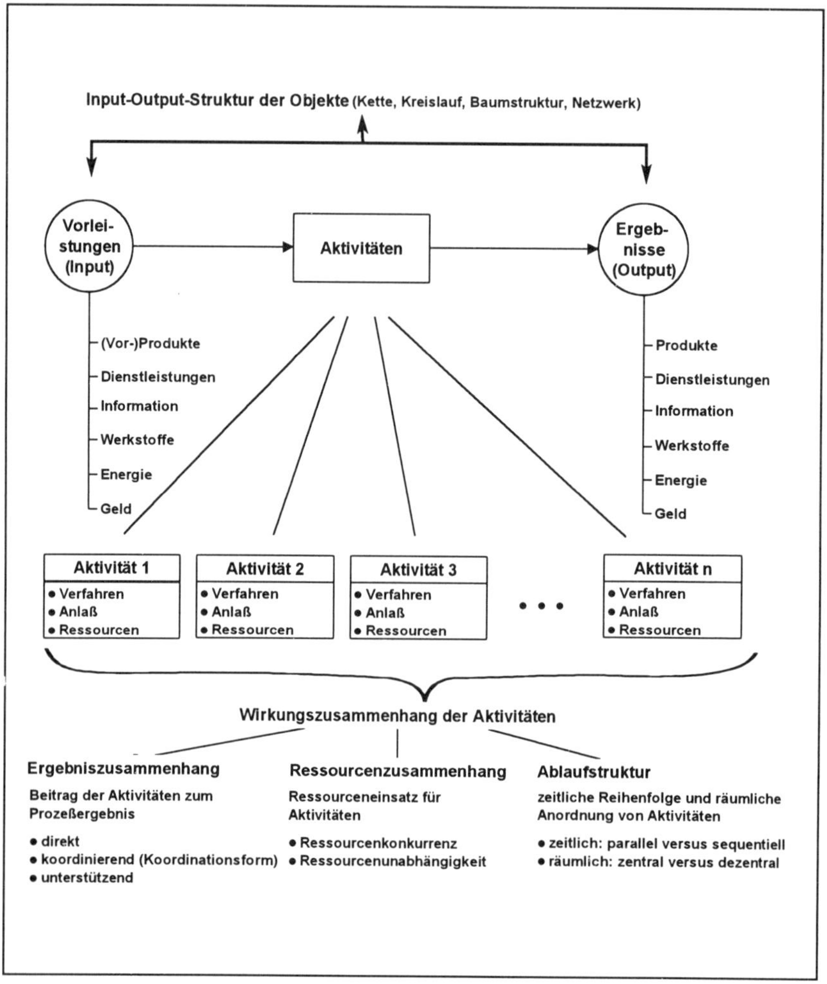

Bild 3.2: Charakteristische Merkmale betrieblicher Prozesse - Objekte (Vorleistungen und Ergebnisse) und deren Input-Output-Struktur, Aktivitäten und deren Wirkungszusammenhang charakterisieren betriebliche Prozesse.

- **Aktivitäten** wandeln Input zu Output um (Abschnitt 3.1.3). Dazu werden unterschiedliche **Verfahren** der Verarbeitung, der Speicherung und des Transports von Objekten zu einem bestimmten **Anlaß** angewendet und **Ressourcen** wie Personal, Maschinen und Gebäude eingesetzt.

- Aktivitäten sind dreifach durch **Wirkungszusammenhänge** miteinander verknüpft (Abschnitt 3.1.4), und zwar durch ihren gemeinsamen Beitrag zum Ergebnis (Output) eines Prozesses - den **Ergebniszusammenhang**, durch gemeinsame Nutzung und Verbrauch von Ressourcen - den **Ressourcenzusammenhang**, sowie zeitlich und räumlich durch eine **Ablaufstruktur**. Im Ergebniszusammenhang werden Aktivitäten in direkte, koordinierende und unterstützende Aktivitäten gegliedert. Der Ressourcenzusammenhang verdeutlicht Ressourcenkonkurrenz bzw. -unabhängigkeit zwischen Aktivitäten. Die Ablaufstruktur wird gekennzeichnet hinsichtlich einer zeitlich parallelen oder sequentiellen bzw. räumlich zentralen oder dezentralen Durchführung von Aktivitäten.

Prozeßmerkmal		**Merkmalsausprägung**					
Objekt	Ergebnis (Output), Vorleistung (Input)	Produkt	Dienstleistung	Information	Werkstoff	Energie	Geld
Input-Output-Struktur der Objekte		Kette	Kreislauf	Baumstruktur	Netzwerk		
Aktivität	Verfahren	Verarbeitung	Speicherung	Transport			
	Ressourcen	Personal	Maschine	Gebäude			
	Anlaß	periodisch	ereignisabhängig				
Wirkungszusammenhang der Aktivitäten	Ergebniszusammenhang	direkt	koordinierend	unterstützend			
	Ressourcenzusammenhang	Ressourcenkonkurrenz	Ressourcenunabhängigkeit				
	Ablaufstruktur	zeitlich: parallel versus sequentiell	räumlich: zentral versus dezentral				

Tabelle 3.1: Prozeßmerkmale und deren Ausprägungen

Maßnahmen der Erneuerung verändern diese Merkmale betrieblicher Prozesse. Um die Erläuterung unterschiedlicher Maßnahmen der Erneuerung zu erleichtern (vgl. Abschnitt 4.3), wird in diesem Abschnitt schrittweise eine **symbolische Darstellung** der Merkmale betrieblicher Prozesse entwickelt. Die symbolische Darstellung orientiert sich am Objekttypenansatz von Wedekind und Ortner (1980) sowie Müller-Merbach (1985a und 1989a) (vgl. dazu ausführlich Möhrle 1991, S.34-51). Die schrittweise entwickelte symbolische Darstellung wird als Orientierung für die weitere Arbeit in Abschnitt 3.1.5 zusammengefaßt.

3.1.1 Objekte betrieblicher Prozesse: Ergebnisse (Output) und Vorleistungen (Input)

In betrieblichen Prozessen werden vielfältige Objektströme umgewandelt. Um betriebliche Prozesse im Einzelfall identifizieren zu können, werden hier typische Objekte betrieblicher Prozesse aufgezeigt. Ausgangspunkt dafür sind die Unternehmungsgrenzen. Objektströme fließen über die Unternehmungsgrenzen zu Kunden, Lieferanten, Kapitalgebern und sonstigen externen Partnern und sind innerhalb einer Unternehmung miteinander verknüpft. Sie werden aufgespürt und systematisiert:

- Einerseits fließen Objekte als **Ergebnisse (Output)** betrieblicher Prozesse von Unternehmungen zu Kunden, zu Kapitalgebern, zum Staat etc.

- Andererseits fließen Objekte als **Vorleistungen (Input)** für betriebliche Prozesse von Lieferanten, von Kapitalgebern und von sonstigen externen Partnern in Unternehmungen hinein.

Die Objektströme über die Unternehmungsgrenzen umfassen **Sachgüter**ströme und **Informations**flüsse (vgl. Abschnitt 2.1.1). Sachgüter sind einerseits Realgüter, also Produkte und Dienstleistungen, Werkstoffe und Energie, sowie andererseits Nominalgüter, also Geld.

Zu Kunden, zu Kapitalgebern, zum Staat und zu sonstigen externen Partnern fließen Ströme von **Produkten**, **Dienstleistungen**, **Information** und **Geld**. Umgekehrt fließen **Werkstoffe**, **Energie**, **Dienstleistungen**, **Information** und **Geld** von Lieferanten, von Kapitalgebern, vom Staat und von Kunden und von sonstigen externen Partnern in Unternehmungen hinein.

In unterschiedlichen Unternehmungsmodellen in der betriebswirtschaftlichen Literatur werden Objektströme hervorgehoben:

- Busse von Colbe und Laßmann unterscheiden vor allem Produkt- und Geldströme zu Kunden, zu Kapitalgebern und zum Staat sowie Werkstoff-, Informations- und Geldströme von Lieferanten, von Kapitalgebern und vom Staat (vgl. Busse von Colbe und Laßmann 1991, S.21).

- Müller-Merbach und Sommer stellen Realgüterströme, Nominalgüterströme und Informationsflüsse zwischen einer Unternehmung und Kunden, Lieferanten, Kapitalgebern, dem Staat und den Gesellschaftern einer Unternehmung dar (vgl. Müller-Merbach und Sommer 1982, S.264-266). Realgüterströme umfassen Produkte, Werkstoffe und Dienstleistungen, Nominalgüterströme bezeichnen Geldströme (vgl. Abschnitt 2.1.1).

- Wöhe weist auf Güter- und Finanzbewegungen zwischen Unternehmungen und ihren Kunden, Lieferanten, Kapitalgebern und dem Staat hin (vgl. Wöhe 1990, S.11).

- Schierenbeck untersucht insbesondere Geldströme zwischen Unternehmungen, Kunden, Lieferanten und dem Staat (vgl. Schierenbeck 1983, S.262).

Betriebliche Prozesse umfassen häufig die hier angeführten Ströme von Produkten, Dienstleistungen, Information, Werkstoffen, Energie und Geld. Gleichwohl können sie aber auch an anderen Objektströmen anknüpfen, z.B. an Personenströmen bei Fluggesellschaften. Der Vielfalt relevanter Objektströme in betrieblichen Prozessen sind keine Grenzen gesetzt.

3.1.2 Input-Output-Struktur: Kette, Kreislauf, Baumstruktur, Netzwerk

Objektströme sind in Unternehmungen vielfältig miteinander verflochten. Zur Erstellung bestimmter Ergebnisse (Output) sind unterschiedliche Vorleistungen (Input) erforderlich. Solche Umwandlungsbeziehungen zwischen Input und Output sind vom Umwandlungsverfahren abhängig und führen zu verfahrenstypischen **Input-Output-Strukturen** (vgl. Müller-Merbach 1981, S.24). Sie werden hier aufgezeigt.

Input-Output-Strukturen beeinflussen die sie lenkenden Informationsflüsse: Steuerung, Führung und Vermittlung der Prozeßabwicklung sind je nach Input-Output-Struktur unterschiedlich arbeitsaufwendig (vgl. Abschnitt 4.1.1.1). Daher werden für eine wirkungsvolle Prozeßgestaltung und -lenkung Kenntnisse über Input-Output-Strukturen betrieblicher Prozesse benötigt. Hier werden in idealtypischer Weise **vier Input-Output-Strukturen** aufgezeigt (vgl. Bild 3.3):

- **Ketten** verknüpfen Objekte als lineare Folge von Input zu Output.
- In **Kreisläufen** fließt Output zurück als Input.
- **Baumstrukturen** enthalten ein einzelnes Objekt am Prozeßanfang oder am Prozeßende. Davon ausgehend fächert sich die Objektstruktur auf, entweder **vorwärts** vom Prozeßanfang ausgehend oder **rückwärts** vom Prozeßende ausgehend.
- **Netzwerke** entstehen durch Überlagerung von Ketten, Kreisläufen und Bäumen und bilden ein Geflecht zwischen Input und Output.

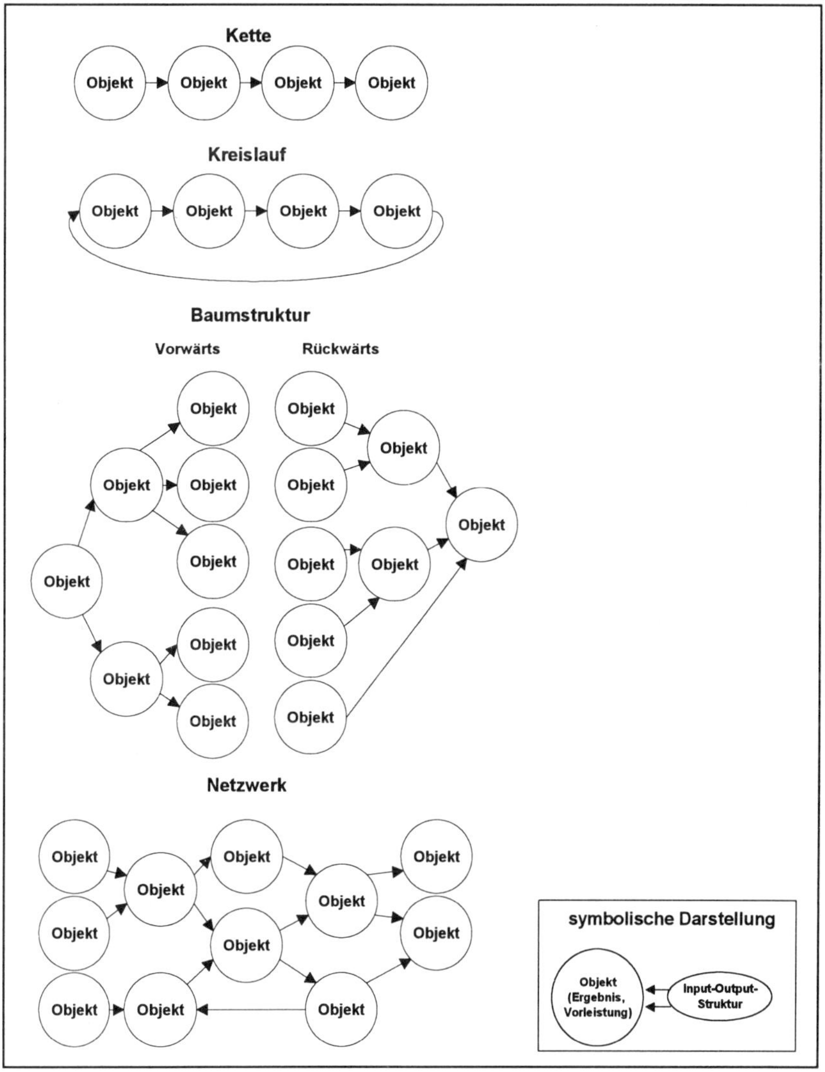

Bild 3.3: Input-Output-Strukturen betrieblicher Prozesse - Kette, Kreislauf, Baumstruktur (vorwärts und rückwärts), Netzwerk

Jede der vier Input-Output-Strukturen läßt sich an charakteristischen Beispielen verdeutlichen (vgl. Müller-Merbach 1981):

- **Ketten** sind charakteristisch für Transportprozesse. Input wird stufenweise weitertransportiert und dadurch in seiner räumlichen Lage verändert, bis er am Zielort als Output vorliegt. An solche logistischen Ketten knüpft insbesondere Porter in seinem Wertkettenmodell betrieblicher Prozesse an (vgl. Porter 1986, S.62).

- **Kreisläufe** sind charakteristisch für die Rückgewinnung von Wertstoffen, also z.B. von Energie in Kraftwerken, von nützlichen Rückständen chemischer Prozesse oder beim Recycling von Produkten (vgl. Spitzenpfeil 1990).

- **Baumstrukturen** sind charakteristisch für viele Prozesse der Leistungserstellung. Z.B. haben Montageprozesse die Struktur von Rückwärtsbäumen: Über mehrere Stufen wird von Einzelteilen, über Baugruppen ein Endprodukt erstellt. Die Struktur von Vorwärtsbäumen haben Prozesse der Kuppelproduktion, z.B. Raffinerieprozesse in der Rohölindustrie oder Zerlegungsprozesse in der Tierschlachtung und in der Holz- und Papierindustrie.

- **Netzwerke** sind charakteristisch für mehrstufige und gemischttypige Prozesse in der industriellen Praxis, die Ketten, Kreisläufe sowie Vorwärts- und Rückwärtsbäume enthalten. Beispielsweise werden Rohstoffe durch Raffinationsprozesse aufbereitet, anschließend in Montageprozessen veredelt, und schließlich werden wertvolle Produktionsrückstände rückgeführt als Rohstoffe.

Solche Beispiele sind nicht auf Materialströme beschränkt, sondern z.B. auch Aktenflüsse in Verwaltungsorganisationen lassen sich als Ketten, Kreisläufe, Baumstrukturen und Netzwerke darstellen und gestalten und lenken. Hier liegt zukünftig ein weites Anwendungsfeld der Prozeßgestaltung und -lenkung im Sinne des Workflowmanagements (vgl. Abschnitt 4.3.1.2).

3.1.3 Aktivitäten betrieblicher Prozesse: Verfahren, Ressourcen, Anlaß

Betriebliche Prozesse lassen sich nicht nur durch Objekte und Input-Output-Strukturen charakterisieren, sondern auch durch ihre **Aktivitäten**. Aktivitäten wandeln Input zu Output um. Dazu werden **Ressourcen** eingesetzt (vgl. Bild 3.4).

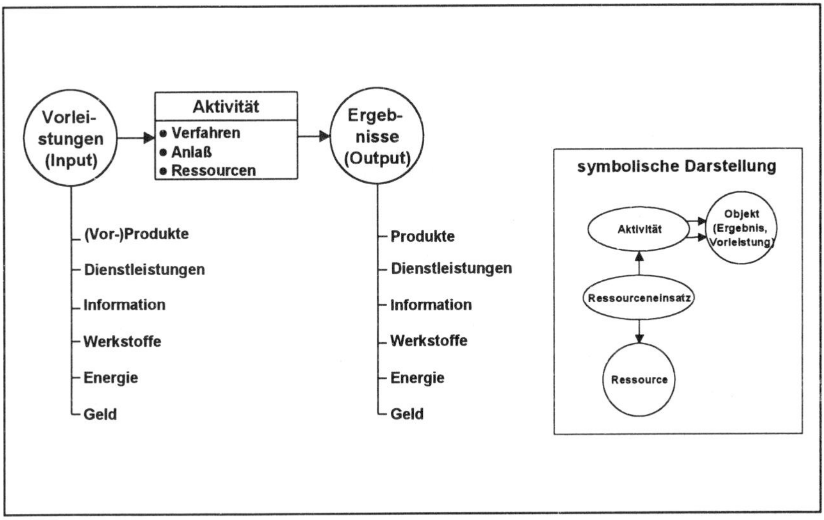

Bild 3.4: Aktivitäten wandeln Vorleistungen (Input) in Ergebnisse (Output) um durch Anwendung von Verfahren zu einem bestimmten Anlaß. Dazu werden Ressourcen wie Personal, Maschinen und Gebäude eingesetzt.

Aktivitäten wandeln Input in Output um durch Anwendung von **Verfahren** zu einem bestimmten **Anlaß**. Einerseits können Verfahren auf bestimmten Technologien (vgl. Abschnitt 2.1.1) beruhende Herstellungsverfahren sein. Andererseits können dies durch die Organisationsgestaltung (vgl. Abschnitt 2.1.2) in Arbeitsplänen und Stellenbeschreibungen festgelegte Arbeitsverfahren sein. Verfahren lassen sich gliedern nach drei Arten der Umwandlung von Input zu Output (vgl. Müller-Merbach 1989a, S.1025-1026):

- **Inhaltliche** Umwandlung von Input zu Output: Inhaltlich wird Input zu Output verarbeitet, umgeformt bzw. aufbereitet.

- **Räumliche** Umwandlung von Input zu Output: Räumlich wird Input durch Transport bzw. Übertragung zu Output umgewandelt.

- **Zeitliche** Umwandlung von Input zu Output: Zeitlich verändert sich Input zu Output durch Speicherung bzw. Lagerung.

Alle drei Arten der Umwandlung können miteinander verknüpft sein, so z.B. Lagerung und Verarbeitung in der Weinkellerei. D.h. ein Verfahren kann mehrere Arten der Umwandlung von Input zu Output miteinander verbinden.

Verfahren durchzuführen erfordert Zeit und nimmt unterschiedliche **Ressourcen** in Anspruch. Ressourcen betrieblicher Prozesse sind **Personal**, **Maschinen** und **Gebäude** als Arbeits- bzw. Lagerraum, und zwar anknüpfend an die Einteilung der Potentialfaktoren in Arbeitskräfte und Betriebsmittel nach Gutenberg (vgl. Müller-Merbach 1976, S.39). Die Nutzung von Ressourcen wird durch die Arbeitsverteilung auf Mitarbeiter, durch die Maschinenbelegung und die Raumbelegung festgelegt.

Jede Aktivität wird in Abhängigkeit von einem bestimmten **Anlaß** durchgeführt und nimmt die Ressourcen dementsprechend häufig und regelmäßig in Anspruch. Zweierlei Anlässe seien als Auslöser, als Trigger für Aktivitäten unterschieden: Aktivitäten können **ereignisabhängig** ausgelöst werden oder im Zeitablauf regelmäßig wiederkehrend, **periodisch** durchgeführt werden. Ereignisse können am Input und am Output von Aktivitäten anknüpfen: Beispielsweise wird an einem Montageband im Automobilbau ein bestimmter bereitgestellter Input zu Output umgewandelt. Demgegenüber reagieren andere Aktivitäten wie z.B. die Materialbeschaffung auf die Unterschreitung eines Mindestbestandes verfügbaren Outputs.

3.1.4 Wirkungszusammenhang der Aktivitäten: Ergebniszusammenhang, Ressourcenzusammenhang, Ablaufstruktur

Aktivitäten wandeln Input in Output um. Betriebliche Prozesse bestehen aus mehreren in einem Wirkungszusammenhang stehenden Aktivitäten. Der Wirkungszusammenhang zwischen den Aktivitäten wird in drei Teilen erläutert:

- Erstens wird der **Ergebniszusammenhang** zwischen Aktivitäten aufgezeigt (Abschnitt 3.1.4.1). Der Ergebniszusammenhang der Aktivitäten spiegelt deren **inhaltliches Zusammenwirken** in bezug auf das angestrebte Prozeßergebnis wider. Inhaltlich werden **direkte**, **koordinierende** und **unterstützende** Aktivitäten betrieblicher Prozesse unterschieden: Direkte Aktivitäten tragen unmittelbar zum angestrebten Prozeßergebnis bei. Koordinierende Aktivitäten bewirken einen zielgerichteten Ressourceneinsatz. Unterstützende Aktivitäten ermöglichen die Durchführung direkter und koordinierender Aktivitäten.

- Zweitens wird der **Ressourcenzusammenhang** zwischen Aktivitäten dargestellt (Abschnitt 3.1.4.2). Der Ressourcenzusammenhang weist hin auf **Ressourcenunabhängigkeit** und **Ressourcenkonkurrenz.** Durch Ressourcenkonkurrenz, d.h. durch den gemeinsamen Bedarf von Ressourcen für mehrere Aktivitäten, ergeben sich zeitliche, räumliche und mengenmäßige Einschränkungen für die Prozeßdurchführung.

- Drittens wird die **Ablaufstruktur**, d.h. der räumliche und zeitliche Zusammenhang zwischen Aktivitäten dargelegt (Abschnitt 3.1.4.3). Hierdurch werden die zeitliche Reihenfolge und die räumliche Anordnung von Aktivitäten festgelegt. Aktivitäten können zeitlich **parallel** oder **sequentiell** durchgeführt werden. Räumlich können Aktivitäten **zentral** oder **dezentral** verrichtet werden.

Alle drei Teile des Wirkungszusammenhangs gemeinsam zeigen die vielfältigen Beziehungen zwischen Aktivitäten betrieblicher Prozesse auf, die bei der Prozeßgestaltung und -lenkung zu berücksichtigen sind.

3.1.4.1 Ergebniszusammenhang der Aktivitäten: direkte, koordinierende, unterstützende Aktivitäten

Aktivitäten betrieblicher Prozesse tragen in unterschiedlicher Weise zum angestrebten Prozeßergebnis bei. Hier seien nach ihrem **Beitrag zum Prozeßergebnis** dreierlei Arten von Aktivitäten unterschieden, und zwar **direkte**, **koordinierende** und **unterstützende** Aktivitäten. Diese Unterscheidung wird zur Beurteilung der Produktivität und Effektivität betrieblicher Prozesse benötigt (vgl. Abschnitt 4.1.1):

- **Direkte Aktivitäten** zielen unmittelbar auf das angestrebte Prozeßergebnis. Porter bezeichnet sie als primäre Aktivitäten (vgl. Porter 1986, S.66-67). Sie bewirken die Umwandlung von Input zu Output.

- **Koordinierende Aktivitäten** bewirken den zielgerichteten Ressourceneinsatz in direkten und unterstützenden Aktivitäten betrieblicher Prozesse, vor allem im Falle der Ressourcenkonkurrenz (vgl. Abschnitt 3.1.4.2). Koordinierende Aktivitäten verknüpfen die Beiträge einzelner Aktivitäten eines Prozesses zu einer Gesamtleistung, sie bewirken eine **Integration** (vgl. Nordsieck 1972a, Sp.67-69).

- **Unterstützende Aktivitäten** ermöglichen die Durchführung direkter und koordinierender Aktivitäten.

Anknüpfend an diese Unterscheidung in direkte, koordinierende und unterstützende Aktivitäten werden in Abschnitt 3.3 Prozesse nach ihrem Betrag zur betrieblichen Wertschöpfung gegliedert: Kernprozesse sind unbedingt erforderlich, um Wertschöpfung zu erzielen. Koordinationsprozesse integrieren betriebliche

Prozesse zu einem Wirkungsverbund. Unterstützende Prozesse ermöglichen die Durchführung von Kernprozessen und Koordinationsprozessen.

Direkte Aktivitäten sind unbedingt erforderlich, um verfügbaren Input in gewünschten Output zu verwandeln. Direkte Aktivitäten lassen sich daher aufspüren (vgl. Porter 1986, S.73) durch die in das Prozeßergebnis einfließenden Objektströme (vgl. Abschnitt 3.1.1).

Zum angestrebten Prozeßergebnis tragen nur direkte Aktivitäten unmittelbar bei. Gleichwohl benötigen auch koordinierende und unterstützende Aktivitäten Zeit und verursachen Kosten. **Produktivität** und **Effektivität** betrieblicher Prozesse sind abhängig vom Verhältnis zwischen Kosten und Zeit für direkte Aktivitäten auf der einen Seite sowie Kosten und Zeit für koordinierende und unterstützende Aktivitäten auf der anderen Seite:

- Prozesse sind um so **produktiver**, je mehr der für Aktivitäten anfallenden Prozeßkosten (vgl. Cooper und Kaplan 1988; Horvath und Meyer 1989; Coenenberg und Fischer 1991, Franz 1993) auf direkte Aktivitäten entfallen (vgl. Abschnitt 4.1.1.1).

- Prozesse sind um so **effektiver**, je mehr der insgesamt benötigten Durchlaufzeit auf die Durchführung direkter Aktivitäten entfällt (vgl. Abschnitt 4.1.1.3).

Für **koordinierende Aktivitäten** eignen sich unterschiedliche **Koordinationsformen**, die bereits beim sach-, personen- und zielbezogenen Lenken von Unternehmungen erläutert wurden (vgl. Abschnitt 2.1).

Der inhaltliche Ergebniszusammenhang von Aktivitäten eines Prozesses umfaßt neben direkten und koordinierenden Aktivitäten noch **unterstützende Aktivitäten**. Hierbei geht es um **Bereitstellung und Erhaltung betrieblicher Ressourcen**. Erhaltend wirken z.B. Pflege und Betrieb der betrieblichen **Infrastruktur**, d.h. EDV-Betrieb, Instandhaltung, Kantine etc., sowie **Verwaltung**, d.h. Personalverwaltung, Buchhaltung etc. Leistungspotentiale bereitzustellen erfordert

Kapitalbeschaffung und -verwendung durch Aktivitäten der **Investition** und **Finanzierung**.

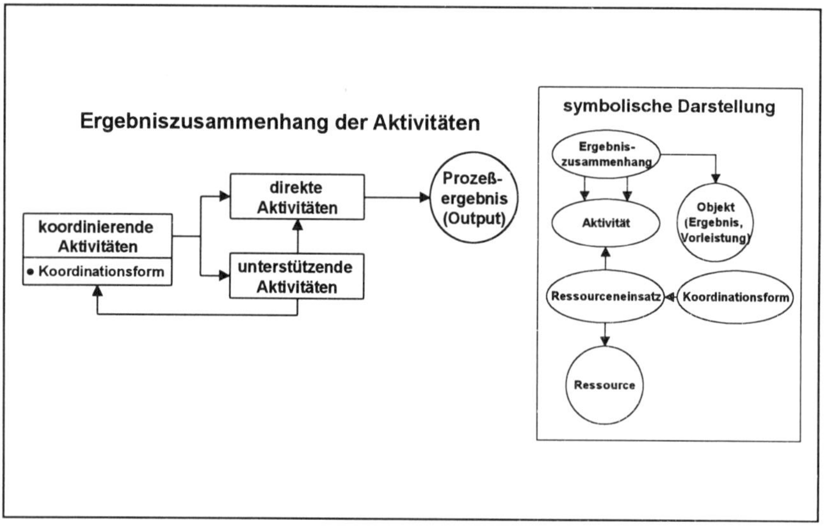

Bild 3.5: Ergebniszusammenhang der Aktivitäten - Direkte Aktivitäten, unterstützende Aktivitäten und koordinierende Aktivitäten leisten unterschiedliche Beiträge zum Prozeßergebnis.

3.1.4.2 Ressourcenzusammenhang der Aktivitäten: Ressourcenkonkurrenz und Ressourcenunabhängigkeit von Aktivitäten

Für die Durchführung von Aktivitäten werden Ressourcen benötigt (vgl. Abschnitt 3.1.3). Manche Aktivitäten erfordern gleiche Ressourcen, sie stehen im Verhältnis der **Ressourcenkonkurrenz**. Andere Aktivitäten sind in bezug auf Ressourcen unabhängig voneinander, sie stehen im Verhältnis der **Ressourcenunabhängigkeit**. Ressourcenkonkurrenz zwischen Aktivitäten schränkt deren Durchführung zeitlich und räumlich ein und bedarf daher der Koordination, um einen wirkungsvollen Ressourceneinsatz zu gewährleisten (vgl. Abschnitt 3.3.2):

- **Zeitliche** Einschränkungen durch Ressourcenkonkurrenz: Ressourcen können nur bis zu ihrer Kapazitätsgrenze in Anspruch genommen werden. Daher können Ressourcen zur gleichen Zeit in der Regel nur für wenige Aktivitäten eingesetzt werden.

- **Räumliche** Einschränkungen durch Ressourcenkonkurrenz: Ressourcen können zu einem bestimmten Zeitpunkt nur an einem Ort eingesetzt werden.

Prinzipiell lassen sich für die Koordination bei Ressourcenkonkurrenz alle bereits dargestellten sachbezogenen, personenbezogenen und zielbezogenen Koordinationsformen anwenden (vgl. Abschnitt 3.1.4.1). Darüber hinaus existieren spezielle **Verfahren der Ablaufplanung** für eine optimale Abstimmung zeitlicher und räumlicher Interdepenzen in betrieblichen Prozessen:

Den Einsatz von Ressourcen zeitlich und räumlich optimal zu planen ist Gegenstand der **Ablaufplanung bzw. -optimierung** (vgl. Gaitanides 1992, Sp.7-10): Zeitliche Einschränkungen werden zu optimieren versucht durch eine **optimale Arbeitsverteilung** auf Ressourcen (vgl. dazu ausführlich Gaitanides 1983, S.93-158), z.B. beim **Fließbandabgleich** (vgl. Müller-Merbach 1973, S.355-357) und bei der **Maschinenbelegungsplanung** (vgl. Müller-Merbach 1973, S.320-322), sowie durch **optimale Reihenfolgen** (vgl. Müller-Merbach 1970) von Aktivitäten. Räumliche Einschränkungen stehen bei der **optimalen Raumzuordnung** im Mittelpunkt (vgl. Müller-Merbach 1973, S.313-319).

3.1.4.3 Zeitlicher und räumlicher Zusammenhang der Aktivitäten: Ablaufstruktur

Aktivitäten betrieblicher Prozesse stehen nicht nur inhaltlich und durch gemeinsame Ressourcennutzung in einem Wirkungszusammenhang, sondern auch zeitlich und räumlich. Der zeitliche und räumliche Wirkungszusammenhang von Aktivitäten wird häufig als **Ablaufstruktur** (vgl. Kosiol 1980. Sp.180) bezeichnet. Es geht dabei um die **zeitliche Reihenfolge** und die **räumliche Anordnung** von Aktivitäten (vgl. Bild 3.6):

- **Zeitlich** können Aktivitäten **parallel** oder **sequentiell** durchgeführt werden.
- **Räumlich** können Aktivitäten **zentral** oder **dezentral** angeordnet werden.

Ablaufstruktur betrieblicher Prozesse

BEZEICHNUNG	ORT	VORGÄNGER
Aktivität 1	Ort A	---
Aktivität 2	Ort B	---
Aktivität 3	Ort C	Aktivität 1, Aktivität 2
Aktivität 4	Ort D	Aktivität 1
• • •	• • •	• • •

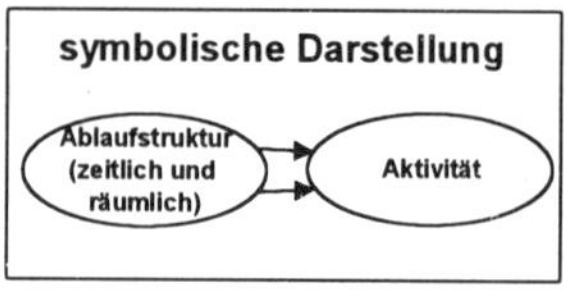

Bild 3.6: Ablaufstruktur - Zeitlicher und räumlicher Zusammenhang der Aktivitäten betrieblicher Prozesse

Durch den inhaltlichen Ergebniszusammenhang (vgl. Abschnitt 3.1.4.1) und den Ressourcenzusammenhang (vgl. Abschnitt 3.1.4.2) werden Aktivitäten bereits teilweise in eine inhaltliche und zeitliche Reihenfolge gebracht, und für die räumliche Anordnung bestehen Einschränkungen. Gleichwohl bleiben in der Regel noch Freiheitsgrade, die erst durch eine weiterführende Ablaufstrukturierung festgelegt werden. Eine optimale Ablaufstrukturierung steht z.B. im Mittelpunkt der Planung einer optimalen Reihenfolge (vgl. Müller-Merbach 1970) und einer optimalen Raumzuordnung (vgl. Müller-Merbach 1973, S.313-319).

Je nach der Festlegung der Ablaufstruktur entsteht **zusätzlicher Koordinationsbedarf**, um die festgelegte zeitliche Reihenfolge zu gewährleisten und um räumlich entfernte, dezentrale Aktivitäten zu einem Wirkungsverbund zu integrieren:

- **Parallele Aktivitäten** erfordern zusätzlichen Koordinationsbedarf, da zeitlich parallele Stränge eines Prozesses zu einem Prozeßergebnis zusammenfließen. Damit an den Knotenpunkten, an denen parallele Stränge zusammenfließen, möglichst geringer zeitlicher Verzug bei der Prozeßdurchführung auftritt, erfordert dies zusätzliche Koordination, z.B. durch Verfahren der Netzplantechnik (vgl. Müller-Merbach 1976, S.181-197).

- **Räumlich dezentrale** Aktivitäten sollten ebenso aufeinander abgestimmt werden. Dezentrale Aktivitäten erfordern häufig zusätzliche Transportprozesse, um Objekte von einer Aktivität zur nächsten zu befördern oder um Ressourcen von einem zum nächsten Arbeitsort zu bringen.

3.1.5 Die charakteristischen Merkmale betrieblicher Prozesse im Überblick

Als Orientierung für den Leser werden die charakteristischen Merkmale betrieblicher Prozesse im Überblick dargestellt. Dieser Überblick gebe für das Verständnis von Maßnahmen der Erneuerung eine Orientierung. Die Erläuterung von Maßnahmen der Erneuerung in Abschnitt 4.3 knüpft an die in diesem Abschnitt entwickelte Charakteristik (vgl. Bild 3.7) an. Der Gesamtzusammenhang ergibt sich durch Zusammenfügen der symbolischen Darstellungen aus den vorhergehenden Abschnitten:

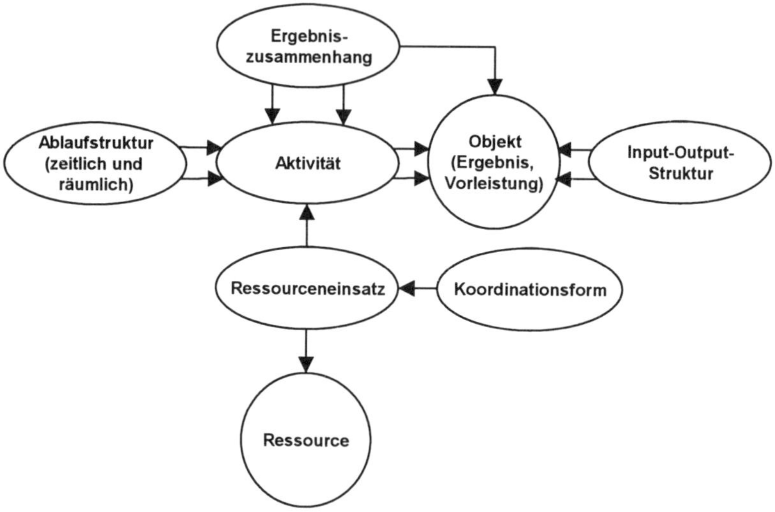

Bild 3.7: Die charakteristischen Merkmale betrieblicher Prozesse im Überblick

- Betriebliche Prozesse sind gekennzeichnet durch Ströme von **Objekten** (Ergebnisse und Vorleistungen) wie z.B. Produkte, Dienstleistungen, Information, Werkstoffe, Energie und Geld (vgl. Abschnitt 3.1.1).

- Die Umwandlungsbeziehungen von Vorleistungen (Input) in Ergebnisse (Output) werden durch die **Input-Output-Struktur** der Objektströme gekennzeichnet (vgl. Abschnitt 3.1.2). Typische Input-Output-Strukturen sind Ketten, Kreisläufe, Baumstrukturen und Netzwerke.

- **Aktivitäten** wandeln Vorleistungen (Input) in Ergebnisse (Output) um (vgl. Abschnitt 3.1.3).

Die Aktivitäten betrieblicher Prozesse stehen in einem dreifachen **Wirkungszusammenhang**:

- Der **Ergebniszusammenhang** verdeutlicht den Beitrag von Aktivitäten zu Prozeßergebnis (vgl. Abschnitt 3.1.4.1). Danach werden direkte, koordinierende und unterstützende Aktivitäten unterschieden. Direkte Aktivitäten tragen unmittelbar zum Prozeßergebnis bei. Koordinierende Aktivitäten sorgen für einen wirkungsvollen **Ressourceneinsatz**. Hierfür lassen sich unterschiedliche **Koordinationsformen** aufzeigen. Unterstützende Aktivitäten ermöglichen die Durchführung direkter und koordinierender Aktivitäten, z.B. durch die Aufrechterhaltung einer betrieblichen Infrastruktur.

- Der **Ressourcenzusammenhang** weist auf Koordinationsbedarf zwischen Aktivitäten durch gemeinsame Nutzung von Ressourcen hin (vgl. Abschnitt 3.1.4.2). **Ressourceneinsatz** für mehrere Aktivitäten führt bei knappen Ressourcen zu Ressourcenkonkurrenz. Bei nicht knappen Ressourcen sind die sie beanspruchenden Aktivitäten ressourcenunabhängig.

- Die **Ablaufstruktur** legt die zeitliche Reihenfolge und die räumliche Anordnung von Aktivitäten fest (vgl. Abschnitt 3.1.4.3).

3.2 Entwurf eines ganzheitlichen Modells betrieblicher Prozesse

Anhand der Charakterisierung betrieblicher Prozesse wurde die Vielfalt unterschiedlicher Prozesse deutlich. Für die Erneuerung von Unternehmungen wird hier ein Modell betrieblicher Prozesse entworfen. Ein solches Modell soll einzelne betriebliche Prozesse aufzeigen und in einem Gesamtverbund darstellen. Dadurch soll eine zielgerichtete Erneuerung einer Unternehmung als Ganzes ermöglicht werden.

Ein ganzheitliches Modell sollte individuell für jede Unternehmung als Erneuerungsgrundlage entworfen werden, da jeweils unterschiedliche betriebliche Prozesse relevant seien mögen. Ein Prozeßmodell sollte **Kriterien der Ganzheitlichkeit** erfüllen, d.h.

- ein ganzheitliches Prozeßmodell nehme **Bezug auf die Unternehmung als Ganzes** und nicht nur auf einzelne betriebliche Prozesse (vgl. Cypress 1994, S.23; Müller-Merbach 1994f, S.100) und
- ein ganzheitliches Prozeßmodell sollte die Vielfalt realer betrieblicher Prozesse widerspiegeln und **auf Einseitigkeit verzichten** (vgl. Dressler 1992).

Beide Anforderungen lassen sich beim Modellentwurf erfüllen: Die für eine Unternehmung als Ganzes wichtigen Ergebnisse (Outputs) und dafür erforderlichen Vorleistungen werden erfaßt (vgl. Abschnitt 3.1.1), und die zugrundeliegenden Input-Output-Strukturen (vgl. Abschnitt 3.1.2) werden systematisch aufgezeichnet. Darauf aufbauend werden die für die Umwandlung von Input zu Output erforderlichen Aktivitäten (vgl. Abschnitt 3.1.3) als Wirkungszusammenhang (vgl. Abschnitt 3.1.4) dargestellt.

Welche Ergebnisse und Vorleistungen bzw. Aktivitäten und deren Wirkungszusammenhänge im Einzelfall für die Erneuerung einer Unternehmung von Interesse sind, kann nicht vorab beantwortet werden. Gleichwohl wird hier ein hinreichend allgemeingültiges ganzheitliches Prozeßmodell entworfen (vgl. Abschnitt 3.3), um eine Orientierung zu geben und Maßnahmen der Erneuerung daran verdeutlichen zu können (vgl. Abschnitt 4.3).

3.3 Betriebliche Prozesse im Wertschöpfungsverbund: Kernprozesse, Koordinationsprozesse, unterstützende Prozesse

Erneuerung von Unternehmungen sollte sich an einem ganzheitlichen Modell betrieblicher Prozesse orientieren. Dadurch erhalten Maßnahmen der Erneuerung eine ganzheitliche Struktur. Ein allgemeingültiges ganzheitliches Prozeßmodell läßt sich kaum entwickeln. Gleichwohl wird hier ein hinreichend allgemeingültiges Prozeßmodell entwickelt, welches für viele Einzelfälle der Erneuerung individuell angepaßt werden kann. Die Literatur enthält vielfältige Anregungen für ein solches Modell, die hier aufgegriffen werden, z.B. das Wertkettenmodell nach Porter (vgl. 1986, S.62) oder die Prozeßsystematik von Sommerlatte und Wedekind (vgl. 1989).

Betriebliche Prozesse werden hier in ihrem **Wertschöpfungsverbund** dargestellt. Einzelne betriebliche Prozesse leisten unterschiedliche Beiträge zur Wertschöpfung einer Unternehmung. Danach werden betriebliche Prozesse eingeteilt und in einen Gesamtzusammenhang gebracht.

Die **Wertschöpfung** einer Unternehmung repräsentiert deren wirtschaftliche Gesamtleistung, die aus der Umwandlung von Vorleistungen (Input) in Ergebnisse (Output) wie Produkte und Dienstleistungen resultiert (vgl. Weber 1980, S.5). Wertschöpfung umfaßt die Gesamtleistung aller betrieblichen Prozesse. Daher dient sie hier als Anknüpfungspunkt für den Entwurf eines ganzheitlichen Prozeßmodells. In jeder Unternehmung entsteht Wertschöpfung aus unternehmungsspezifischen Vorleistungen (Input) und Ergebnissen (Output). Entsprechend müßte das hier vorgeschlagene Prozeßmodell angepaßt werden an unternehmungsindividuelle Wertschöpfungsbestandteile (vgl. Weber 1980, S.13-20).

Gaitanides weist ausdrücklich auf die Notwendigkeit der Konstruktion unternehmungsindividueller Prozeßmodelle hin (1983, S.64): *"Die Ausgrenzung einzelner Abläufe aus ihrem organisatorischen Kontext muß grundsätzlich als Entscheidungsproblem gesehen werden."* Und weiter (S.65): *"Im Sinne einer prozeßorientierten Organisationsgestaltung bedarf es daher zunächst der Feststellung inhaltlich abgeschlossener Erfüllungsvorgänge, die in einem logischen inneren Zusammenhang stehen."* Schließlich (S. 65): *"Die Definition dessen, was als Prozeß abzubilden ist, entspringt also der subjektiven Problemsicht, setzt kreative und konstruktive Akte voraus und ist mithin nicht immer aus Beobachtungen realer Vorgänge ableitbar. Beginn und Ende eines Prozeßablaufs können zwar in Produktionsprozessen durch die materielle Input- bzw. Outputstation definiert werden, bei immateriellen Verwaltungsprozessen sind diese nur aus dem Problembezug des zu realisierenden Reorganisationsprozesses bestimmbar."*

Dreierlei Arten von Prozessen werden hier entsprechend ihrer Beiträge zur Wertschöpfung unterschieden (vgl. Müller-Merbach 1994f):

- **Kernprozesse** liefern die **Basis betrieblicher Wertschöpfung** (Abschnitt 3.3.1). Sie werden zum einen gegliedert in **operative**, Wertschöpfung realisierende Prozesse der Leistungserstellung und der Leistungsverwertung (Auftragsabwicklung). Zum anderen erschließen **strategische** Kernprozesse Wertschöpfungsquellen, und zwar durch Aufbau und Pflege von Kunden- und sonstigen Außenbeziehungen, durch die Entwicklung neuer Produkte, Verfahren und Dienstleistungen sowie durch die Entwicklung von Kompetenz.

- **Koordinationsprozesse** stimmen die vielfältig miteinander verflochtenen betrieblichen Prozesse untereinander ab (Abschnitt 3.3.2). Sie verschmelzen die einzelnen Prozesse zu einem Wirkungsverbund. Koordinationsprozesse wirken lenkend auf den Wirkungsverbund (vgl. Abschnitt 2.1).

- **Unterstützende Prozesse** ermöglichen die Durchführung direkter und koordinierender Prozesse (Abschnitt 3.3.3). Hierbei geht es um die Bereitstellung und Erhaltung betrieblicher Ressourcen, d.h. um **Finanzierung** und **Investition** sowie um die betriebliche **Infrastruktur** und **Verwaltung**.

Kernprozesse	**operative Kernprozesse**	Leistungserstellung	Leistungsverwertung
	strategische Kernprozesse	Aufbau und Pflege von Kunden- und sonstigen Außenbeziehungen	
		Entwicklung neuer Produkte, Verfahren und Dienstleistungen	
		Entwicklung von Kompetenz	
Koordinations-prozesse	**sachbezogen**	Steuerung (Planung und Kontrolle, Regelung)	
	personenbezogen	Führung	
	zielbezogen	Zielvermittlung	
unterstützende Prozesse		Finanzierung und Investition	
		Infrastruktur und Verwaltung	

Tabelle 3.2: Betriebliche Prozesse - Kernprozesse, Koordinationsprozesse und unterstützende Prozesse leisten unterschiedliche Beiträge zur betrieblichen Wertschöpfung.

Einen Gesamtüberblick über Kernprozesse, Koordinationsprozesse und unterstützende Prozesse im Wertschöpfungsverbund gibt Tabelle 3.2. Die hier angeführten Prozesse werden in den Abschnitten 3.1.1 bis 3.1.3 hinsichtlich charakteristischer Merkmale wie Input, Aktivitäten und Output detailliert (vgl. Bild 3.8). Im praktischen Einzelfall diene dieses Prozeßmodell als Orientierung für die Prozeßanalyse (vgl. Abschnitt 5.2.2) und den Prozeßentwurf (vgl. Abschnitt 5.2.3). Das hier entwickelte Prozeßmodell sei ein Vorschlag, um betriebliche Prozesse in einem ganzheitlichen Modell inhaltlich zu konkretisieren. Gleichwohl sind auch andere Entwürfe denkbar. Sollen sie den Kriterien der Ganzheitlichkeit genügen, dann sollte von der Unternehmung als Ganzes ausgegangen werden (vgl. Cypress 1994, S.23; Müller-Merbach 1994f, S.100).

In der Literatur wurden ähnliche Prozeßmodelle vorgeschlagen. Ein ähnliches Prozeßmodell entwickelte Porter, welches er als **Wertkette** bezeichnet (vgl. Porter 1986, S.62). Ebenso entwarfen Sommerlatte und Wedekind ein Modell aus neun *"aggregierten differenzierungsfähigen Leistungsprozessen"* (Sommerlatte und Wedekind 1989, S.29). Im Vergleich mit dem hier vorgeschlagenen Prozeßmodell sind diese Prozeßmodelle unvollständig und weniger systematisch.

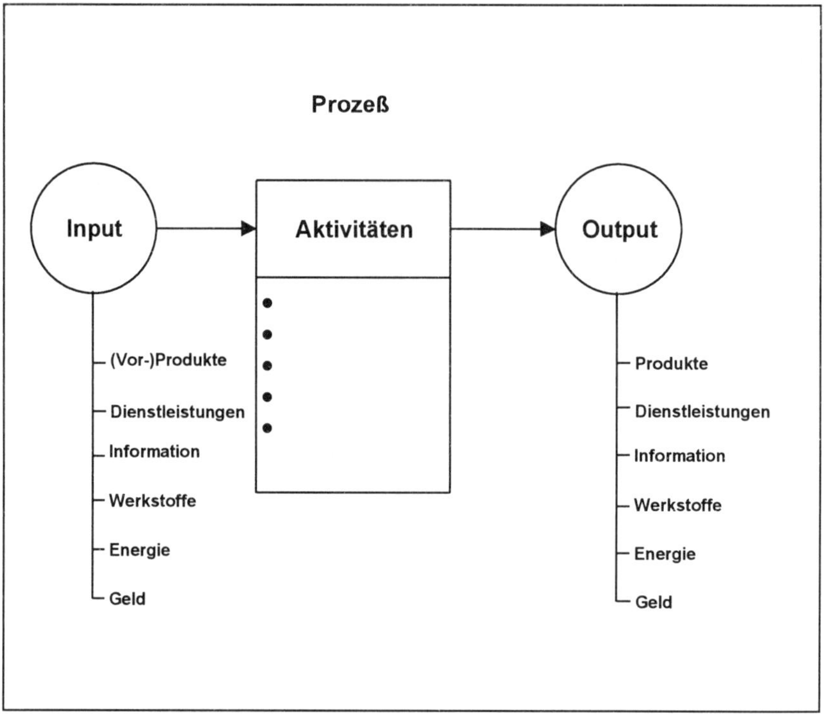

Bild 3.8: Charakteristische Merkmale betrieblicher Prozesse - Input, Aktivitäten, Output

Porter konzentriert sich überwiegend auf Kernprozesse und unterstützende Prozesse in Industrieunternehmungen. Koordinierende Prozesse betrachtet er nicht, ebenso fehlen Informationsströme und die Erstellung von Dienstleistungen. Der Vorschlag von Sommerlatte und Wedekind gleicht einer unsystematischen Sammlung unterschiedlicher betrieblicher Prozesse ohne Gesamtzusammenhang, die kaum von den Autoren erläutert werden.

Porter gliedert betriebliche Prozesse nach ihrem Beitrag zur Wertschöpfung - von ihm als Gewinnspanne bezeichnet - in primäre und unterstützende

Prozesse, die er als Aktivitäten bezeichnet. Im Mittelpunkt der primären Prozesse - vergleichbar mit den hier vorgeschlagenen Kernprozessen - steht bei Porter der physische Materialfluß von der Warenannahme bis zum Verkauf (vgl. Bild 3.9). Porter erläutert sein Wertkettenmodell (1986, S.65): *"Wertaktivitäten lassen sich in zwei allgemeine Typen, in primäre und unterstützende Aktivitäten, unterteilen. ... Primäre Aktivitäten ... befassen sich mit der physischen Herstellung des Produktes und dessen Verkauf und Übermittlung an den Abnehmer sowie dem Kundendienst. ... Unterstützende Aktivitäten halten die primären Aktivitäten und sich selbst gegenseitig dadurch aufrecht, daß sie für den Kauf von Inputs, Technologie, menschlichen Ressourcen und von verschiedenen Funktionen fürs ganze Unternehmen sorgen."*

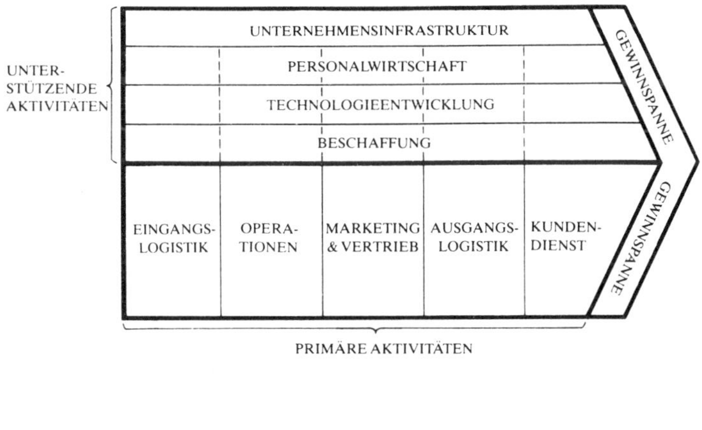

Bild 3.9: Modell der Wertkette von Porter. Quelle: Porter 1986, S.62.

Sommerlatte und Wedekind unterscheiden neun betriebliche Prozesse (vgl. Sommerlatte und Wedekind 1989, S.30), und zwar *"Kundennutzen-Optimie-*

rungs-Prozeß", "Marktkommunikations-Prozeß", "Produkt/-Leistungsbereitstellungs-Prozeß", "Logistik- und Service-Prozeß", "Auftragsabwicklung-Prozeß", "Rentabilitäts- und Liquiditätssicherungs-Prozeß", "Kapazitätssicherungs-Prozeß", "Strategieplanungs- und -umsetzung-Prozeß", "Personalschulungs- und Motivations-Prozeß". Diese Prozesse werden kaum detailliert und stehen im Modell von Sommerlatte und Wedekind unverbunden nebeneinander.

3.3.1 Kernprozesse: Basis betrieblicher Wertschöpfung

Kernprozesse sind die Basis betrieblicher Wertschöpfung. Einerseits realisieren **operative Kernprozesse** Wertschöpfung (Abschnitt 3.3.1.1). Sie wandeln Input in Output um, und zwar durch

- **Leistungserstellung** und
- **Leistungsverwertung**, d.h. Auftragsabwicklung.

Andererseits schaffen **strategische Kernprozesse** Grundlagen für zukünftige betriebliche Wertschöpfung (Abschnitt 3.3.1.2). Sie erschließen zukünftige Wertschöpfungsquellen für Unternehmungen, und zwar durch

- **Aufbau und Pflege von Kunden- und sonstigen Außenbeziehungen,**
- **Entwicklung neuer Produkte, Verfahren und Dienstleistungen** sowie
- die **Entwicklung von Kompetenz**.

Diese fünf Kernprozesse werden hier als Grundlage betrieblicher Wertschöpfung angesehen. Je nach den unternehmungsindividuellen Wertschöpfungsbedingungen (vgl. Weber 1980, S.13-20) müssen diese fünf Kernprozesse detailliert werden bzw. an die speziellen Verhältnisse angepaßt werden. Eine Anpassung betrifft zum einen eine betriebsindividuelle Detaillierung der Aktivitäten betrieblicher Prozesse und zum anderen eine Spezifikation der für die betrieblichen Prozesse im Einzelfall erforderlichen Vorleistungen (Input) und der relevanten Ergebnisse (Output). Dadurch mögen sich dann im Einzelfall z.B. mehrere Prozesse der Leistungserstellung ergeben, und zwar bezogen auf die Erstellung unterschiedlicher Produktgruppen.

Vergleichbare Gliederungen von Kernprozessen wurden bereits von anderen Autoren vorgeschlagen, jedoch eher als intuitive Prozeßaufzählungen denn als systematische Prozeßgliederungen:

- Davenport hebt drei Kernprozesse hervor, nämlich *"Product and Service Development and Delivery Processes"* (1993, S.221-242), *"Customer Facing Processes"* (1993, S.243-273) und *"Management Processes"* (1993, S.275-298).

- Kaplan und Murdock (1991, S.29) unterscheiden die drei Kernprozesse "New Product Development", "Order Generation and Fulfilment" sowie "Integrated Logistics".

- Ähnlich nennen Ostroff und Smith (1992, S.151) "Order Generation and Fulfilment", "Integrated Logistics" und "Commercialization of Technology".

3.3.1.1 Operative Kernprozesse: Wertschöpfungsrealisierung

Die Realisierung betrieblicher Wertschöpfung wird hier durch zwei operative Kernprozesse modelliert, und zwar **Leistungserstellung** und **Leistungsverwertung**, letzterer wird häufiger als Auftragsabwicklung bezeichnet:

- **Kernprozeß 1**: **Leistungserstellung** (Abschnitt 3.3.1.1.1) umfaßt vor allem Beschaffungs-, Produktions-, Lagerhaltungs- und Transportaktivitäten.

- **Kernprozeß 2**: **Leistungsverwertung** bzw. Auftragsabwicklung (Abschnitt 3.3.1.1.2) beinhaltet insbesondere Aktivitäten wie Autragserstellung inklusive Vertragabschluß, Auftragsweitergabe, Kommisionierung und Versand sowie Fakturierung.

Aktivitäten der Leistungserstellung und Auftragsabwicklung lassen sich in vielen Fällen voneinander abgrenzen. In einigen Industriezweigen - insbesondere bei Markenartikeln - wird überwiegend auf Lager gefertigt, und die Leistungsverwertung setzt am Lager an: Die Prozesse der Leistungserstellung und der Leistungsverwertung sind hier weitgehend voneinander getrennt und haben im Fertigwarenlager eine einfache Schnittstelle.

Gleichwohl mag in manchen Fällen die Unterscheidung zwischen leistungserstellenden und leistungsverwertenden Prozessen nicht sinnvoll sein, da die Prozesse eng miteinander verflochten sind. Beispielsweise umschließen die Prozesse der Leistungsverwertung die der Leistungserstellung weitgehend bei der kundenspezifischen Einzelauftragsfertigung und bei der Dienstleistungserstellung. Das gilt insbesondere für Investitionsgüter, die erst nach Auftragseingang gefertigt werden.

In anderen Zusammenhängen mag eine weitere Untergliederung der beiden operativen Kernprozesse sinnvoll sein, so z.B. eine Detaillierung von Logistikprozessen bei Handelsunternehmungen oder bei Just-in-time-Lieferanten.

3.3.1.1.1 Operative Kernprozesse 1: Leistungserstellung

Im Kernprozeß der Leistungserstellung wird unterschiedlicher Input - Werkstoffe, Dienstleistungen, Energie, Geld und Information - eingesetzt und daraus Output in Form von Produkten, Dienstleistungen und Information erzeugt (vgl. Bild 3.10). Zur Leistungserstellung werden hier als **Aktivitäten** die herkömmlichen Funktionen der

- **Beschaffung**, der
- **Produktion**, der
- **Lagerung** und des
- **Transportes**

gerechnet, aber nicht in funktionsorientierter Trennung, sondern in prozeßorientiertem Zusammenwirken. Beschaffungsaktivitäten stellen erforderlichen Input bereit. In der Produktion werden Werkstoffe unter Einsatz von Personal und Betriebsmitteln verarbeitet. Lagerung und Transport sorgen für die zeitliche Pufferung und räumliche Vernetzung von Beschaffungs- und Produktionsaktivitäten.

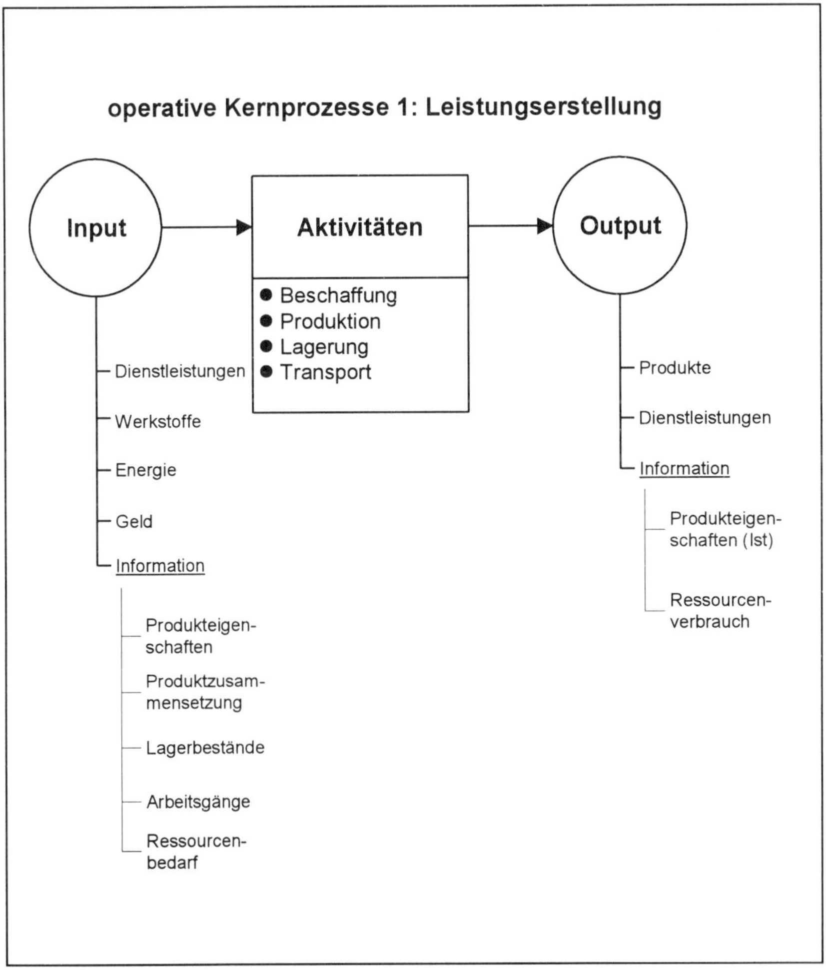

Bild 3.10: Charakteristische Merkmale der Leistungserstellung

Leistungserstellung zielt auf **Produkte** und **Dienstleistungen** als **Output**. Im Zuge der Leistungserstellung fällt üblicherweise **Information** an über realisierte Ist-Produkteigenschaften und über den Ressourcenverbrauch für die Leistungserstellung.

Input sind **Werkstoffe** und **Information**. Werkstoffe werden im Leistungserstellungsprozeß verarbeitet. Zusätzlich wird Information benötigt über die geforderten Produkteigenschaften, die Produktzusammensetzung, vorhandene Lagerbestände sowie die erforderlichen Arbeitsgänge und deren Ressourcenbedarf.

Charakteristisch für viele Unternehmungen sind die netzwerkartigen Wirkungszusammenhänge zwischen den Aktivitäten der Leistungserstellung, und zwar in Abhängigkeit von den vorherrschenden Input-Output-Strukturen (vgl. Abschnitt 3.1.2):

- In einigen Industriezweigen ist die Leistungserstellung durch Zerteilungsprozesse gekennzeichnet, etwa in der Mineralölindustrie mit der Aufspaltung von Rohöl in seine einzelnen Fraktionen, ferner in fast allen Formen der Kuppelproduktion. Solche Prozesse lassen sich graphisch als Vorwärtsbäume darstellen, ausgehend von dem Rohöl als Wurzel, endend an einer Vielfalt von Produkten.

- Alle Montageprozesse lassen sich demgegenüber als Rückwärtsbäume skizzieren. Das Endprodukt bildet die Wurzel solcher Bäume, stufenweise zusammengesetzt aus Baugruppen und Einzelteilen.

3.3.1.1.2 Operative Kernprozesse 2: Leistungsverwertung

Durch operative Kernprozesse der Leistungsverwertung bzw. Auftragsabwicklung werden Aufträge von Kunden über bestimmte Produkte und Dienstleistungen betreut, und zwar beginnend bei der Geschäftsanbahnung über Auftragsentstehung bis zur Auftragserfüllung und eventuell sogar bis zur Erfüllung von Anschlußaufträgen wie Wartung und Service oder Entsorgung von Produkten (vgl. Pfohl 1985, S.76-87; vgl. Bild 3.11). In Auftragsabwicklungsprozessen wirken vielfältige **Aktivitäten** zusammen:

- Im Zuge von **Angebotserstellung** und **Vertragsabschluß** werden die kundenindividuell zu erbringenden betrieblichen Leistungen festgelegt. Ergänzend werden Liefertermine und -konditionen, Preise und Zahlungsbedingungen vereinbart. Diese Informationen werden häufig durch einen Vertragsabschluß mit dem Kunden dokumentiert.

- Eine **Auftragsweitergabe** löst die Erstellung eines kundenindividuellen Auftrags aus.

- Durch Aktivitäten der **Kommissionierung** werden fertiggestellte Auftragspositionen zusammengestellt und anschließend durch **Versandaktivitäten** zum Kunden geliefert.

- Durch **Fakturierung** wird abschließend eine Rechnung für einen Kundenauftrag erstellt.

Als **Output** der Auftragsabwicklung werden einerseits **Dienstleistungen** für den Kunden erbracht, andererseits fließen **Geld** als Umsatzerlöse und **Information** über Kundenaufträge und Kunden zurück:

- **Dienstleistungen** betreffen die kundenindividuelle Vereinbarung von Auftragspositionen und die Anpassung von Lieferterminen, -konditionen und Zahlungsbedingungen. Darüber hinaus umfaßt die Auftragsabwicklung häufig den Versand der Produkte zum Kunden.

- Durch die Auftragsabwicklung entsteht **Information** über die vom Kunden bestellten Auftragspositionen, Liefertermine und -konditionen, Preise und Zahlungsbedingungen sowie den aktuellen Stand der Auftragsbearbeitung und schließlich über Kunden, Kundenwünsche und -zufriedenheit.

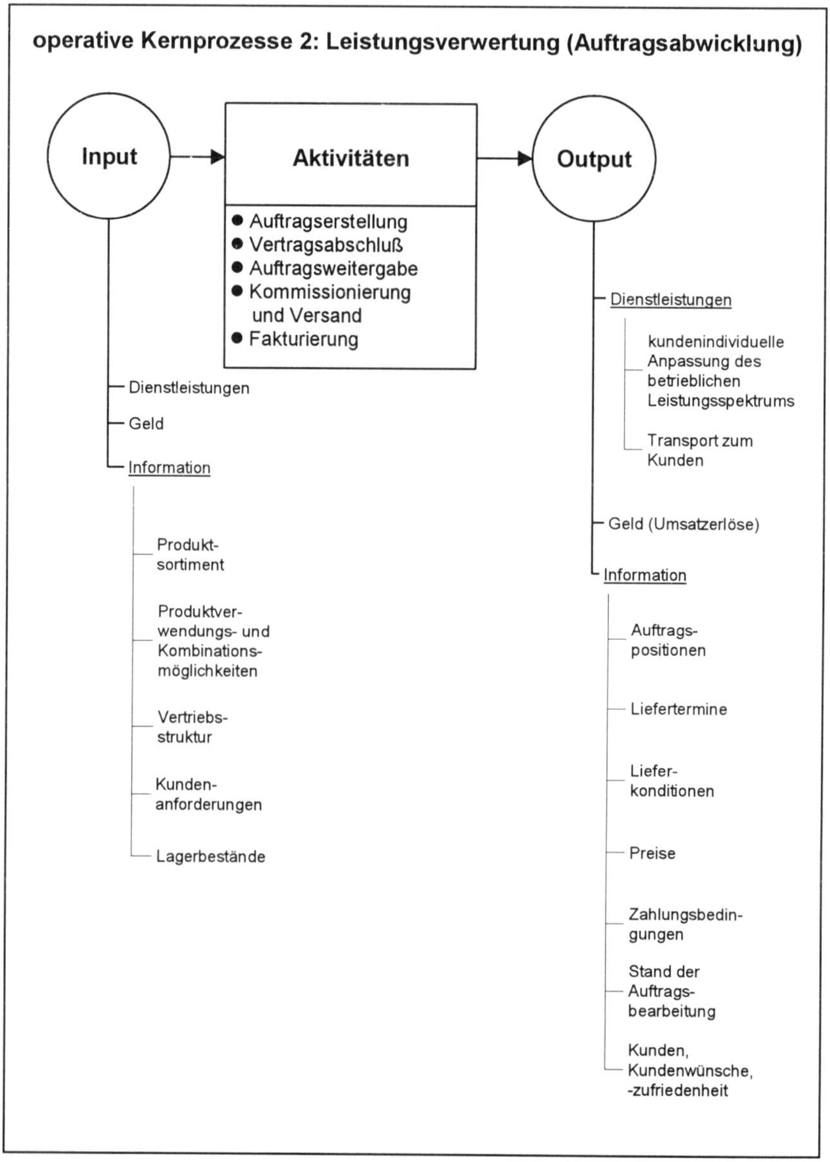

Bild 3.11: Charakteristische Merkmale der Leistungsverwertung bzw. Auftragsabwicklung

Der Kernprozeß der Auftragsabwicklung benötigt als **Input** vor allem **Geld**, **Dienstleistungen** und **Information**. Dienstleistungen werden z.B. in Anspruch genommen bei einer Geschäftsanbahnung durch z.B. Makler, beim Versand durch Fremdspediteure oder bei Fakturierung durch Factoringfirmen. Geld wird insbesondere benötigt für die Finanzierung von an Kunden gewährte Kredite und von Leasinggeschäften.

In die Auftragsabwicklung fließt Information ein

- über das Produktsortiment und seine Verwendungs- und Kombinationsmöglichkeiten aus Kundensicht,
- über die Vertriebsstruktur,
- über potentielle Kundenwünsche und -anforderungen sowie
- über verfügbare Lagerbestände von Produkten.

3.3.1.2 Strategische Kernprozesse: Erschließung zukünftiger Wertschöpfungsquellen

Operative Kernprozesse dienen der Wertschöpfungsrealisierung im "laufenden Geschäft". Demgegenüber zielen drei strategische Kernprozesse auf die Erschließung zukünftiger Wertschöpfungsquellen:

- **Strategische Kernprozesse 1: Aufbau und Pflege von Kunden- und sonstigen Außenbeziehungen** (Abschnitt 3.3.1.2.1) umfaßt alle Aktivitäten der Imagepflege einer Unternehmung und des Aufbaus von Beziehungen zu Kunden, Lieferanten, staatlichen Vertretern, Kapitalgebern und Gesellschaftern und eventuell sogar zu Konkurrenten. Hierzu gehören vor allem Akivitäten wie Werbung, Kundendienst, Marktforschung, externe Rechnungslegung durch Bilanzen und Geschäftberichte, aber auch Lobbyismus in bezug auf staatliche Repräsentanten und Public Relations.

- **Strategische Kernprozesse 2: Entwicklung neuer Produkte, Verfahren und Dienstleistungen** (Abschnitt 3.3.1.2.2) verknüpft vielfältige Aktivitäten wie

Früherkennung, Ideengenerierung, Machbarkeitsstudie, Konzepterstellung, eventuell Prototypenentwicklung und -test sowie Markteinführung.

- **Strategische Kernprozesse 3: Entwicklung von Kompetenz** in der Unternehmung betrifft die regelmäßige Erneuerung von Unternehmungen als Grundlage für zukünftige Wertschöpfung (Abschnitt 3.3.1.2.3). In bezug auf den technologischen, wirtschaftlichen und gesellschaftlichen Wandel erfordert dies vor allem Fähigkeiten zur Informationsverarbeitung, zu Wissensnutzung und -erwerb sowie zur Wertebildung (vgl. Abschnitt 2.2). Darauf zielen Aktivitäten wie Informationsmanagement, Organisationsentwicklung und Führungsethik.

3.3.1.2.1 Strategische Kernprozesse 1: Aufbau und Pflege von Kunden- und sonstigen Außenbeziehungen

Eine wesentliche Grundlage für betriebliche Wertschöpfung stellen die Außenbeziehungen von Unternehmungen dar. Wertschöpfung resultiert aus der Umwandlung von Vorleistungen (Input) in Ergebnisse (Output). Vorleistungen fließen in den betrieblichen Wertschöpfungsprozeß ein von Lieferanten, Kapitalgebern, durch staatliche Infrastruktur etc. Ergebnisse fließen an Kunden und externe Partner. Hierfür sind Außenbeziehungen von Unternehmungen als Wertschöpfungpotentiale notwendige Voraussetzung. Aufbau und Pflege von Außenbeziehungen umfassen eine Fülle von Aktivitäten, die hier in einem strategischen Kernprozeß zusammengefaßt werden (vgl. Bild 3.12):

- Kundenbeziehungen stehen im Mittelpunkt von **Werbung**, **Marktforschung** und **Kundendienst**.
- Auf Beziehungen zu Kapitalgebern und sonstigen externen Partnern zielen die **externe Rechnungslegung**, **Public Relations** und **Lobbyismus**.

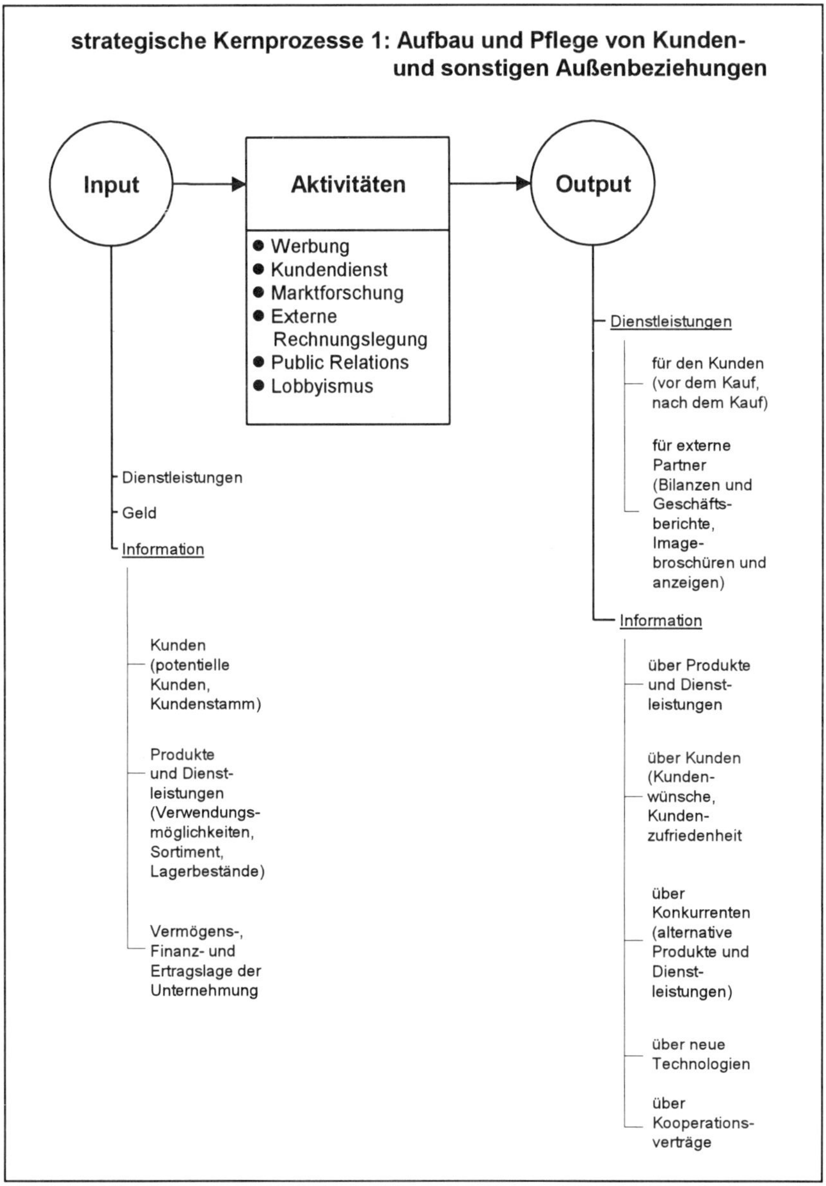

Bild 3.12: Charakteristische Merkmale von Aufbau und Pflege von Kunden- und sonstigen Außenbeziehungen

Aufbau und Pflege von Außenbeziehungen gewinnen insbesondere wegen der zunehmenden Bedeutung von IKT (vgl. Abschnitt 2.2.1) und als Voraussetzung für Kooperations- und Akquisitionsstrategien an Bedeutung (vgl. Abschnitt 2.2.2). IKT ermöglichen neue Kooperationsformen mit externen Partnern, wie sie z.B. Davidow und Malone neuerdings als virtuelle Unternehmungen beschreiben (vgl. Davidow und Malone 1993). Durch Kooperation und Akquisition weiten sich die traditionellen Unternehmungsgrenzen durch den Aufbau von Außenbeziehungen aus.

Szyperski und Klein fordern daher besondere Leitungsaktivitäten für Aufbau und Pflege von Außenbeziehungen (Szyperski und Klein 1993, S.195): "*Die Kontrolle der internen Aktivitäten wird ... zunehmend ergänzt durch die notwendige Beherrschung der Außenbeziehungen: Definitionen von Partnerschaften, Kooperationsbeziehungen und Marktmechanismen. Der durch Eigentum und Verfügungsrechte von Unternehmungen definierte Verfügungsbereich wird damit kleiner, während der durch vertragliche Beziehungen konstituierte wirtschaftliche Einflußbereich sich ausweitet.*" Daher fordern sie eine "..*Theorie der Unternehmung, die die Systemgrenzen der Unternehmung aus der Perspektive ihres wirtschaftlichen Einflußbereichs betrachtet. Eine solche Theorie hat die verschiedenen Ebenen der* ***Gestaltung von Außenbeziehungen*** *(wirtschaftliche, rechtliche und technische ...) sowie die sich daraus ergebenden Anforderungen an die Unternehmungsführung, etwa durch die organisatorische Umsetzung von Kooperationsmodellen, durch flexiblere Formen der Mitarbeiter und durch computergestützte Koordinationsmechanismen systematisch einzubeziehen*" (S.197).

Output von Aufbau und Pflege von Außenbeziehungen sind **Dienstleistungen** und **Information** für und über Kunden und sonstige externe Partner:

- Kunden werden mit Information über Produkte und Dienstleistungen versorgt und erhalten Dienstleistungen vor und nach dem Kauf, um Kundenbeziehungen aufzubauen und zu pflegen: Dienstleistungen vor dem Kauf sollen Kaufinteresse wecken und Kaufentscheidungen des Kunden unterstützen, so z.B. eine Beratung bei der Produktauswahl und über

Finanzierungsmöglichkeiten des Kaufs. Dienstleistungen nach dem Kauf sollen eine langfristige Kundentreue und Kundenzufriedenheit fördern, z.B. durch Wartungs- und Serviceleistungen sowie eventuell durch Entsorgungsleistungen.

- Sonstige externe Partner erhalten Information über die Unternehmung: Z.B. informieren Geschäftsberichte über die Finanz-, Vermögens- und Ertragslage einer Unternehmung, und Imagebroschüren und -anzeigen sollen Meinungen externer Partner über die Unternehmung beeinflussen.

Als **Output** liefern die Aktivitäten für Aufbau und Pflege von Außenbeziehungen auch Information über Kunden, deren Kundenwünsche und -zufriedenheit, über Wettbewerber, über alternative Produkte und Dienstleistungen, über neue Technologien sowie über Kooperationsverträge mit externen Partnern.

In Aufbau und Pflege von Außenbeziehungen fließen **Dienstleistungen**, **Geld** und vielfältige **Information** als **Input** ein. Dienstleistungen werden z.B. für Werbung, Marktforschung, externe Rechnungslegung und Public Relations in Anspruch genommen. Dafür ist Geld erforderlich. Information als Input wird benötigt über potentielle Kunden und den aktuellen Kundenstamm, über Produkte, über deren Verwendungsmöglichkeiten und Lagerbestände sowie über die Finanz-, Vermögens- und Ertragslage der Unternehmung.

3.3.1.2.2 Strategische Kernprozesse 2: Entwicklung neuer Produkte, Verfahren und Dienstleistungen

Ein vierter Kernprozeß wird hier für die **Entwicklung neuer Produkte, Verfahren und Dienstleistungen** abgegrenzt (vgl. Bild 3.13). Dieser Kernprozeß liefert auf Anregung von Kunden, durch innerbetriebliche Ideen oder anläßlich technologischer und wettbewerblicher Veränderung Information über neue Produkte, Verfahren und Dienstleistungen.

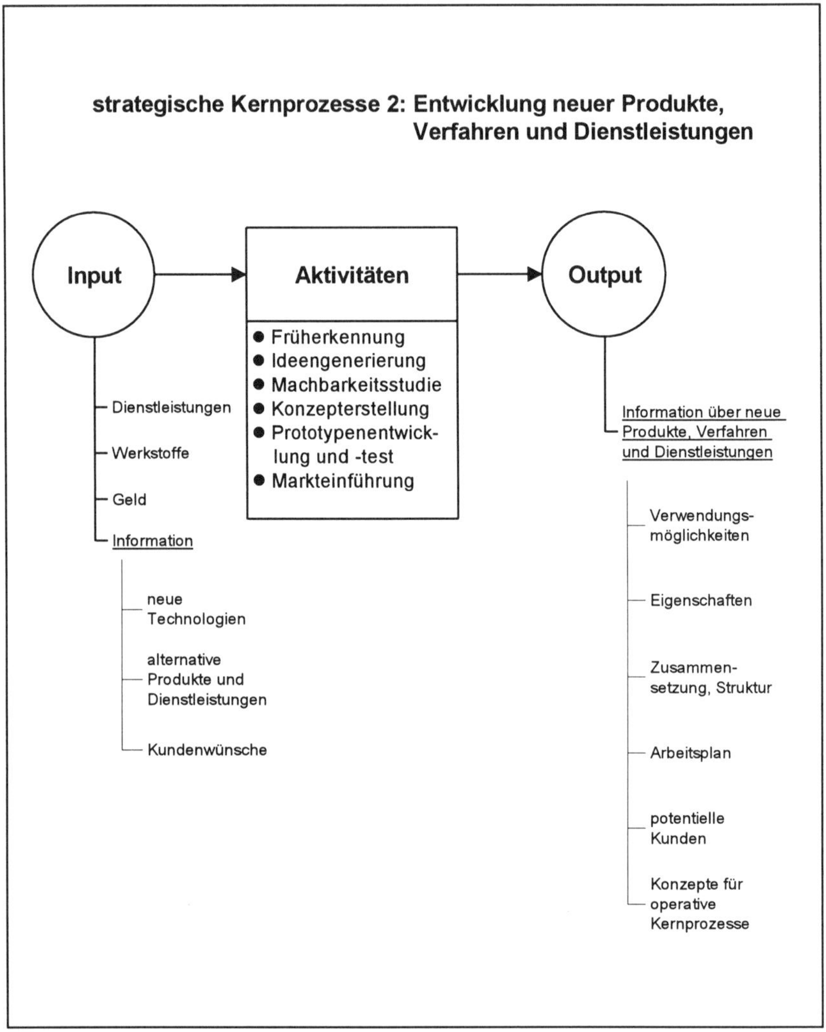

Bild 3.13: Charakteristische Merkmale der Entwicklung neuer Produkte, Verfahren und Dienstleistungen

Solche Aktivitäten geplanter Innovation werden häufig nur in bezug auf neue Produkte und Verfahren diskutiert. Gleichwohl werden hier Dienstleistungsinnovationen explizit mit inbegriffen, da entsprechende Aktivitäten wegen der wachsenden Bedeutung von Dienstleistungen (vgl. Corsten 1988, S.19; Nefiodow 1990, S.119-122) zukünftig wichtiger werden.

Die Entwicklung neuer Produkte, Verfahren und Dienstleistungen läßt sich in unterschiedliche Aktivitäten gliedern, wofür als Vorbild häufig die technische Entwicklung von Produkten dient (vgl. Brockhoff 1992, S.39-44; Hauschildt 1993, S.287; Corsten 1989, S.25). Hier wird eine Aktivitätengliederung aufgezeigt, die bis auf die Aktivitäten Prototypenentwicklung und -test auch auf die Entwicklung von Dienstleistungen anwendbar scheint:

- Häufig stehen Aktivitäten der **Früherkennung** am Anfang von Entwicklungsprozessen. Dadurch werden Hinweise gesammelt und verdichtet z.B. auf alternative Produkte, Verfahren, Dienstleistungen, neue Technologien und Kundenwünsche.

- Aktivitäten der **Ideengenerierung** liefern Anknüpfungspunkte für die Entwicklung. Hierzu gehören z.B. ein betriebliches Vorschlagswesen ebenso wie Kreativitätssitzungen.

- Sofern konkrete Entwicklungsideen vorliegen, werden geeignete Ideen durch eine **Machbarkeitsstudie** herausgefiltert. Wesentliche Komponenten einer Machbarkeitsstudie sind einerseits Wirtschaftlichkeitsanalysen und andererseits Prüfungen der technischen Realisierbarkeit.

- Für aussichtsreiche Entwicklungsideen werden **Konzepte** für die Kernprozesse 1 bis 3 entworfen, also für Leistungserstellung, Auftragsabwicklung und Aufbau und Pflege von Kundenbeziehungen.

- Häufig werden die Konzepte neuer Produkte mit **Prototypen** getestet.

- Schließlich werden aussichtsreiche Entwicklungen neuer Produkte, Dienstleistungen und Verfahren **am Markt einzuführen** versucht.

Entwicklungsprozesse liefern als **Output** Information über Verwendungsmöglichkeiten, Zusammensetzung und Struktur neuer Produkte sowie potentielle Kunden, Konzepte für die Kernprozesse 1 bis 3, Verfahren und Dienstleistungen, z.B. als

- Konstruktionszeichnungen,
- Stücklisten und Rezepturen,
- Arbeitspläne,
- Prototypen.

Für die Entwicklung neuer Produkte, Dienstleistungen und Verfahren werden als **Input** benötigt:

- Dienstleistungen, z.B. durch Vergabe von Forschungsaufträgen
- Werkstoffe, z.B. Versuchsmaterial
- Information über neue Technologien, alternative Produkte, Verfahren und Dienstleistungen
- Kundenwünsche und -anforderungen
- Geld

3.3.1.2.3 Strategische Kernprozesse 3: Entwicklung von Kompetenz

Zukünftige Wertschöpfungsquellen von Unternehmungen liegen nicht nur in Außenbeziehungen einer Unternehmung sowie in neuen Produkten, Verfahren und Dienstleistungen, sondern auch in der Fähigkeit, dies alles hervorzubringen und umzusetzen. Diese umfassende Fähigkeit von Unternehmungen einer erfolgreichen Auseinandersetzung mit zukünftigen Anforderungen sei als **Kompetenz** bezeichnet. Manche Autoren verwenden hierfür in Anlehnung an vergleichbare menschliche Fähigkeiten (vgl. Piaget 1966, S.12; Eccles und Zeier 1980, S.89; Eysenck 1980, S.198) den Begriff der Intelligenz von Unternehmungen:

- Gälweiler bezeichnet als Intelligenz von Unternehmungen die *"Schnelligkeit und Qualität des Erkennens und Reagierens eines Systems ... (auf Umweltentwicklungen, Anm.d.V). Das System ist umso intelligenter, je besser es laufend diese Aufgabe erfüllt"* (Gälweiler 1986, S.161).

- Volker Simon konkretisiert: *"Die Intelligenz einer Unternehmung bemißt sich ... in der Fähigkeit, eine überlebens- und entwicklungsgerechte Vernetzung ... zu höherwertigen Lösungen zu ermöglichen "* (Simon 1989, S.349-350).

Kompetenz, hier die "Intelligenz" von Unternehmungen, also die erfolgreiche Auseinandersetzung mit zukünftigen Anforderungen an Unternehmungen, wird hier auf das **Gestalten von sach-, personen- und zielbezogener Strukturen** zurückgeführt (vgl. Abschnitt 2.2.1). Kompetenz führt zu wirkungsvollen sach-, personen- und zielbezogenen Strukturen in Unternehmungen. Innerhalb von Strukturen läßt sich die zukünftige Unternehmungsentwicklung lenken, und zwar innerhalb

- von Sachsystemstrukturen auf der Basis von Technologieeinsatz,
- von Organisationsstrukturen für den Mitarbeitereinsatz und
- von strategischen Konzepten und Unternehmungsgrundsätzen.

Hier wird unter Bezug auf das Leitbild einer "Intelligenten Unternehmung" (vgl. Abschnitt 1.1) vor allem das Gestalten und Lenken von Information, Wissen und Werten betont (vgl. Abschnitt 2.2). Hierauf sollte die Entwicklung von Kompetenz zielen, und zwar (vgl. Bild 3.14) durch **Aktivitäten** des

- **Informationsmanagements,** der
- **Organisationsentwicklung**
- und der **Führungsethik**.

Informationsmanagement, Organisationsentwicklung und Führungsethik entwikkeln grundlegende Fähigkeiten von Unternehmungen, und zwar für die Informationsverarbeitung, für Wissensnutzung und -erwerb sowie Wertebildung.

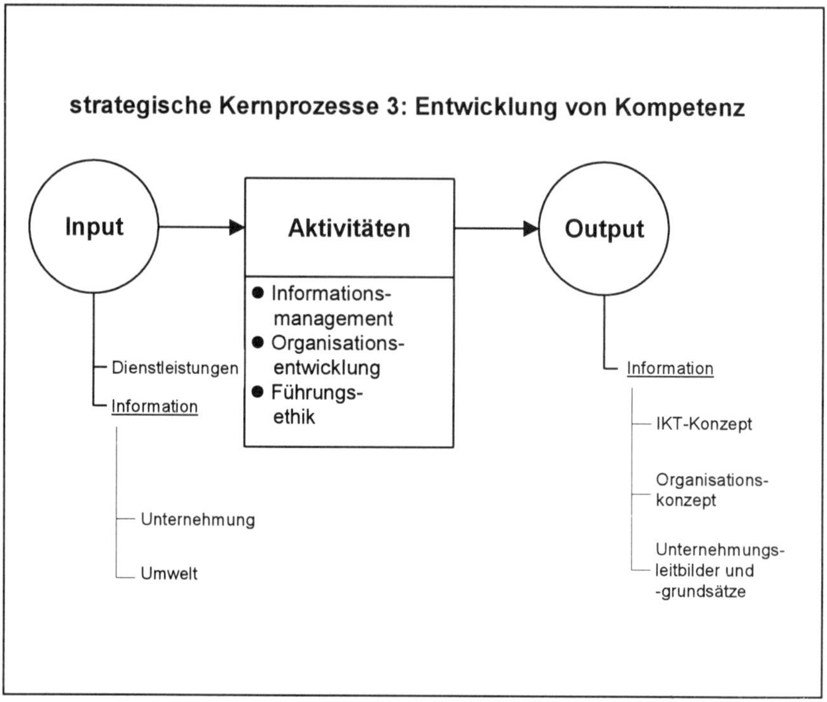

Bild 3.14: Charakteristische Merkmale der Entwicklung von Kompetenz

Als **Output** liefert die Entwicklung von Kompetenz **IKT-Konzepte**, **Organisationskonzepte** und **Unternehmungsleitbilder und -grundsätze**. Daran anknüpfend lassen sich Information, Wissen und Werte in Unternehmungen gestalten und lenken. Information über die Unternehmung und die Umwelt stellen den hierfür erforderlichen **Input** dar. Ergänzend dazu mögen als Input Dienstleistungen von Unternehmungsberatern zu Fragen der Kompetenzentwicklung in Anspruch genommen werden.

3.3.2 Koordinationsprozesse: Integration des Wertschöpfungsverbunds

Betriebliche Kernprozesse realisieren Wertschöpfung und erschließen Wertschöpfungquellen. Damit betriebliche Prozesse als Wertschöpfungsverbund wirken, bedarf es zusätzlicher Koordinationsprozesse. Koordinationsprozesse integrieren den Wertschöpfungsverbund betrieblicher Prozesse, indem sie diese sach-, personen- und zielbezogen innerhalb gestalteter Prozeßstrukturen lenken (vgl. Abschnitt 2.1; vgl. Bild 3.15):

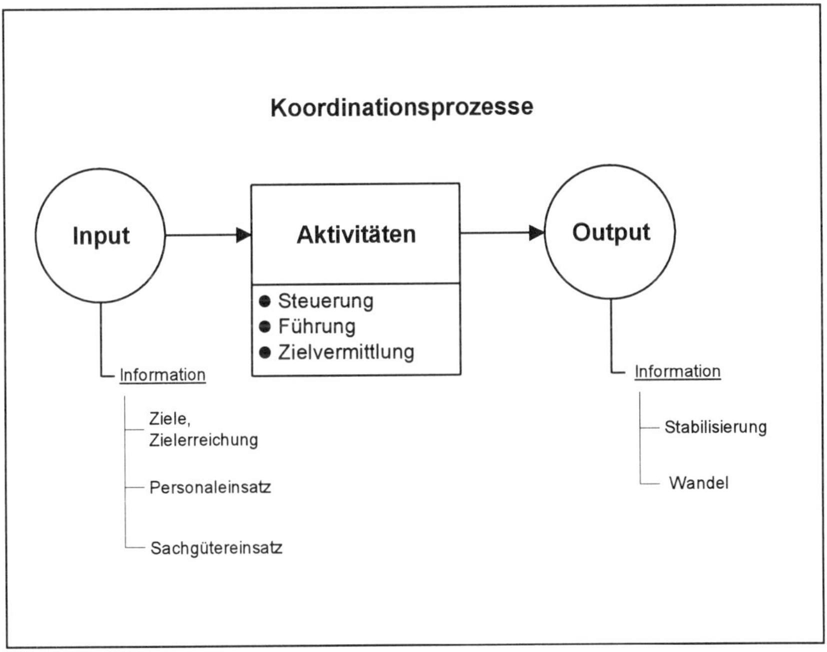

Bild 3.15: Charakteristische Merkmale von Koordinationsprozessen

Koordination integriert voneinander getrennte, differenzierte Prozesse. Die Bedeutung integrierender Koordination als Ergänzung zur differenzierenden Strukturbildung betonte bereits Nordsieck (1972a, Sp.68): *"Über einen Mangel an Differenzierung und Spezialisierung, das heißt über den Fortschritt der Arbeitsteilung, brauchen wir uns in unseren Betrieben wohl kaum zu beklagen. Woran es oftmals - ja fast regelmäßig - fehlt, das ist eine bewußte und gesteuerte Integration. Ein Betrieb, der nicht zur lebendigen Ganzheit, zur Einheit bewußt ... geformt wird, ein solcher Betrieb wird auf weite Sicht den steigenden Anforderungen der Wirtschaftsgesellschaft, der Märkte, aber auch des in ihm arbeitenden Individuums, nicht mehr gewachsen sein. Ich betone dabei immer wieder die lebendige, die anpassungsfähige, elastische Ganzheit."*

Integrierende Koordination wird hier als Ergänzung zur differenzierenden Strukturbildung aufgefaßt. Differenzierende Strukturbildung beruht auf dem Gestalten sach-, personen- und zielbezogener Strukturen (vgl. Abschnitt 2.1), d.h. der Entwicklung von Kompetenz (vgl. Abschnitt 3.3.1.2.3). Demgegenüber wirken Koordinationsprozesse innerhalb solcher Strukturen integrierend. Als **Output** liefern sie Information zur Stabilisierung und zum Wandel des Zusammenwirkens betrieblicher Prozesse (vgl. Abschnitt 2.1): Stabilisierung wird durch Gegensteuerungsmaßnahmen bewirkt, Wandel durch Erneuerungsmaßnahmen (vgl. Abschnitt 4.3). **Input** hierfür ist aktuelle Information über angestrebte Ziele, deren Zielerreichung sowie über den Personal- und Sachgütereinsatz.

3.3.3 Unterstützende Prozesse: Bereitstellung und Erhaltung betrieblicher Ressourcen

Unterstützende Prozesse ermöglichen Kernprozesse und Koordinationsprozesse durchzuführen, und zwar durch Bereitstellung und Erhaltung betrieblicher Ressourcen, also von Personal, Maschinen und Gebäuden. Ressourcen bereitzustellen erfordert (vgl. Bild 3.16) Kapitalbeschaffung und -verwendung durch Aktivitäten der **Investition** und **Finanzierung**. Erhaltend wirken z.B. Pflege und Betrieb der betrieblichen **Infrastruktur**, d.h. EDV-Betrieb, Instandhaltung, Kantine etc., sowie **Verwaltung**, d.h. Personalverwaltung, Buchhaltung etc.

Input für unterstützende Prozesse ist vor allem Information über den aktuellen und den erforderlichen Zustand betrieblicher Ressourcen sowie über den erforderlichen Kapitalbedarf für die Bereitstellung von Ressourcen.

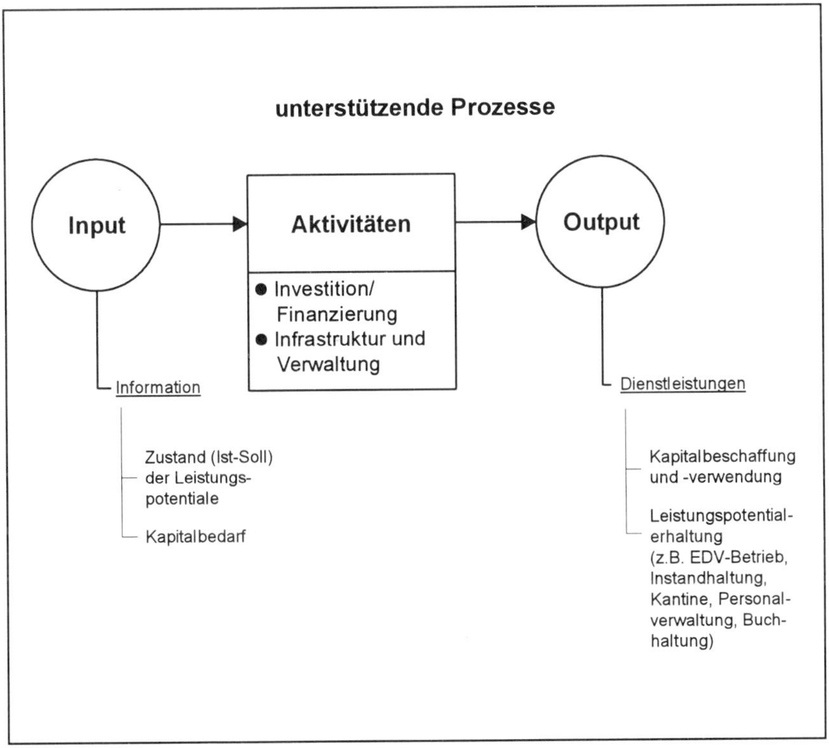

Bild 3.16: Charakteristische Merkmale unterstützender Prozesse

4 Konzept: Ziele, Mittel und Maßnahmen der Erneuerung

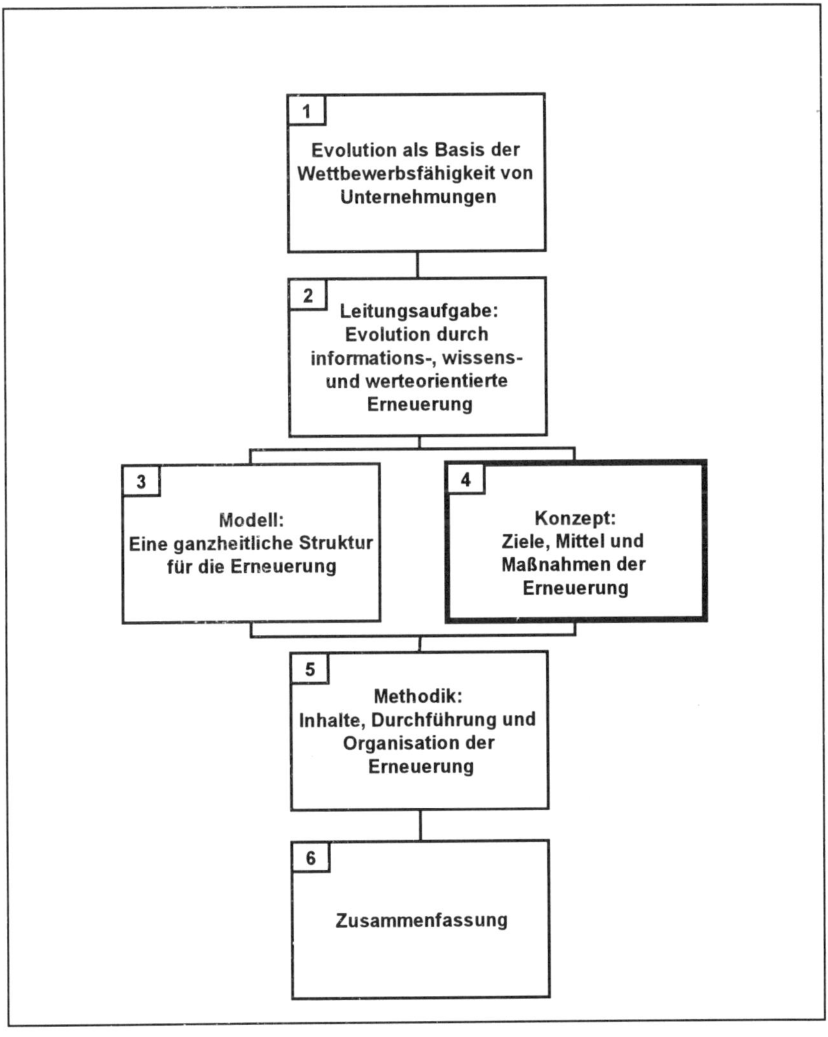

Erneuerung von Unternehmungen durch eine zielgerichtete Veränderung betrieblicher Prozesse erfordert ein Konzept, d.h. einen systematischen Katalog von **Zielen**, **Mitteln** und **Maßnahmen** der Erneuerung (vgl. Bild 4.1):

- **Ziele der Erneuerung** geben die Richtung der Erneuerung betrieblicher Prozesse an. Unterschiedliche Ziele der Erneuerung werden dargestellt und in bezug auf einzelne betriebliche Prozesse konkretisiert (Abschnitt 4.1). Erneuerung sollte auf **konkurrenzfähige**, **innovative** sowie **menschen-** und **umweltgerechte** betriebliche Prozesse zielen.

- **Mittel der Erneuerung** ermöglichen eine Veränderung betrieblicher Prozesse (Abschnitt 4.2). Hierbei geht es um die **Entwicklung von Kompetenz** von Unternehmungen (vgl. Abschnitt 3.3.1.2.3): Kompetenz in Unternehmungen ist für die Erneuerung erforderlich. Anknüpfend an die drei Schwerpunkte zukünftigen Gestaltens und Lenkens (vgl. Abschnitt 2.2) werden dreierlei Mittel der Erneuerung aufgezeigt, d.h. drei zukünftig erforderliche Kompetenzen: **Informationsmanagement**, **Organisationsentwicklung** und **Führungsethik** sollen eine Erneuerung von Informationsverarbeitung, Wissensnutzung und Wissenserwerb sowie Wertebildung in Unternehmungen ermöglichen.

- **Maßnahmen der Erneuerung** bewirken eine Veränderung betrieblicher Prozesse durch zielgerichteten Einsatz von Mitteln (Abschnitt 4.3). Durch die Entwicklung von Kompetenz geschaffene Erneuerungspotentiale werden zielgerichtet ausgeschöpft, und zwar durch sach-, personen- und zielbezogene **Prozeßgestaltung** und **Prozeßlenkung** (vgl. Abschnitt 2.1). Sachbezogen wird gestaltet durch **Prozeßinnovation** und gelenkt durch **Prozeßsteuerung**, personenbezogenen wird gestaltet durch **Prozeßorganisation** und gelenkt durch **Prozeßführung,** und zielbezogen wird gestaltet durch **Prozeßänderung** und gelenkt durch **Prozeßvermittlung**.

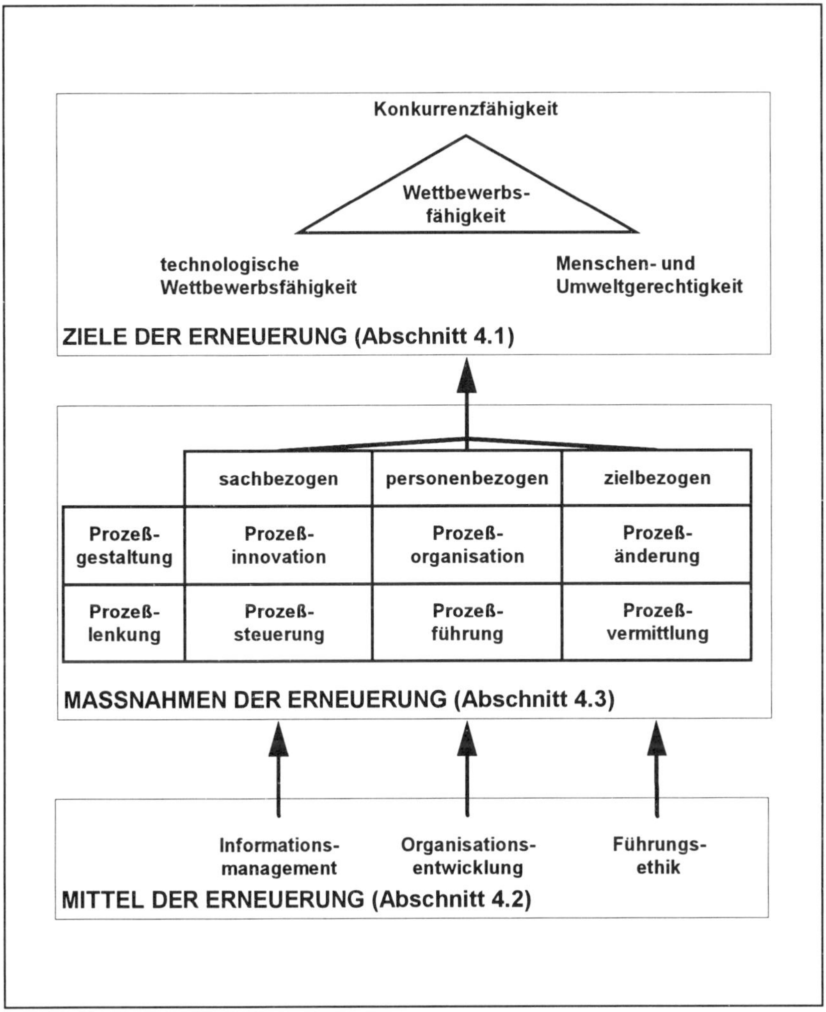

Bild 4.1: Konzept - Ziele, Mittel und Maßnahmen der Erneuerung

Hinsichtlich Zielen, Mitteln und Maßnahmen der Erneuerung finden sich vielfältige Anregungen in der Literatur zum *"Reengineering"* (vgl. Davenport 1993; Hammer und Champy 1993; Johansson u.a. 1993; Cypress 1994; Müller-Merbach 1993b und 1994d), zum *"Turnaround Management"* (vgl. Taylor 1994), zum *"Total Quality Management"* (vgl. Zink 1992a; Schildknecht 1992), zur *"Prozeßorganisation"* (vgl. Gaitanides 1983) und zum *"Prozeßmanagement"* (vgl. Striening 1988a und 1988b). Hier wird daran anknüpfend ein Konzept für die Erneuerung von Unternehmungen entwickelt (vgl. Gedankenflußplan zu Kapitel 4 in Bild 4.2).

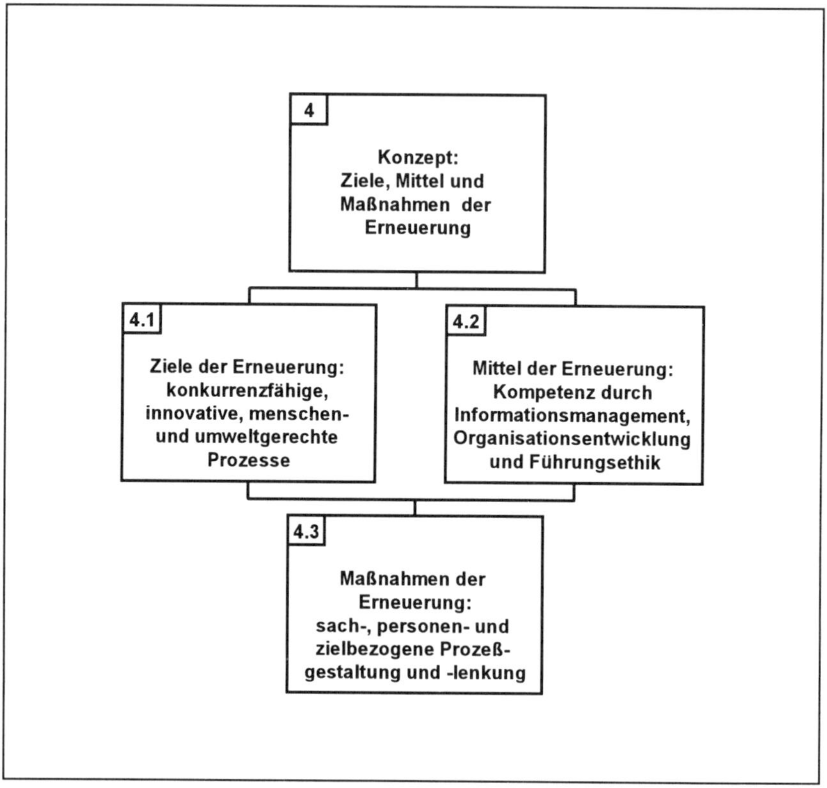

Bild 4.2: Gedankenflußplan zu Kapitel 4

4.1 Ziele der Erneuerung

Erneuerung soll die Wettbewerbsfähigkeit von Unternehmungen steigern. Anknüpfend an die dreifache Herausforderung für Unternehmungen durch wirtschaftliches Wachstum, technologischen Fortschritt und gesellschaftlichen Wandel (vgl. Abschnitt 2.2) werden hier drei Aspekte der Wettbewerbsfähigkeit von Unternehmungen aufgezeigt:

- Wettbewerbsfähigkeit in bezug auf das wirtschaftliche Wachstum sei hier als **Rentabilität** bezeichnet. Rentabilität führt zu einer Verzinsung von eingesetztem Kapital durch Unternehmungsaktivitäten. Rentabilitätsstreben, also ein möglichst günstiges Verhältnis von Aufwand und Ertrag anzustreben, entspricht dem ökonomischen Prinzip (vgl. Müller-Merbach 1976, S.5). Rentabilität wird hier in Anlehnung an Henzel (1957) auf **Kosten-**, **Qualitäts-** und **Zeitvorteile** gegenüber Wettbewerbern zurückgeführt: Kostenvorteile beruhen auf wirtschaftlichen betrieblichen Prozessen, Qualitätsvorteile auf kundenorientierten Prozessen und Zeitvorteile auf effektiven Prozessen. Daher sollte Erneuerung die **Wirtschaftlichkeit**, die **Kundenorientierung** und die **Effektivität** betrieblicher Prozesse steigern, um die Rentabilität von Unternehmungen zu erhöhen (Abschnitt 4.1.1).

- Wettbewerbsfähigkeit in bezug auf den technologischen Wandel wird hier als **technologische Wettbewerbsfähigkeit** von Unternehmungen bezeichnet. Technologische Wettbewerbsfähigkeit beruht auf der Beherrschung zukünftig relevanter Technologien (vgl. Schmietow 1988, S.22). Der Einsatz solcher Schlüsseltechnologien ermöglicht innovative Prozesse, die innovative Produkte und Dienstleistungen nach den Maßstäben der Menschen- und Umweltgerechtigkeit hervorbringen. Daher sollte Erneuerung auf **innovative Prozesse** durch die **Beherrschung zukünftig relevanter Technologien** zielen (Abschnitt 4.1.2).

- **Gesellschaftlichem Wandel** sollte durch die Auseinandersetzung mit Mitarbeiterinteressen und mit gesellschaftlichen Interessen begegnet werden.

Gemäß den Anforderungen an verantwortungsvolles Handeln (vgl. Abschnitt 2.1.3) sollten betriebliche Prozesse mit Interessen und Bedürfnissen von Mitarbeitern und von gesellschaftlichen Interessengruppen übereinstimmen. Daher sollte Erneuerung in dieser Hinsicht auf **menschen- und umweltgerechte Prozesse** zielen. Menschen- und umweltgerechte Prozesse lassen sich zum einen durch die **Wahl geeigneter Verfahren** erreichen, zum anderen durch **Rücksicht auf unterschiedliche Interessen** in bezug auf menschen- und umweltgerechte Produkte und Dienstleistungen, sinnvolle Arbeitsinhalte und die Schonung natürlicher Ressourcen (Abschnitt 4.1.3).

Alle drei Zieldimensionen sind eng miteinander verknüpft. Konkurrenzfähige Prozesse können beispielsweise auf zukünftig relevanten Technologien beruhen. Ebenso können solche Technologien menschen- und umweltgerechte Prozesse ermöglichen, und aus menschen- und umweltgerechten Prozessen können wiederum Wettbewerbsvorteile gegenüber Konkurrenten resultieren.

4.1.1 Konkurrenzfähige Prozesse: Kosten-, Qualitäts- und Zeitvorteile gegenüber Wettbewerbern

In bezug auf den wirtschaftlichen Wandel sollte Erneuerung die **Rentabilität** erhöhen. Daran anknüpfend werden hier drei Zielgrößen für die Erneuerung formuliert: **Kosten-**, **Qualitäts-** und **Zeitvorteile** gegenüber Wettbewerbern. Kosten-, Qualitäts- und Zeitvorteile gegenüber Wettbewerbern erhöhen die betriebliche Rentabilität, gemessen am **Return on Investment (RoI)**. Der RoI ist der Quotient aus Gewinn und eingesetztem Kapital bzw. das Produkt aus der Umsatzrentabilität und der Kapitalumschlaghäufigkeit in betrieblichen Prozessen (vgl. Bild 4.3):

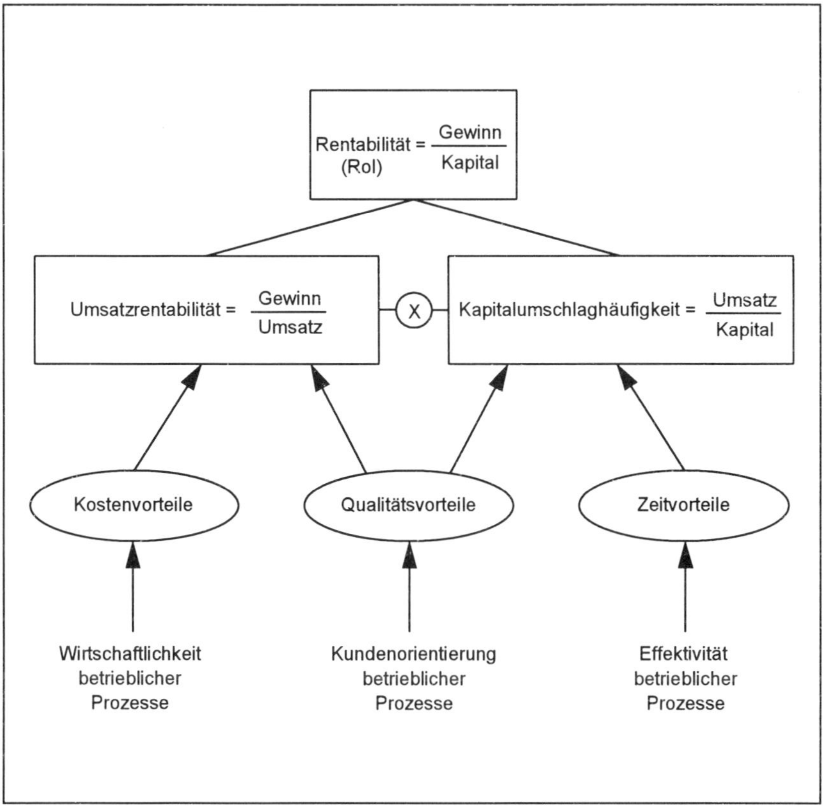

Bild 4.3: Kosten-, Qualitäts- und Zeitvorteile gegenüber Wettbewerbern steigern die Rentabilität einer Unternehmung.

- **Kostenvorteile** gegenüber Wettbewerbern ermöglichen einen höheren Gewinn, dadurch eine höhere Umsatzrentabilität und einen höheren RoI. Kostenvorteile gegenüber Wettbewerbern werden durch eine **größere Wirtschaftlichkeit** betrieblicher Prozesse erreicht: Wirtschaftlichkeit mißt in Geldgrößen das Verhältnis zwischen Ertrag und erforderlichem Ressourceneinsatz (vgl. Henzel 1957, S.271). Die Wirtschaftlichkeit betrieblicher Prozesse wird anknüpfend an die Ideen der Prozeßkostenrechnung vor allem auf zwei Einflußgrößen zurückgeführt: Die **Vielfalt von Objekten** und die **Anzahl von Beziehungen zwischen Aktivitäten** in betrieblichen Prozessen (Abschnitt 4.1.1.1).

- **Qualitätsvorteile** gegenüber Wettbewerbern erleichtern die Absetzbarkeit von Produkten und Dienstleistungen. Dies ermöglicht höhere Preise und größere Absatzmengen und dadurch höheren Gewinn. Sowohl die Umsatzrentabilität als auch die Kapitalumschlaghäufigkeit werden dadurch gesteigert, also auch der RoI. Qualitätsvorteile lassen sich durch eine **stärkere Kundenorientierung** betrieblicher Prozesse erreichen (Abschnitt 4.1.1.2).

- **Zeitvorteile** gegenüber Wettbewerbern führen zu einer kürzeren Durchlaufzeit von Produkten und Dienstleistungen durch betriebliche Prozesse. Dies erhöht die Kapitalumschlaghäufigkeit und steigert dadurch den RoI. Zeitvorteile gegenüber Wettbewerbern lassen sich durch größere **Effektivität** betrieblicher Prozesse erreichen, d.h. Schnelligkeit bei der Prozeßabwicklung (Abschnitt 4.1.1.3): Dadurch werden Kosten- und Qualitätsvorteile multipliziert. Darüber hinaus führt dies zu Flexibilitätsvorteilen und zu einem geringeren Risiko bei der Prozeßdurchführung, da eingesetztes Kapital in kürzerer Zeit durch den Wertschöpfungsprozeß zurückfließt.

Einflußgrößen auf die betriebliche Rentabilität untersuchte Henzel bereits 1957. An seine Untersuchungen (vgl. Henzel 1957), die wie Vorläufer des heutigen Reengineering anmuten, wird hier angeknüpft. Darüber hinaus wird vor allem in bezug auf die Wettbewerbsstrategien japanischer Unternehmungen auf die Bedeutung von Zeitvorteilen hingewiesen (vgl. Stalk 1989, S.37; Riekhof 1993, S.294), die ebenfalls die betriebliche Rentabilität steigern.

Henzel beurteilte die betriebliche Rentabilität anhand unterschiedlicher Merkmale betrieblicher Prozesse (vgl. Henzel 1957, S.269), und zwar an

- deren **Wirkungsgrad**,
- deren **Wirtschaftlichkeit** und
- deren **Markterfolg**.

Der **Wirkungsgrad** von Prozessen entspricht dem mengenmäßigen Verhältnis von Output zu Input. Henzel erläutert (1957, S.267): *"Allgemein handelt es sich bei den Wirkungsgraden um Maßstäbe für die Güte aller Maschinen, Einrichtungen, Produktionsprozesse und allgemein von technischen Abläufen, gemessen: (1) am Verbrauch von Energie, Rohstoffen und dgl.; (2) an der Erzeugung, dem Ausbringen, Ausstoß; (3) an der Ausnutzung der Rohstoffe."* Anhand von Wirkungsgraden lassen sich einzelne Prozesse im Zeitablauf beurteilen.

Die **Wirtschaftlichkeit** von Prozessen gibt Auskunft über eine wirkungsvolle Nutzung der in betrieblichen Prozessen eingesetzten Ressourcen. Henzel erlklärt (1957, S.269): *"Eine Anlage kann beispielsweise ausgezeichnete technische Wirkungsgrade besitzen, ein Produktionsprozeß technisch vollendet ablaufen, und trotzdem können beide kostenwirtschaftlich ungünstig sein, nämlich dann, wenn die ... Kapazitäten nicht voll ausgenutzt werden ..."*

Schließlich erfordert Rentabilität auch **Markterfolg** von Produkten und Dienstleistungen. Wirkungsgrad, Wirtschaftlichkeit und Markterfolg tragen gemeinsam zur Rentabiltät bei (Henzel 1957, S.270): *"... nicht alles, was kostenwirtschaftlich günstig ist, ist auch günstig im Markt und damit in gleicher Weise zur Bedürfnisbefriedigung, zur notwendigen Gewinnerzielung und Rentabilität geeignet... Die Steigerung der Produktivität bedeutet dann, alle ... Fehlerquellen aufzudecken und nach Möglichkeit zu beseitigen. Dabei ist zu berücksichtigen, daß auch die Qualität der Erzeugnisse von Bedeutung ist, denn sie stellt den Wirkungsgrad der Bedürfnisbefriedigung dar."*

Hier wird an die im Vergleich zu Wettbewerbern relevanten Kriterien der Wirtschaftlichkeit und des Markterfolgs angeknüpft, und zwar an das Streben nach **Kosten-** und **Qualitätsvorteilen** gegenüber Wettbewerbern. Wirkungsgrade eignen sich zur Beurteilung von Prozessen im Zeitablauf und spielen eher bei der technologischen Wettbewerbsfähigkeit (vgl. Abschnitt 4.1.2) eine Rolle. Darüber hinaus werden hier **Zeitvorteile** durch kürzere Durchlaufzeiten betrachtet.

4.1.1.1 Kostenvorteile durch größere Wirtschaftlichkeit betrieblicher Prozesse

Kostenvorteile gegenüber Wettbewerbern erhöhen die Umsatzrentabilität und dadurch die betriebliche Rentabilität. Eindrucksvoll wies beispielsweise eine MIT-Studie auf Nachteile hinsichtlich Produktivität und Wirtschaftlichkeit europäischer und amerikanischer Automobilhersteller im Vergleich mit japanischen Konkurrenten hin (vgl. Womack u.a. 1991, S.100; Kränzle 1991, S.31).

Um Kostenvorteile gegenüber Wettbewerbern erreichen zu können, werden Hinweise auf Möglichkeiten zur **Wirtschaftlichkeitssteigerung** benötigt. Neuere Entwicklungen einer **Prozeßkostenrechnung** geben hierzu Anregungen (vgl. Cooper und Kaplan 1988; Horváth und Mayer 1989; Coenenberg und Fischer 1991; Franz 1993): Prozeßkosten informieren über die je Outputeinheit eines Prozesses entstehenden Kosten für die Inanspruchnahme von Ressourcen.

Prozeßkosten lassen sich auf zwei **Kosteneinflußgrößen** zurückführen. Daran sollte die Erneuerung in Richtung einer größeren Wirtschaftlichkeit betrieblicher Prozesse ansetzen:

- Die **Vielfalt unterschiedlicher Objekte** in betrieblichen Prozessen beeinflussen die Prozeßkosten, also die Vielfalt von Output und Input, auch als Variantenvielfalt bezeichnet. Je mehr unterschiedliche Objekte zu bearbeiten sind, desto häufiger fallen für einzelne Aktivitäten Wechselkosten von der Bearbeitung einer Variante zu nächsten an (vgl. Cooper 1990, S.271). Bekanntes Beispiel dafür sind Rüstkosten in der Fertigung, die durch größere Fertigungslose reduziert werden können.

- Die **Anzahl von Beziehungen zwischen Aktivitäten** in betrieblichen Prozessen beeinflussen die Prozeßkosten. Je mehr Beziehungen zwischen Aktivitäten bei der Prozeßdurchführung zu berücksichtigen sind, desto höher ist der Koordinationsbedarf und dadurch die Kosten für die zielgerichtete Koordination der Aktivitäten (vgl. Cooper 1990, S.347). Die Anzahl von Beziehungen zwischen Aktivitäten wird bestimmt durch den Ergebniszusammenhang zwischen Aktivitäten (vgl. Abschnitt 3.1.4).

Die Vielfalt unterschiedlicher Objekte und die Anzahl von Beziehungen zwischen Aktivitäten bestimmen die Prozeßkosten und dadurch die Wirtschaftlichkeit betrieblicher Prozesse. Einflüsse auf die Prozeßkosten betrieblicher Prozesse und entsprechende Möglichkeiten zur Erzielung von Kostenvorteilen gegenüber Wettbewerbern werden im folgenden untersucht.

Prozeßkosten werden im wesentlichen in den **operativen Kernprozessen** und in **Koordinationsprozessen** realisiert sowie durch **strategische Kernprozesse** determiniert:

- In der **Leistungserstellung** und **Auftragsabwicklung** fallen Prozeßkosten an.

- Durch die **Entwicklung neuer Produkte, Dienstleistungen und Herstellungsverfahren** sowie durch den **Aufbau von Kunden- und sonstigen Außenbeziehungen** werden Prozeßkosten festgelegt. Die **Entwicklung von Kompetenz** fördert die Fähigkeit und Bereitschaft zur Senkung von Prozeßkosten.

Anhand einzelner betrieblicher Prozesse lassen sich **Möglichkeiten zur Erzielung von Kostenvorteilen** aufgezeigen, die jeweils an den Kosteneinflußgrößen Objektvielfalt und Anzahl der Beziehungen zwischen Aktivitäten anknüpfen: Die Kosten von **Leistungserstellungsprozessen** steigen mit zunehmender Anzahl von Lieferanten, unterschiedlichen Werkstoffen, Ein- und Auslagerungspositionen, Montagepositionen bzw. der Teilezahl von Produkten und von Rüstvorgängen (vgl. Coenenberg und Fischer 1991, S.27). Diese Kosten werden bereits bei der Entwicklung neuer Produkte, Dienstleistungen und Herstellungsverfahren sowie durch den Aufbau von Kunden- und sonstigen Außenbeziehungen festgelegt und können während der Leistungserstellung nicht mehr beeinflußt werden (vgl. Schmelzer 1990, S.39; Franz 1992, S.1496-1498). Die Kosten der **Leistungsverwertung bzw. Auftragsabwicklung** werden vor allem bestimmt durch die Anzahl unterschiedlicher Produkte und unterschiedlicher Kundengruppen (vgl. Riekhof 1993, S.296). Die Kosten für den **Aufbau und die Pflege von Kunden- und sonstigen Außenbeziehungen** werden beeinflußt z.B. durch die Anzahl unterschiedlicher Handelspartner (vgl. Mayer 1991, S.76).

Koordinationsprozesse zielen auf einen wirkungsvollen Ressourceneinsatz in betrieblichen Prozessen. In Abhängigkeit vom Ressourcenzusammenhang und von der Ablaufstruktur betrieblicher Prozesse ist der Koordinationsbedarf unterschiedlich hoch:

- Ressourcenkonkurrenz zwischen Aktivitäten erhöht den Koordinationsbedarf (vgl. Abschnitt 3.1.4.2).

- Zeitlich parallele und räumlich dezentrale Ablaufstrukturen haben einen höheren Koordinationsbedarf als zeitlich sequentielle und räumlich zentrale (vgl. Abschnitt 3.1.4.3).

Zur Erringung von Kostenvorteilen wird hier die **Entwicklung von Kompetenz** empfohlen, und zwar einer prozeßkostenorientierten Informationsverarbeitung, Wissensnutzung und Wertebildung. Solche Kompetenz ermöglicht eine Senkung der Prozeßkosten und dadurch eine Wirtschaftlichkeitssteigerung betrieblicher Prozesse:

- Eine **prozeßkostenorientierte Informationsverarbeitung** ermöglicht eine kostenorientierte Prozeßgestaltung und -lenkung. Z.B. entwarf Knoop (vgl. 1986) für den Fertigungsbereich ein entsprechendes Konzept für eine prozeßkostenorientierte Fertigungssteuerung.

- Eine **prozeßkostenorientierte Wissensnutzung** dient als Grundlage für die Beeinflussung von Prozeßkosten. Neuere Ansätze des Kostenmanagements (vgl. Franz 1992) und einer den Entwicklungsprozeß begleitenden Kalkulation (vgl. Erlenspiel 1985) zielen auf den Erwerb geeigneten Wissens zur Prozeßkostenbeeinflussung.

- Eine **prozeßkostenorientierte Wertebildung**, d.h. die Förderung eines umfassenden Kostenbewußtseins, sieht Hiromoto als wichtigsten Beitrag der betrieblichen Einführung einer Prozeßkostenrechnung (vgl. Hiromoto 1991, S.31). Eine Prozeßkostenrechnung macht Prozeßkosten sichtbar für alle Beteiligten und mag deren Meinung in bezug auf kostengünstigeres Handeln beeinflussen. Davenport erklärt dies (1993, S.144): *"... activity-based costing systems include ... feedback for continuous improvement."* Ähnlich hebt Cooper den Aspekt einer Verhaltensänderung durch Prozeßkosteninformation gegenüber möglichst genauen Prozeßkostensätzen hervor (vgl. Cooper 1990, S.347)

4.1.1.2 Qualitätsvorteile durch Kundenorientierung betrieblicher Prozesse

Erneuerung sollte auf **Qualitätsvorteile gegenüber Wettbewerbern** zielen. Qualitätsvorteile tragen zum Markterfolg von Produkten und Dienstleistungen bei und sind daher wesentliche **Voraussetzung für betriebliche Rentabilität**: Nur den Qualitätsanforderungen von Kunden entsprechende Produkte und Dienstleistungen haben einen Marktwert und ermöglichen Umsatz, und Umsatz ist Voraussetzung für Rentabilität.

Hier werden **vier Komponenten der Qualität** von Produkten und Dienstleistungen aufgezeigt und der Einfluß unterschiedlicher betrieblicher Prozesse auf die Qualität untersucht. Qualität wird hier nach den vier causae des Aristoteles (vgl. Abschnitt 2.3.1; vgl. Müller-Merbach 1992a, S.211) gegliedert (vgl. ähnlich Müller-Böling 1993):

- **Funktionstauglichkeit** bezeichnet Produkte und Dienstleistungen, die ihren Zweck erfüllen (causa finalis).

- **Anforderungsgerechtigkeit** bezeichnet Produkte und Dienstleistungen, die formal den spezifizierten Kundenanforderungen entsprechen (causa formalis).

- **Präzision** von Produkten und Dienstleistungen beruht auf der Güte der sie hervorbringenden Prozesse (causa efficiens).

- **Beständigkeit** von Produkten wird durch deren Materialbeschaffenheit bestimmt (causa materialis).

Jede dieser vier Komponenten trägt zur Qualität von Produkten und Dienstleistungen bei. Für den Markterfolg entscheidend sind vor allem die vom Kunden wahrgenommenen Aspekte der Qualität, und zwar im Sinne von Berkeleys *"Esse est percipi"* (Sein ist Wahrgenommenwerden, vgl. Müller-Merbach 1992a, S.249). Daher wird hier für eine **Kundenorientierung betrieblicher Prozesse** als Grundlage für Qualitätsvorteile gegenüber Wettbewerbern plädiert. Kundenorientierte Prozesse zielen auf die Erfüllung der vom Kunden wahrgenommenen Qualitätsaspekte (vgl. Frese und Werder 1989, S.19). In diesem Sinne definiert Zink Qualität als *" ... die Erfüllung von vereinbarten Anforderungen zur dauerhaften Kundenzufriedenheit"* (Zink 1992a, S.18).

Daran anknüpfend lassen sich der **Einfluß** unterschiedlicher betrieblicher Prozesse auf die Befriedigung von Kundenbedürfnissen aufgezeigen und **Möglichkeiten** zur Erzielung von Qualitätsvorteilen skizzieren. Zink hebt die Kundenorientierung aller betrieblichen Prozesse als Grundlage der Qualität von Produkten und Dienstleistungen hervor: Kundenorientierung beginne bereits bei der Marktforschung, führe über die Leistungserstellung und Auftragsabwicklung und ende beim Service und führe so zu "totaler Qualität" (vgl. Zink 1992a, S.20-21).

Unterschiedliche betriebliche Prozesse tragen in unterschiedlicher Weise zur Qualität von Produkten und Dienstleitungen bei: Von Kunden wahrgenommene Qualität entsteht vor allem in **operativen Kernprozessen** der **Leistungserstellung** und **Auftragsabwicklung**, insbesondere die Qualitätskomponenten der Präzision, Beständigkeit und Anforderungsgerechtigkeit betreffend (vgl. Müller-Böling 1993, Sp.3627). **Strategische Kernprozesse** entwickeln Grundlagen für die Qualität von Produkten und Dienstleistungen:

- Die **Entwicklung neuer Produkte, Dienstleistungen und Herstellungsverfahren** legt die Funktionstauglichkeit von Produkten und Dienstleistungen zur Befriedigung potentieller Kundenbedürfnisse und deren Herstellungsqualität fest.

- **Aufbau und Pflege von Kunden- und sonstigen Außenbeziehungen** prägen einerseits die Qualitätserwartungen der Kunden vor dem Kauf und andererseits deren Qualitätsempfinden nach dem Kauf. Ackoff betont die Betreuung von Kunden, auch nach dem Kauf, durch "Confirmation"-Aktivitäten (vgl. Müller-Merbach 1991, S.6).

- Die **Entwicklung von Kompetenz** schafft technologische, organisatorische und personelle Grundlagen zur Erlangung von Qualitätsvorteilen gegenüber Wettbewerbern.

Qualitätsvorteile zu erzielen wird durch **Kompetenz** ermöglicht, und zwar durch eine **kundenorientierte Informationsverarbeitung, Wissensnutzung** und **Wertebildung**:

- Die **Informationsverfügbarkeit über Kundenanforderungen** und deren Erfüllung sei hier als wesentliche Voraussetzung für Qualität genannt. Seghezzi und Schlange plädieren für den Aufbau von Qualitätsinformationssystemen, die qualitätsrelevante Information bereitsstellen (vgl. Seghezzi und Schlange 1993). Beispielsweise informiert ein "Kundeninformationssystem" bei Quelle über Kundenanforderungen (vgl. Ernst 1989, S.132), und ein Prozeßmanagement bei IBM gibt Rückmeldungen über die Erfüllung von Kundenanforderungen (vgl. Striening 1988, S.108).

- Die **Qualifikation und Motivation von Mitarbeitern** sind wesentliche Grundlagen zur qualitätsgerechten Durchführung von betrieblichen Prozessen, da *"... Mangel an Wissen, Ausbildung, Können und Fertigkeiten..."* sowie *"Mangel an Konzentration, Sorgfalt und Aufmerksamkeit"* die häufigsten Fehlerursachen darstellen (Zink 1992, S.24).

- Auf eine **kundenorientierte Meinungsbildung** in bezug auf ein umfassendes Qualitätsverständnis aller Mitarbeiter zielen Total-Quality-Management-Konzepte (vgl. Zink 1992, S.37). Fuchs formuliert hierfür z.B. den Leitsatz (1992, S.73): *"Ein Unternehmen hat nur einen Sinn: den Kunden"*.

4.1.1.3 Zeitvorteile durch größere Effektivität betrieblicher Prozesse

Neben Kosten- und Qualitätsvorteilen gegenüber Wettbewerbern steigern **Zeitvorteile** die betriebliche Rentabilität: Zeitvorteile spiegeln sich wider in **kürzeren Durchlaufzeiten** für die Leistungserstellung und Auftragsabwicklung und führen zu einer **höheren Kapitalumschlaghäufigkeit**. Dadurch wird nicht nur die betriebliche Rentabilität erhöht, sondern darüber hinaus sinkt auch das Risiko des Kapitaleinsatzes (vgl. Pümpin 1992, S.252-260) und die Flexibilität beim Kapitaleinsatz steigt (vgl. Meffert 1985, S.125), da das eingesetzte Kapital nach kürzerer Zeit durch den Wertschöpfungsprozeß zurückfließt und verzinst wird.

Die Bedeutung von Zeitvorteilen gegenüber Wettbewerbern wird deutlich durch zeitorientierte Wettbewerbsstrategien japanischer Unternehmungen, die auch unter dem Stichwort "Zeitwettbewerb" (vgl. Stalk und Hout 1989; H. Simon 1989; Reichwald 1990; Geschka 1993) populär wurden. Zeitvorteile gegenüber Wettbewerbern lassen sich zum einen durch hohe Bestände, also eine Leistungserstellung im voraus, und zum anderen durch effektives Zusammenwirken der Leistungserstellung und Auftragsabwicklung erreichen. Hohe Bestände binden zusätzlich Kapital und verringern dadurch Kostenvorteile. Daher wird hier für eine Steigerung der **Effektivität** plädiert, d.h. für Schnelligkeit bei der Abwicklung betrieblicher Prozesse.

Die Effektivität betrieblicher Prozesse wird bestimmt durch deren Ablaufstruktur und deren Ablaufprinzip:

- Durch eine geeignete Ablaufstruktur können Durchlaufzeiten verkürzt werden, und zwar können durch **zeitlich paralle und räumlich zentrale Aktivitäten** Liegezeiten und Transportzeiten verkürzt werden.

- Durch einen Prozeßablauf nach dem **Prinzip der Rechtzeitigkeit** (vgl. Kortschak 1992, S.119) können kurze Durchlaufzeiten gewährleistet werden und

Bestände gesenkt werden. Dieses Prinzip wird häufig als "Just-in-Time-Prinzip" bezeichnet.

Betriebliche Prozesse beeinflussen Zeitvorteile gegenüber Wettbewerbern in unterschiedlicher Weise: In **operativen Kernprozessen** werden Zeitvorteile realisiert, also in der Leistungserstellung und in der Auftragsabwicklung. Hierbei spielt das Prinzip der Rechtzeitigkeit eine große Rolle. **Strategische Kernprozesse** schaffen Grundlagen für Zeitvorteile gegenüber Wettbewerbern:

Effektives Zusammenwirken der **Leistungserstellung** und der **Leistungsverwertung bzw. Auftragsabwicklung** beruht auf dem Prinzip der Rechtzeitigkeit (vgl. Kortschak 1992, S.119). Leistungserstellung und Auftragsabwicklung können um so effektiver gestaltet und gelenkt werden, je besser alle Aktivitäten aufgrund von rechtzeitiger Leistungserbringung synchronisiert werden können:

- **Leistungserstellungsprozesse** sollten gestaltet und gelenkt werden in bezug auf kurze Durchlaufzeiten, wozu eine "Just-in-Time"-Logistik der Materialströme wesentlich beiträgt (vgl. Zibell 1991, S.9).

- **Auftragsabwicklungsprozesse** sollten auf eine hohe Lieferbereitschaft und Termintreue ausgerichtet werden. Beispielsweise propagieren der Otto-Versand und die Firma Benetton einen 24-Stunden-Lieferservice (vgl. Riekhof 1993, S.294), und der Quelle Versand wirbt mit einem "Fast-Response"-Service (vgl. Ernst 1989, S.132).

Die **Entwicklung neuer Produkte, Dienstleistungen und Herstellungsverfahren** legt die Ablaufstruktur betrieblicher Prozesse fest. Davon wird der für eine schnelle Prozeßdurchführung erforderliche Koordinationsaufwand in bezug auf eine rechtzeitige und schnelle Leistungserstellung und Auftragsabwicklung bestimmt.

Kompetenz ermöglicht Zeitvorteile durch Fähigkeiten und Bereitschaft zur rechtzeitigen Leistungserbringung, d.h. entsprechender Informationsverarbeitungsfähigkeit, Wissensnutzung und Wertebildung:

- Rechtzeitigkeit und Schnelligkeit wird in Just-in-time-Konzepten vor allem durch eine entsprechende Informationsverarbeitung ermöglicht (vgl. Zibell 1991, S.10).

- Zeiten für die Vorbereitung und Durchführung von Prozessen lassen sich durch Erfahrungen (vgl. Pümpin 1992, S.38) und Vorwissen (vgl. Stalk 1989, S.40) verkürzen.

- Eine "dynamische" Unternehmungskultur wie z.B. bei Bertelsmann, Cartier und IKEA (vgl. Pümpin 1992, S.279-311) und eine "Kultur der Rechtzeitigkeit" begünstigt Schnelligkeit in Unternehmungen (vgl. H. Simon 1989, S.89).

4.1.2 Innovative Prozesse: Beherrschung zukünftig relevanter Technologien

Technologische Wettbewerbsfähigkeit ist eine wesentliche Komponente der Wettbewerbsfähigkeit einer Unternehmung. Sie beruht auf der **Beherrschung zukünftig relevanter Technologien** in betrieblichen Prozessen (vgl. Schmietow 1988, S.22): Einerseits ermöglichen solche Technologien die Produktion **innovativer Produkte und Dienstleistungen**. Andererseits können dadurch Produkte und Dienstleistungen mit geringeren **Kosten**, höherer **Qualität** und kürzeren **Durchlaufzeiten** sowie gemäß Anforderungen an die **Menschen- und Umweltgerechtigkeit** produziert werden.

Zukünftige relevante Technologien werden insbesondere auf dem Einsatz von IKT beruhen (vgl. Abschnitt 2.2.1), aber z.B. auch auf Technologien wie der Biotechnologie, Mikrosystemtechnik, Optoelektronik und auf neuen Werkstoffen (vgl. Becker 1993, S.15-16). Durch mangelnde Beherrschung zukünftig relevanter Technologien droht zum einen die Abhängigkeit von Wettbewerbern als Technologieanbietern und zum anderen der Verlust von Marktanteilen in Wachstums-, d.h. Zukunftsmärkten:

- **Abhängigkeit von Wettbewerbern** kann beispielsweise in bezug auf die Nutzungsrechte von Technologien in Form von Patenten und Lizenzen entstehen (vgl. Hess 1985, S.16; Seitz 1992, S.V).

- Auf einen **Verlust von Marktanteilen** in Wachstumsmärkten bei bundesdeutschen Unternehmungen aufgrund technologischen Rückstands wurde vor allem für die Technologien der Mikroelektronik bereits mehrfach hingewiesen (vgl. Schmietow und Schneider 1987, S.11; Müller-Merbach 1990b, S.46, und 1994a, S.69; Vogel 1994).

Betriebliche Prozesse beeinflussen die Wettbewerbsfähigkeit von Unternehmungen auf unterschiedliche Weise: **Operative Kernprozesse** realisieren technologische Wettbewerbsfähigkeit, indem zukünftig relevante Technologien in der **Leistungserstellung** und **Auftragsabwicklung** in innovative Produkte und Dienstleistungen bzw. Kosten-, Qualitäts- und Zeitvorteile gegenüber Wettbewerbern umgesetzt werden. **Strategische Kernprozesse** liefern Voraussetzungen für die technologische Wettbewerbsfähigkeit durch die **Entwicklung neuer Produkte, Dienstleistungen und Herstellungsverfahren** und durch die **Entwicklung von Kompetenz**, aber auch durch die **Entwicklung von Kunden- und sonstigen Außenbeziehungen**.

Bei der **Entwicklung neuer Produkte, Dienstleistungen und Herstellungsverfahren** zählen nicht nur die Ergebnisse des Entwicklungsprozesses in Form neuer Technologien als **Produkte** oder **Patente**. Durch Strategien des "Zeitwettbewerbs" (vgl. 4.1.1.3) gewinnt auch eine **kurze Entwicklungsdauer neuer Technologien** an Bedeutung, um frühzeitig in Zukunftsmärkte eindringen zu können (Stalk und Hout 1989, S.44; Reichwald 1990, S.10; Geschka 1993).

Der **Aufbau und die Pflege von Kunden- und sonstigen Außenbeziehungen** tragen ebenfalls zur technologischen Wettbewerbsfähigkeit bei. Einerseits ermöglichen gute Kundenkontakte die **Wahl des eines geeigeneten Markteinführungzeitpunktes** für Produkte, die auf neuen Technologien basieren. Die Bedeutung guter Kundenkontakte für die Wahl eines geeigneten Zeitpunkts zur Markteinführung neuer Technologien erläutert H. Simon (1989, S.89): *"Das*

Treffen des richtigen Zeitpunktes ist eine extrem wichtige Determinante des Markterfolges. Neben unternehmerischer Intuition bieten eine möglichst große Kunden- und Marktnähe, insbesondere auch der F&E-Funktionsträger ... die beste Gewähr, den richtigen Zeitpunkt frühzeitig zu erkennen. Demgegenüber scheinen mathematische Modelle von geringem Wert." Andererseits vermögen Außenbeziehungen zu anderen Unternehmungen und zu staatlichen Behörden die **Rahmenbedingungen des Entwicklungsprozesses** zu verbessern. Außenbeziehungen zu anderen Unternehmungen können z.B. in Form strategischer Forschungs- und Entwicklungsverbunde aufgebaut werden, um gemeinsam mit anderen Unternehmungen Technologien zu erforschen (vgl. Abschnitt 2.2.2). Staatliche Organe mögen Unternehmungen z.B. finanziell und personell bei der Entwicklung neuer Technologien und beim Aufbau von Forschungsverbunden unterstützen (vgl. Schulze 1988, S.28).

Technologische Wettbewerbsfähigkeit erfordert unterschiedliche Anstrengungen zur **Entwicklung innovationsorientierter Kompetenz**, und zwar eine technologieorientierte Informationsverarbeitung, Wissensnutzung und Wertebildung betreffend:

- Als Grundlage für eine wirkungsvolle Entwicklung neuer Technologien wird Information über betriebliche Innovationsprozesse und über unternehmungsexternes technologisches Wissen benötigt. Hierauf zielen beispielsweise Informationssysteme für die betriebliche Forschung und Entwicklung (Möhrle 1991) und das Konzept eines bundesdeutschen nationalen Technologieinformationssystems (Becker 1993).

- Wissenserwerb und -nutzung lassen sich durch neuere Konzepte des Innovationsmanagements (vgl. Abschnitt 4.2.2.1) fördern. Hier knüpfen beispielsweise organisatorische Konzepte des "Simultaneous Engineering" (vgl. Zink 1992b) und IKT-gestützte Konzepte der "Organizational Intelligence" an (vgl. Teramoto, Iwasaki, Richter 1992, S.239-242; Tsuchiya 1992, S.259-252; Niwa 1992, S.227-230; Watanabe 1992, S.277-280; Jacobsen 1994).

- Für eine innovationsfördernde Meinungsbildung in Unternehmungen plädieren mehrere Autoren (zu einer Übersicht vgl. Gussman 1988, S.241), um Offenheit und Veränderungsbereitschaft der Mitarbeiter zu fördern.

4.1.3 Menschen- und umweltgerechte Prozesse

Hinsichtlich des gesellschaftlichen Wandels (vgl. Abschnitt 2.2.3) sollte sich Erneuerung auf **menschen- und umweltgerechte Prozesse** richten, um sowohl Mitarbeiterinteressen als auch gesellschaftlichen Interessen entgegenzukommen:

- **Menschengerechtigkeit** betrieblicher Prozesse umfaßt die Berücksichtigung menschlicher Grundbedürfnisse, menschlicher Entfaltungsbedürfnisse und menschlicher Werthaltungen (vgl. Krupinski 1993, S.171). Dies führt zum Einsatz gesundheitsverträglicher Verfahren und zu sinnvollen Arbeitsinhalten für Mitarbeiter. Eventuell sollte auf moralisch bedenkliche Technologien sowie Produkte und Dienstleistungen verzichtet werden.

- **Umweltgerechtigkeit** betrieblicher Prozesse beinhaltet die Schonung natürlicher Ressourcen und die Produktion umweltfreundlicher Produkte mit umweltfreundlichen Herstellungsverfahren (vgl. Kreikebaum 1992, S.258). Gelegentlich wird diese Anforderung an betriebliche Prozesse als "Öko-Effizienz" bezeichnet (vgl. Schmidheiny 1992, S.37-38).

Betriebliche Prozesse tragen auf unterschiedliche Weise zur Menschen- und Umweltgerechtigkeit bei: In **operativen Kernprozessen** der Leistungserstellung und Auftragsabwicklung wird Menschen- und Umweltgerechtigkeit realisiert. In **strategischen Kernprozessen** werden die Voraussetzungen für menschen- und umweltgerechte Prozesse geschaffen:

- Entwicklung neuer Produkte, Dienstleistungen und Herstellungsverfahren legt die Menschen- und Umweltgerechtigkeit der Leistungserstellung und Auftragsabwicklung fest.

- Aufbau und Pflege von Kunden- und sonstigen Außenbeziehungen liefern Information über Erwartungen unterschiedlicher externer Interessengruppen.

- Entwicklung von Kompetenz ermöglicht eine Berücksichtigung von Mitarbeiterinteressen und gesellschaftlicher Interessen, und zwar in bezug auf die vorhandenen Fähigkeiten und die Bereitschaft der Mitarbeiter zu menschen- und umweltgerechtem Handeln.

In bezug auf einzelne betriebliche Prozesse lassen sich die Inhalte der Menschen- und Umweltgerechtigkeit konkretisieren: **Leistungserstellungsprozesse** sollten einerseits hinsichtlich der Mitarbeiterinteressen gestaltet und gelenkt werden, und zwar vor allem die Mitarbeiter ausgewogen beanspruchen. Hierauf beziehen sich viele Initiativen zur Humanisierung des Arbeitslebens (vgl. Staehle 1980, S.567; Böttcher 1992). Andererseits sollten Schadstoffemissionen niedrig gehalten bzw. vermieden werden (vgl. Läpple 1978, S.6; Mund 1980, S.33-37; Schmidheiny 1992, S.143-165), z.B. durch Filtertechnik oder Recycling (vgl. Spitzenpfeil 1990, S.23; Hübner und Simon-Hübner 1991, S.62).

Leistungsverwertungs- bzw. Auftragsabwicklungsprozesse sollten hinsichtlich eines fairen Umgangs mit Kunden gestaltet werden. Krupinski argumentiert (1993, S.142): *"Wer Erfolg bei Kunden haben will, sollte sich in die Lage der Kunden hineinversetzen. ... Wer von anderen Qualität verlangt, sollte für seine eigenen Kunden Qualität produzieren. Wer Lieferpünktlichkeit fordert, sollte selbst pünktlich liefern. Wer gute Konditionen erwartet, sollte gute Konditionen anbieten. Wer mit seinen Kunden erfolgreich zusammenarbeiten will, sollte sein Eigeninteresse im Interesse der Kunden wiedererkennen und dementsprechend im Interesse der Kunden handeln."*

Prozesse für den **Aufbau und die Pflege von Kunden- und sonstigen Außenbeziehungen** sollten Kundeninteressen und gesellschaftliche Interessen in Gestaltungsanforderungen an Produkte, Dienstleistungen und Herstellungsverfahren umsetzen helfen. Darüber hinaus sollten innerhalb dieser Prozesse ebenfalls gesellschaftliche Interessen berücksichtigt werden: Diskussionen um Werbekampagnen der Firma Benetton machen z.B. moralische Grenzen in der Werbung deutlich. Solche moralischen Grenzen der Werbung werden bereits seit langem und intensiv diskutiert (vgl. Bishop 1949, S.34-37; Garrett 1961, S.2-7; Capitman 1971, S.25-26; Ferrell 1985, S.29).

Ähnliches gilt für die **Entwicklung neuer Produkte, Dienstleistungen und Herstellungsverfahren**: Hier mögen ähnliche Grenzen gesetzt sein. Diskussionen um Gentechnik (vgl. Bertram und Gassen 1990, S.20) oder um die Waffenproduktion zeigen dies.

Zur umfassenden Berücksichtigung gesellschaftlicher Interessen sollte **werteorientierte Kompetenz** in Unternehmungen weiterentwickelt werden, und zwar zur werteorientierten Informationsverarbeitung, Wissensnutzung und Wertebildung:

- Information hinsichtlich menschengerechten Handelns liefern z.B. Ombudsstellen, Beauftragte und Ethikkommissionen (vgl. Krupinski 1993, S.233), und über umweltgerechtes Handeln informiert z.B. ein betriebliches Umwelt-Auditing-System (vgl. Schulz und Schulz 1994, S.305-392).

- Ergänzend sollte der Wissenserwerb zu menschengerechtem (vgl. Krupinski 1993, S.254) und zu umweltgerechtem Handeln (vgl. Kreikebaum 1993, S.85) gefördert werden, z.B. durch Weiterbildungsmaßnahmen.

- Und eine an unterschiedlichen Interessengruppen orientierte Wertebildung im Unternehmen sei unterstützt. Diskussionen um moralverträgliche Werbung, Gentechnik und Waffenproduktion etc. sollten reflektiert werden, und die Ergebnisse solcher Wertebildungsprozesse sollten durch entsprechende Leitlinien und Grundsätze dokumentiert werden.

4.2 Mittel der Erneuerung: Kompetenz durch Informationsmanagement, Organisationsentwicklung und Führungsethik

Erneuerung von Unternehmungen bedarf nicht nur einer inhaltlichen Ausrichtung durch Ziele, sondern für die Erreichung der Ziele werden Mittel benötigt. Solche Mittel der Erneuerung beruhen auf Kompetenz (vgl. Abschnitt 3.3.1.2.3). **Kompetenz** befähigt zur Erneuerung, stellt einsetzbare Mittel zur Verfügung. Anküpfend an die Leitungsaufgaben sach-, personen- und zielbezogenen Gestaltens und Lenkens (vgl. Abschnitt 2.1) werden hier drei **Mittel der Erneuerung** diskutiert (vgl. Tabelle 4.1):

- Als Mittel sachbezogener Erneuerung sollte die **Informationsverarbeitung** wirkungsvoller gestaltet werden (Abschnitt 4.2.1). Hierfür bedarf es eines **Informationsmanagements**. Informationsmanagement gestaltet durch Entwicklung zukünftiger IKT-Infrastrukturen und lenkt durch Entwicklung von IKT-Anwendungen.

- Als Mittel personenbezogener Erneuerung sollten **Wissensnutzung und -erwerb** gefördert werden (Abschnitt 4.2.2). Hierauf zielen Anstrengungen der **Organisationsentwicklung**. Organisationsentwicklung gestaltet durch Organizational Learning und lenkt durch Personalentwicklung.

- Als Mittel zielbezogener Erneuerung sollte die **Wertebildung** unterstützt werden (Abschnitt 4.2.3). Hierauf richtet sich die **Führungsethik**. Führungsethik gestaltet durch Institutionalethik und lenkt durch Individualethik.

	Mittel sachbezogener Erneuerung	Mittel personenbezogener Erneuerung	Mittel zielbezogener Erneuerung
	Informations-management	Organisations-entwicklung	Führungsethik
... gestaltet durch	Entwicklung der IKT-Infrastruktur (Abschnitt 4.2.1.1)	Organizational Learning (Abschnitt 4.2.2.1)	Institutionalethik (Abschnitt 4.2.3.1)
... lenkt durch	Entwicklung von IKT-Anwendungen (Abschnitt 4.2.1.2)	Personalentwicklung (Abschnitt 4.2.2.2)	Individualethik (Abschnitt 4.2.3.2)

Tabelle 4.1: Informationsmanagement, Organisationsentwicklung und Führungsethik als Mittel sach-, personen- und zielbezogener Erneuerung

4.2.1 Mittel sachbezogener Erneuerung: Informationsmanagement

Sachbezogen sollten durch ein **Informationsmanagement** Mittel für die Erneuerung geschaffen werden. Informationsmanagement umfaßt vielfältige Aufgaben informationsorientierten Gestaltens und Lenkens in Unternehmungen (vgl. Heinrich und Burgholzer 1988; Biethahn u.a. 1990; Schwarze 1990; Wolfram 1990; Zahn und Rüttler 1990; Picot und Franck 1992). Unabhängig von speziellen Aufgabengliederungen des Informationsmanagements stehen häufig zwei Zielsetzungen im Vordergrund:

- Die Entwicklung geeigneter **IKT-Infrastrukturen** zur Steigerung der Wettbewerbsfähigkeit von Unternehmungen (vgl. Heinrich und Burgholzer 1988).

- Die Entwicklung von **IKT-Anwendungen** zur wirkungsvollen Nutzung von Information in Unternehmungen (vgl. Seibt 1990, S.15).

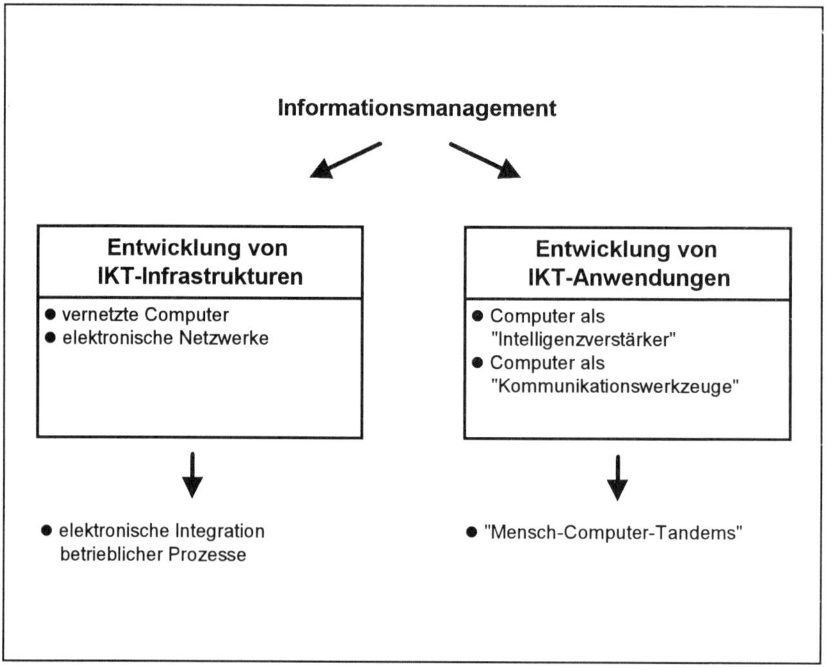

Bild 4.4: Informationsmanagement - Mittel sachbezogener Erneuerung

Daran anknüpfend sollte ein Informationsmanagement in zweierlei Hinsicht Mittel für die Erneuerung schaffen (vgl. Bild 4.4):

- Einerseits sollten **IKT-Infrastrukturen** entwickelt werden (Abschnitt 4.2.1.1). Sie machen computergestützte Informationsverarbeitungsleistung und Information zu jeder Zeit an jedem Ort verfügbar. Grundlagen dafür sind elektronische Netzwerke und dadurch miteinander vernetzte Computer. Solche IKT-Infrastrukturen ermöglichen eine **elektronische Integration betrieblicher Prozesse** (vgl. Venkatraman 1991, S.131-136).

- Andererseits sollten **IKT-Anwendungen** entwickelt werden (Abschnitt 4.2.1.2). IKT-Anwendungen ermöglichen den Anwendern eine zielgerichtete Nutzung von Information. IKT-Anwendungen vermögen Mitarbeiter als "Intelligenzverstärker" (vgl. Fuchs 1992b) und als "Kommunikationswerkzeuge" (vgl. Momm 1991) zu unterstützen. Als beide Aspekte umfassendes Leitbild zur IKT-Anwendungsentwicklung dient hier das Leitbild des **"Mensch-Computer-Tandems"** von Müller-Merbach (vgl. 1986a; 1987a; 1990c).

4.2.1.1 Entwicklung von IKT-Infrastrukturen

Moderne Informations- und Kommunikationstechnologien (IKT) eröffnen vielfältige Möglichkeiten zur Erneuerung von Unternehmungen. Besonders in Ansätzen des Business-Process-Reengineering werden die Potentiale des IKT-Einsatzes intensiv zu nutzen versucht. IKT werden als *"Enabler of Process Innovation"* (Davenport 1993, S.37; vgl. Hammer und Champy 1993, S.83) bezeichnet.

Erneuerung von Unternehmungen erfordert nicht bloß den punktuellen Einsatz von IKT. Möglichkeiten zur Erneuerung betrieblicher Prozesse ergeben sich vor allem durch den Aufbau einer **IKT-Infrastruktur**, welche betriebliche Prozesse als Ganzes zu unterstützen vermag (vgl. Venkatraman 1991, S.131-136).

Die wesentlichen **Komponenten zukünftiger IKT-Infrastrukturen** werden mit ihren für die Erneuerung charakteristischen Merkmalen erläutert, und zwar **Computer** und **elektronische Netzwerke** (vgl. Bild 4.5):

- **Computer** bieten unterschiedliche Möglichkeiten zur inhaltlichen Aufbereitung von Information durch **Endbenutzeranwendungen**, **Anwendungsprogramme** und zur Speicherung von Information in **elektronischen Datenbanken**.

- **Elektronische Netzwerke** bieten unterschiedliche **Dienste** an, um die Leistungsfähigkeit aller in einem Netzwerk verknüpften Computer zu verschmelzen. In einem elektronischen Netzwerk kann in einem einzelnen Computer verfügbare Information und Informationsverarbeitungsleistung für alle anderen Computer verfügbar gemacht werden.

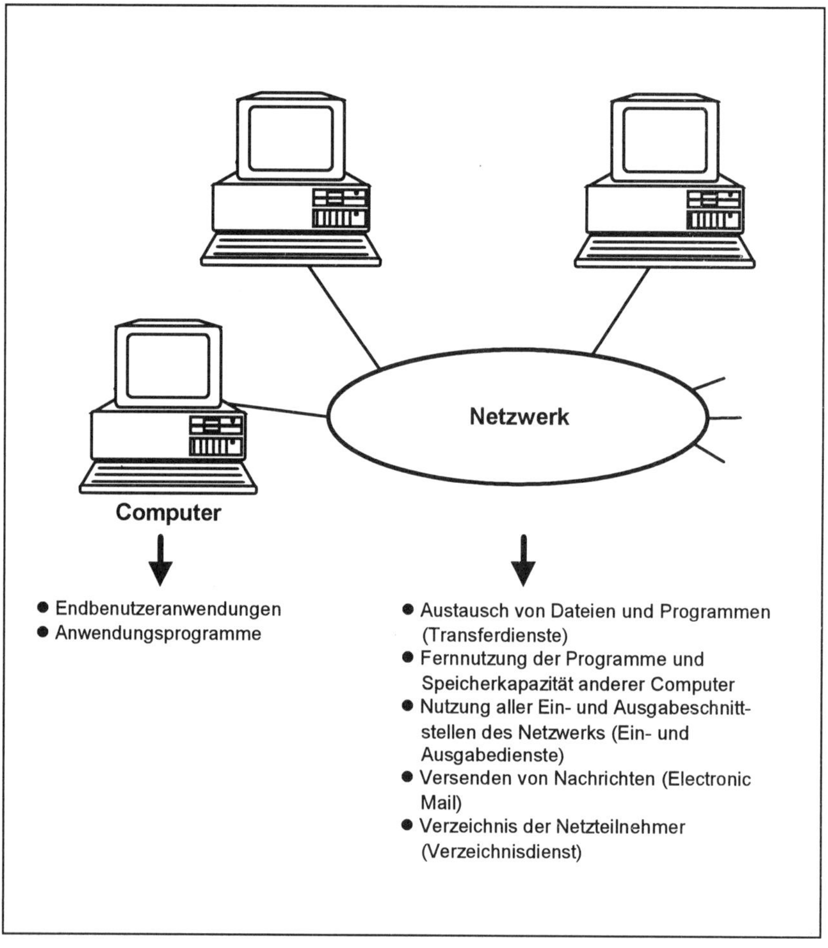

Bild 4.5: Zukünftige IKT-Infrastruktur - Durch Vernetzung wird Information und Informationsverarbeitungsleistung jedes einzelnen Computers für alle anderen Computer verfügbar.

Flächendeckende IKT-Infrastrukturen machen Information und Informationsverarbeitungsleistung in kurzer Zeit an jedem Ort der Welt verfügbar, die Welt wird in bezug auf Information zeitlich und räumlich komprimiert (vgl. Yates und Benjamin 1991, S.72). Plastisch ausgedrückt wird die Welt zu einem Dorf (vgl. Gore 1991, S.108). Solche Information kann Texte, Graphik, Bilder, Audio und Video umfassen, und Informationsverarbeitungsleistung reicht von der Informationsrecherche und Informationsverdichtung, über die Informationsweitergabe bis zur Informationsspeicherung, jeweils mit großer Geschwindigkeit und in großem Umfang.

Computer bieten unterschiedliche Möglichkeiten der Informationsverarbeitung, d.h. zur Auswertung, Verdichtung und Speicherung von Information durch **Endbenutzeranwendungen** wie Textverarbeitung, Tabellenkalkulation, Graphikprogramme, Datenbankanwendungen etc. und durch **Anwendungsprogramme** zur Finanzbuchhaltung, Produktionsplanung und -steuerung etc. Darüber hinaus verfügen Computer je nach ihrer Ausstattung über verschiedene Informationsein- und -ausgabemöglichkeiten (vgl. Müller-Merbach 1988c).

Informationsspeicherung in **elektronischen Datenbanken** vermag ein einheitliches aktuelles Bild des vergangenen, gegenwärtigen und geplanten Unternehmungsgeschehens widerzuspiegeln (vgl. Mertens 1993, S.1). Elektronische Datenbanken ermöglichen eine **zweckneutrale Speicherung von Information**, wodurch vielfältige Information für unterschiedlichste Nutzungszwecke bereitsteht.

Müller-Merbach erläutert (1989a, S.1025): *"Elektronische Informationssysteme mit umfassenden Datenbanken ermöglichen eine vielfältige Erleichterung und Beschleunigung solcher Suchprozesse. Zunehmend wird man zu großen internen und externen elektronischen Datenbeständen zugreifen, oft über große Entfernungen hinweg und vielfach unter Nutzung komplizierter Informationsumwandlungsprozesse."* Und weiter (Müller-Merbach 1989a, S.1027-1028): *"Interne Datenbanken werden zunehmend das Zentrum von Unternehmungsinformationssystemen bilden. Während früher für jedes Anwendungsprogramm eine eigene Datenhaltung aufgebaut wurde, werden künftig sämtliche Anwendungsprogramme auf eine einzige zentrale Datenbank zugreifen. Die Datenbank kann sich über mehrere, miteinander vernetzte Rechner erstrecken. Hier werden Daten regelmäßig aktualisiert und stehen dann sowohl für Datenbankabfragen als auch für die Gesamtheit der Anwendungsprogramme zur Verfügung."*

Betriebliche Datenbanken umfassen bisher überwiegend Information aus dem Rechnungswesen (vgl. Wedekind 1993, S.4-5), die in der Regel quantitativ und leicht formalisierbar ist. Erst neuere Entwicklungen von Hypermedia ermöglichen eine einheitliche Speicherung von Zahlen-, Text- und Bildinformation (vgl. Schoop 1991, S.22; Kellerhals 1993, S.157), wodurch Datenbankanwendungen breiter in Unternehmungen einsetzbar sein werden.

Elektronische Netzwerke verschmelzen die in Computern durch Endbenutzer-anwendungen, Anwendungsprogramme und elektronische Datenbanken verfügbare Information und Informationsverarbeitungsleistung. Elektronische Netzwerke ermöglichen einen **Leistungsaustausch zwischen Computern**. Hierfür wurden bereits von der International Organization of Standardization (ISO) Standards festgelegt. Seitdem existiert ein als *"Open Systems Interconnection (OSI)"* bezeichnetes Referenzmodell **fünf grundlegender Dienste**, die zukünftig in allen Computernetzwerken angeboten werden (vgl. Spaniol und Kauffels 1990, S.915-918):

- **Transferdienste**: Zwischen beliebigen Computern können Dateien und Programme ausgetauscht werden.

- **Fernnutzung**: Von jedem Computer aus können die Dienste anderer Computer im Netz in Anspruch genommen werden, und zwar sowohl deren Programme als auch deren Speicherkapazität.

- **Ein- und Ausgabedienste**: Alle im Netz verfügbaren Ein- und Ausgabeschnittstellen können genutzt werden, also z.B. Drucker an beliebigen Orten.

- **Electronic Mail**: Im Netz können Nachrichten versendet werden.

- **Verzeichnisdienst**: Ein Verzeichnis informiert über die im Netz erreichbaren Nutzer.

Die für betriebliche Anwendungen zukünftig größte Bedeutung werden **Transferdienste** zum Austausch von Dateien und Programmen haben, da hierdurch betriebliche Prozesse elektronisch integriert werden können (vgl. Venkatraman 1991, S.131-136). Solche Anwendungen werden als **Electronic Data Interchange (EDI)** bezeichnet (vgl. J.Fischer 1993, S.241). Durch EDI wird Information verfügbar sein über das gesamte inner- und überbetriebliche Geschehen. Müller-Merbach erläutert (1994d, S. 307): *"Alles reale Geschehen wird von Information begleitet wie von einem Schatten; man braucht die Information nur 'aufzufangen' und über ein Informationssystem überall dort zugänglich zu machen, wo sie benötigt wird."*

Derzeit werden insbesondere in den USA von staatlicher Seite Anstrengungen zum **Aufbau einer flächendeckenden elektronischen Netzwerkinfrastruktur** unternommen. Hierfür wurde die Leitidee eines *"Data Highway"* geprägt (Gore 1991, S.110). Dadurch werden Mittel sachbezogener Erneuerung nicht nur innerbetrieblich verfügbar, sondern amerikanische Unternehmungen können auch überbetriebliche Prozesse erneuern und dadurch Wettbewerbsvorteile erringen. Ähnliche Bemühungen stehen in der Bundesrepublik derzeit noch am Anfang. Elektronikfirmen wie IBM und Microsoft, Medienproduzenten wie Bertelsmann und Telekom-Gesellschaften kooperieren beim Aufbau ähnlicher Netzwerkinfrastrukturen in Europa (vgl. Brunowski und Luber 1994, S.95).

4.2.1.2 Entwicklung von IKT-Anwendungen: Entwicklung von "Mensch-Computer-Tandems"

Informationsmanagement sollte **IKT-Anwendungen** entwickeln, um die Möglichkeiten vernetzter Computer wirkungsvoll für betriebliche Zwecke nutzbar zu machen. Ohne geeignete IKT-Anwendungen droht "Mangel im Überfluß" (vgl. Becker 1993, S.30), und zwar Zeitmangel im Informationsüberfluß. Daher nimmt die Bedeutung geeigneter IKT-Anwendungen zu. Zweierlei Arten von IKT-Anwendungen sollten zukünftig entwickelt werden:

- IKT-Anwendungen sollten als **"Intelligenzverstärker"** (Fuchs 1992b) entwickelt werden: Fuchs argumentiert (1992b, S.31): *"Computer ... fördern und verstärken vielmehr die Fähigkeiten der Menschen: Kreativität und Initiative, ihr Wissen und ihre Kommunikationsfähigkeit, ähnlich wie Maschinen die Muskelkraft verstärken. Unternehmensweite und unternehmensübergreifende Netzwerke helfen, die Innovationsfähigkeit der Unternehmen zu steigern. Informationen nützen, wenn sie von Menschen genutzt werden."*

- IKT-Anwendungen sollten als **"Kommunikationswerkzeuge"** (Momm 1991) entwickelt werden: Menschliche Kommunikationsfähigkeit sollte durch IKT-Anwendungen unterstützt werden. IKT-Anwendungen eignen sich über menschliche Gesten hinaus zur **Visualisierung von Sachverhalten** und zur **Koordination komplexer betrieblicher Kommunikationsprozesse**.

IKT-Anwendungen zur Verstärkung menschlicher Intelligenz und Kommunikationsfähigkeit zu entwickeln wird bereits seit längerem von Müller-Merbach mit der Leitidee der **"Mensch-Computer-Tandems"** bzw. "Mensch-Maschine-Tandems" propagiert (vgl. Müller-Merbach 1986a, 1987a, 1990c). In Mensch-Computer-Tandems verschmelzen menschliche Intelligenz und maschinelle Informationsverarbeitungsleistung zu einer Einheit.

Müller-Merbach erläutert die Vision der **Mensch-Computer-Tandems** (1986b, S.2): *"Die Zukunft der elektronischen Informationsverarbeitung liegt in der Intelligenzunterstützung, nicht mehr primär in der Rationalisierung von Routineaufgaben. ... Intelligenz wird in Zukunft nicht ausschließlich ein Attribut des Menschen sein, sondern ein Attribut von Mensch-Computer-Tandems. Es kommt dann nicht mehr ausschließlich auf die Intelligenz des einzelnen an, sondern auf die Fähigkeit, gemeinsam mit Computersystemen gute Lösungen zu erzeugen."* Menschen unterstützt von Computern erlangen Selbständigkeit im Umgang mit Information und gewinnen an *"Autarkie"* (Picot und Reichwald 1987, S.125) bei der Durchführung betrieblicher Aktivitäten. Vermittelt durch vernetzte Computer haben sie Zugriff auf relevante Information, können diese effizient auswerten und aufbereiten und Ergebnisse zügig an andere übermitteln. Mensch-Computer-Tandems werden nicht auf Fremdversorgung mit Information angewiesen sein.

Der technologische Fortschritt heutiger IKT hat die Vision intelligenter Mensch-Computer-Tandems in greifbare Nähe gerückt:

- Eine aktuelle realistische Vision für IKT-Anwendungen als Intelligenzverstärker beschreiben Österle und Riehm (1994) als **Personal Digital Assistant (PDA)**.

- Vor allem die Entwicklung von **Hypermedia** ermöglicht IKT-Anwendungen als Kommunikationswerkzeuge zu nutzen, und zwar sowohl für unterschiedliche **Kommunikationsformen**, insbesondere eine **Visualisierung von Information,** als auch um komplexe betriebliche **Kommunikationsprozesse** zu unterstützen.

Österle und Riehm bschreiben die realistische Vision zukünftiger Intelligenzverstärkung, einen **Personal Digital Assistant (PDA)**, einen vernetzten portablen Computer, den zukünftig jeder Mensch mit sich führen wird (1994, S.286): *"Die Vision des PDAs bis Ende der 90er Jahre ist ein Gerät in der Größe eines kleinen Mobiltelefons. Es erlaubt die wichtigsten Funktionen des Selbstmanagements, also Terminkalender, Datenbank, insbes. für die Adreßverwaltung, Text- und Graphik-Erstellung sowie Tabellenkalkulation. Es dient als Telefon, Faxmaschine, E-Mail-Station und generell als überall verfügbarer Client in einem Netzwerk, mit dem unterwegs beispielsweise ein Börsenauftrag erteilt werden kann. Dazu kommen spezielle Funktionen wie etwa als Station in einem Verkehrsleitsystem oder als Bedienungshilfe für Haushaltsgeräte."*

IKT-Anwendungen als "Kommunikationswerkzeuge" sollen menschliche Kommunikationsfähigkeit verstärken. Menschliche Kommunikation umfaßt eine Fülle von **Kommunikationsformen** wie z.B. Sprache, Gesten, Texte, Zahlen und Bilder (vgl. Picot und Reichwald 1987, S.148-149), und in **Kommunikationsprozessen** können vielschichtige Verknüpfungen zwischen einzelnen Kommunikationsbeiträgen bestehen (vgl. Watzlawick u.a. 1985, S.48). Daher scheinen **Hypermedia** eine wesentliche Schlüsseltechnologie zur Realisierung von IKT-Anwendungen als Kommunikationswerkzeuge zu sein (vgl. Thomé

1991, S.22-23; Mühlhäuser 1991, S.284-285; Möhrle 1993a, S.62; Steinmetz 1993, S.148). Hypermedia vereinigen die Eigenschaften von **Multimedia** und **Hypertext** in sich (vgl. Kellerhals 1993, S.160):

- Die **Multimedia**-Eigenschaften von Hypermedia ermöglichen unterschiedliche **Kommunikationsformen**, z.B. als Text-, Bild-, Ton- und Video-Information. Hierdurch lassen sich insbesondere wirkungsvolle IKT-Anwendungen zur **Visualisierung von Information** als Ergänzung zu menschlichen Gesten entwickeln. Bei der **Visualisierung von Information** verfügen menschliche Gesten, Text und Zahlenwerke nur über begrenzte visuelle Aussagekraft (vgl. Maurer und Carlson 1992, S.23). Daher schlägt Müller-Merbach einen intensiveren Einsatz graphischer Darstellungsformen, speziell von Symplex-Graphiken vor (vgl. Müller-Merbach 1991, S.24).

- Andererseits können durch die **Hypertext**-Eigenschaften von Hypermedia komplexe **Kommunikationsprozesse** koordiniert werden. In Hypertexten sind beliebige Verweise (Hyperlinks) zwischen Kommunikationsbeiträgen möglich (vgl. Schoop 1991, S.22). Auf diesen Aspekt der IKT-Unterstützung konzentrieren sich besonders Winograd und Flores (vgl. 1989). Sie entwickeln ein "COORDINATOR"-System, welches typische betriebliche Kommunikationsprozesse - bestehend aus Anfragen (requests), Angeboten (promises), Leistungserfüllung (completion), Rückfragen (clarifications), Vorschlägen (possibilities) und Zielsetzungen (orientation) - zu unterstützen vermag (vgl. Winograd 1987, S.14-15).

4.2.2 Mittel personenbezogener Erneuerung: Organisationsentwicklung

Ergänzend zu Mitteln sachbezogener Erneuerung werden hier Mittel personenbezogener Erneuerung aufgezeigt, die Wissensnutzung und -erwerb fördern sollen. Hierauf zielt die **Organisationsentwicklung** (vgl. Hinterhuber 1979; Thom 1992), hier gegliedert in **Organizational Learning** und in **Personalentwicklung** (vgl. Bild 4.6):

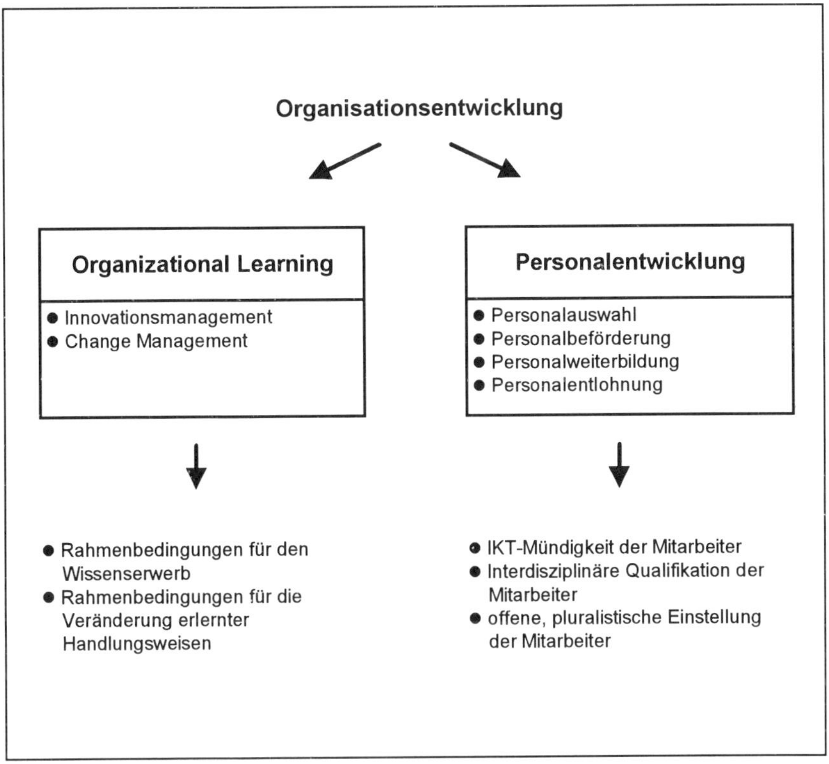

Bild 4.6: Organisationsentwicklung - Mittel personenbezogener Erneuerung

- **Organizational Learning** entwickelt geeignete Rahmenbedingungen für den Wissenserwerb in Unternehmungen und für die Veränderung erlernter Handlungsweisen in Unternehmungen, d.h. durch Unterstützung des Lernens und Verlernens in Unternehmungen. Wesentliche Beiträge hierzu werden aus Konzepten des **Innovationsmanagements** und des **Change Managements** aufgegriffen (Abschnitt 4.2.2.1.

- In einer Unternehmung verfügbares Wissen und der Erwerb neuen Wissens lassen sich durch Mittel der **Personalentwicklung** beeinflussen, und zwar durch **Personalauswahl**, **Personalbeförderung**, **Personalweiterbildung** und **Personalentlohnung** (Abschnitt 4.2.2.2). Hier seien insbesondere Fähigkeiten der Mitarbeiter zur Nutzung moderner IKT und zur Wertebildung entwickelt. Personalentwicklung sollte hierzu auf IKT-Mündigkeit, interdisziplinäre Qualifikation und eine offene, pluralistische Einstellung der Mitarbeiter zielen.

4.2.2.1 Organizational Learning: Innovationsmanagement, Change Management

Unterschiedliche Ansätze des Organizational Learning (vgl. Argyris und Schön 1978; Hedberg 1981; Daft und Weick 1984; Kim 1993; Garvin 1993) beschäftigen sich mit dem Wissenserwerb und der Wissennutzung in sozialen Systemen. Der Wissenserwerb sozialer Systeme als Ganzes wird häufig in Analogie zum individuellen Wissenserwerb untersucht und zu fördern versucht (vgl. Daft und Weick 1984, S.286).

Organizational Learning zielt auf **geeignete Rahmenbedingungen** für Erwerb neuen Wissens und für organisatorischen Wandel gemäß des neu erworbenen Wissens, für die Veränderung erlernter Handlungsweisen. Dies verdeutlicht Garvin (1993, S.80): *"A learning organization is an organization skilled at creating, aquiring, and transferring knowledge, and at modifying its behavior to reflect knowledge and insights."*

Erwerb neuen Wissens und organisatorischer Wandel bezogen auf Unternehmungen als Ganzes sind in der betriebswirtschaftlichen Literatur vor allem Gegenstand des **Innovationsmanagements** und des **Change Managements**. Innovationsmanagement und Change Management wirken gemeinsam auf Erwerb und Anwendung neuen Wissens in Unternehmungen, jedoch mit unterschiedlichen Schwerpunkten:

- **Innovationsmanagement** fördert insbesondere den **Erwerb neuen Wissens** in Unternehmungen (vgl. Hauschildt 1993, S.16-19), also das **Lernen** in Unternehmungen als Ganzes.

- **Change Management** unterstützt in erster Linie **organisatorischen Wandel** durch die Veränderung erlernter Handlungsweisen (vgl. Bleicher 1994, S.68-69), also das **Verlernen** in Unternehmungen.

Prozesse des Lernens und Verlernens in Unternehmungen sollten als Grundlagen einer wissensorientierten Erneuerung von Unternehmungen unterstützt werden. Drei **Aspekte des Organizational Learning** werden hierzu näher betrachtet:

- **Inhalte** organisatorischen Lernens und Verlernens
- **Ansätze** organisatorischen Lernens und Verlernens
- **Quellen** neuen Wissens

Daft und Weick weisen auf drei wesentliche **Inhalte des Organizational Learning** hin. Lernen und Verlernen werden vor allem beeinflußt durch Information über Erneuerungsbedarf, Wissen über Erneuerungsmöglichkeiten und das Wollen der Erneuerung (vgl. Daft und Weick 1984, S.286): Erstens wird **Information über Erneuerungsbedarf** benötigt, also z.B. über Ansatzpunkte zur Produktivitätssteigerung, über veränderte Kundenanforderungen, über technologische Entwicklungen sowie über gesellschaftliche Interessen.

Zweitens erfordert Erneuerung auch **Wissen über Erneuerungsmöglichkeiten**. Hierzu gehört Wissen z.B. über Methoden der Kostenbeeinflussung (vgl. Franz 1992), über Methoden zur Qualitätsförderung (vgl. Zink 1992a), über Methoden betrieblicher Forschung und Entwicklung (vgl. Brockhoff 1992) sowie über institutionalethische Methoden des Interessenausgleichs (vgl. Krupinski 1993, S.33-41).

Drittens müssen Erneuerungsmöglichkeiten umgesetzt werden, dies erfordert ein **Wollen der Erneuerung**. Veränderung kann für einzelne oder Gruppen den Verlust von Status, von Macht, von Befugnissen bedeuten und dadurch Widerstand hervorrufen. Einer Erneuerung stehen daher häufig Widerstände einzelner und von Gruppen entgegen (vgl. Staehle 1980, S.588-591; Bleicher 1992, S.460-462; Hauschildt 1993, S.95-96), die überwunden werden müssen. Es geht darüber hinaus um die Überwindung tradierter Verhaltensweisen, die aus unterschiedlichen Gründen bequem geworden sind (vgl. Bleicher 1992, S.459).

Unterschiedliche **Ansätze des Organizational Learning** zielen auf die Schaffung dieser Grundlagen. Hier werden

- die Bildung betrieblicher **Kleingruppen**,
- der Einsatz von **Promotoren** und
- die **Nutzung von IKT** skizziert.

Kleingruppen werden einerseits eingerichtet zum Erwerb neuen Wissens in Projektteams (vgl. Zink, Ritter und Thul 1993a, S.28), andererseits zum Überwinden von Widerständen des Nicht-Wissens und Nicht-Wollens in Lerngruppen (vgl. Ritter und Zink 1992, S.254).

"Promotoren des Wandels" (Hauschildt 1989, S.11) werden vor allem zur Überwindung von Widerständen gegen Erneuerung eingesetzt. Witte plädierte bereits 1973 für Fach- und Machtpromotoren; Hauschildt ergänzt um Prozeßpromotoren (vgl. Hauschildt 1993, S.116-120): Fachpromotoren sollen Widerstände des Nicht-Wissens und Machtpromotoren Widerstände des Nicht-Wollens zu beseitigen versuchen, und Prozeßpromotoren sollen die Beiträge der beiden anderen zu koordinieren versuchen:

Fachpromotoren verfügen über das notwendige Fachwissen zur Erneuerung. Machtpromotoren sind einflußreiche Personen, die Erneuerungsvorhaben in einer Unternehmung unterstützen. Um z.B. die Unterstützung der Unternehmungsleitung für bestimmte Erneurungsziele zu dokumentieren, können solche Ziele in strategische Leitlinien aufgenommen werden (vgl. Bleicher 1992, S.463).

Neuerdings wird auch **IKT-Einsatz** für den Erwerb neuen Wissens vorgeschlagen. Einerseits machen Informationssysteme Information verfügbar. Andererseits unterstützen Systeme des computerunterstützten Lernens (CuL) die Wissensvermittlung, und zwar sowohl innerbetrieblich (vgl. Tsuchiya 1992) als auch mit Kunden, Lieferanten etc. (vgl. Möhrle 1993b). Sie beinhalten sowohl Information über unternehmungsintern verfügbares Wissen (vgl. Reller 1992, Niwa 1993), als auch über unternehmungsextern verfügbares Wissen (vgl. Becker 1993).

Häufig wird für die Erneuerung erforderliches Wissen weder unternehmungsintern noch -extern unmittelbar verfügbar sein. Dann müssen **Quellen für das erforderliche Wissen** erschlossen werden. **Unternehmungsextern** kommen vor allem Kunden, Lieferanten und Wettbewerber in Frage (vgl. Hauschildt 1993, S.32-53), **unternehmungsintern** können Mitarbeiter zum Erwerb erforderlichen Wissens angeregt werden (vgl. Garvin 1993, S.81).

Auf die **Erschließung unternehmungsexterner Quellen** richten sich vor allem neuere Ansätze des Wissenstransfers durch Simultaneous Engineering, Benchmarking und Imitation (vgl. Garvin 1993, S.86-89):

- Beim **Simultaneous Engineering** (vgl. Zink 1992b) werden Kunden und Lieferanten in die Entwicklung neuer Produkte, Dienstleistungen und Herstellungsverfahren einbezogen, um so einen Wissenstransfer im Entwicklungsprozesses zu ermöglichen.

- Durch **Benchmarking** werden betriebliche Prozesse anhand relevanter Kennwerte mit ähnlichen Prozessen in anderen Unternehmungen, z.B. in Wettbewerbsunternehmungen, verglichen (vgl. Leibfried und McNair 1993, S.42-51; Watson 1993, S.21-22). Dadurch wird Wissen verfügbar sowohl über Erneuerungsbedarf als auch über Erneuerungsmöglichkeiten.

- **Imitation** von Produkten und Dienstleistungen von Wettbewerbern kann ein erfolgreicher Weg zum Erwerb von Wissen sein. Dies zeigen viele Imitationsbeispiele wie z.B. bei Flüssigkristallanzeigen, Lambda-Sonden für Katalysatoren, Walkmans, Nierenstein-Zertrümmerer etc. Alle diese Produkte wurden nicht von den Unternehmungen entwickelt, die damit die größten wirtschaftlichen Erfolge hatten (vgl. Schewe 1992, S.2-3).

Unternehmungsinterne Wissensquelle sind vor allem die Mitarbeiter. Motivation von **Mitarbeitern** zum Erwerb neuen Wissens ist daher eine wesentliche Aufgabe betrieblichen Innovationsmanagements (vgl. Hauschildt 1993, S.167-173). Ein wichtiges Mittel zur Weckung von Mitarbeiterinitiativen ist ein **betriebliches Vorschlagswesen**. Ein betriebliches Vorschlagswesen soll vor allem Erneuerungsbedarf in Unternehmungen aufdecken (vgl. Hauschildt 1993, S.171).

4.2.2.2 Personalentwicklung: Personalauswahl, -beförderung, -weiterbildung, -entlohnung

Personalentwicklung fördert die Qualifikation und Motivation der Mitarbeiter in bezug auf eine wissensorientierte Erneuerung. Hier werden unter Bezug auf die Schwerpunkte zukünftiger Leitung (vgl. Abschnitt 2.2) - Information, Wissen und Werte - drei wesentliche **Fähigkeiten der Mitarbeiter** hervorgehoben und vier **Mittel der Personalentwicklung** zu deren Erreichung aufgezeigt.

Personalentwicklung sollte zukünftig auf dreierlei Fähigkeiten der Mitarbeiter zielen: **IKT-Mündigkeit**, **interdisziplinäre Qualifikation** und eine **offene Einstellung**. Hierfür sollten die Mittel der **Personalauswahl**, der **Personalbeförderung**, der **Personalweiterbildung** und der **Personalentlohnung** eingesetzt werden.

IKT-Mündigkeit (vgl. Müller-Merbach 1988d, 1988b, 1989a, S.1030) befähige jeden Mitarbeiter zu einem selbständigen Umgang mit IKT. Mündige Anwender sollten **Nutzungskompetenz**, **Gestaltungskompetenz** und **Urteilsfähigkeit** im Umgang mit IKT besitzen, und zwar wegen der zukünftig wachsenden Bedeutung betrieblichen IKT-Einsatzes.

Nutzungskompetenz als erste Komponente der IKT-Mündigkeit ermöglicht jedem Mitarbeiter den direkten Zugang zu benötigter Information. Nutzungkompetenz im Umgang mit IKT scheint bisher vor allem in Führungspositionen selten zu sein. Müller-Böling und Ramme diagnostizierten nur knapp 30 Prozent Führungskräfte in bundesdeutschen Unternehmungen, die selbst einen Computer nutzen. Gleichwohl ist bei jüngeren Führungskräften ein Trend zu intensiverer Computernutzung festzustellen (vgl. Müller-Böling und Ramme 1990, S.160-161). Müller-Merbach stellt die Delegation der IKT-Nutzung durch Führungkräfte in Frage (1988d, S.8): *"Jeder, dessen Arbeit im wesentlichen mit Information zu tun hat, wird zum Umdenken, zum neuartigen Umgang mit Information gezwungen sein. Bis heute ist es noch möglich, jegliche Art von elektronischer Informationsverarbeitung auf Mitarbeiter abzuwälzen. Das wird sich kaum durchhalten lassen, weil es einerseits zu langsam und zu aufwendig ist und weil man andererseits dem Mitarbeiter stets die verbale und damit häufig umständlich-aufwendige Anweisung geben müßte, welche Information er gerade aufschlagen soll. Der mündige Anwender der Zukunft wird die Kulturtechnik der Informationsverarbeitung selbst beherrschen."*

Gestaltungskompetenz als zweite Komponente der IKT-Mündigkeit ermöglicht den Mitarbeitern, ihre Wünsche für den IKT-Einsatz und über benötigte Information selbständig artikulieren zu können, um als "Herr der Technik" (vgl. Müller-Merbach 1989a, S.1030) deren Entwicklung selbst mitzugestalten. Herbert A. Simon erläutert die Bedeutung von Gestaltungskompetenz (1992, S.3):

"... designing an information system is not just a matter of putting together the data that happen to be available. It requires determining what information would be relevant, and ascertaining from what sources, wether internal to the company or external, it can be obtained."

Dieser Forderung nach Gestaltungskompetenz stellt Müller-Merbach die bisherige Praxis gegenüber (1994d, S.307): *"In der maßgeblichen BWL-Literatur wird der Entwurf von Informationssystemen nicht in den Rang einer Gestaltungsaufgabe der Unternehmungsleitung erhoben, und in der Praxis der Mehrheit der Unternehmungen wird diese Gestaltungsaufgabe an Fachleute der Wirtschaftsinformatik delegiert. Wandel ist erforderlich, um die gewaltigen Möglichkeiten der Informations- und Kommunikationstechnologie für die Unternehmungen zu nutzen."*

Um mit der zunehmenden Informationsfülle in knapper Zeit umgehen zu können, benötigen Mitarbeiter **Urteilsfähigkeit** im Umgang mit Information als **dritte**

Komponente der IKT-Mündigkeit. Die extremen zukünftigen Informationsverarbeitungsleistungen werden jeden Mitarbeiter in eine Situation bringen, die sich mit "Zeitknappheit im Informationsüberfluß" charakterisieren läßt (vgl. Becker 1993, S.30). Mittelstraß warnt daher vor mangelnder Urteilsfähigkeit im Umgang mit Information. Er befürchtet, daß wir zu *"Informationsriesen"* und zu *"Wissenszwergen"* werden und daß wir unsere Urteilsfähigkeit im Umgang mit Information verlieren werden (Mittelstraß 1988, S.198): *"Wir durchschauen immer weniger, was uns in Form von Informationen zur Verfügung steht... In dem Maße aber, in dem die Abhängigkeiten gegenüber Informationen wachsen und das selbst erworbene und beherrschte Wissen abnimmt, wächst wiederum die Undurchsichtigkeit..."*

Einprägsam beschreibt Herbert Simon die zunehmende Zeitknappheit im Informationsüberfluß (H.A. Simon 1992, S.4): *"... information is not scarce; what is scarce is the managerial time to attend to all the information that is available. ... we are ... exposed, in our contemporary life to a great flood of messages, conveyed to us by print and by electronic media, or combinations of the two. Even a generation or so ago that was not so. Then, information was the scarce factor and it was worth taking considerable pains obtaining information and having obtained it, preserving it... We have not yet absorbed the shift from an era of scarcity of information to an era of scarcity of time and attention... What the abundance of information relative to the time available for digesting it means is that information systems should not be aimed at providing more information for managers. They should be designed to call the attention to the information that (1) they can digest in the time available to them and (2) would be more valuable to them than any other information digestible in the same time."*

Ergänzend zur IKT-Mündigkeit zielt Personalentwicklung auf eine **interdisziplinäre Qualifikation** der Mitarbeiter, und zwar sowohl deren Berufsausbildung als auch deren innerbetriebliche Weiterbildung betreffend. Eine interdisziplinäre Qualifikation befähigt Mitarbeiter zur fachlichen Kommunikation mit anderen, einerseits um im Team das Wissen jedes einzelnen zur Lösung von Aufgaben vervielfältigen zu können und andererseits um gemeinsam mit anderen neues Wissen erwerben zu können. Interdisziplinäre Qualifikation beruht auf der *"kompensatorischen Erweiterung"* (Müller-Merbach 1992a, S.61) des Wissens der Mitarbeiter um Wissen aus Nachbardisziplinen. Eine interdiziplinäre Qualifikation ist nicht leicht zu erreichen (vgl. Müller-Merbach 1984; 1985b; 1989b; 1989c). Gleichwohl ermöglicht eine interdisziplinäre Qualifikation die Kommunikation mit Mitarbeitern anderer Fachdisziplinen. Dies unterstützt eine wirkungsvolle Zusammenarbeit in Prozeßteams und den gemeinschaftlichen Wissenserwerb (vgl. Fuchs und Besier 1992, S.190).

IKT-Mündigkeit und interdisziplinäre Qualifikation sollten durch Personalentwicklung ergänzt werden in Richtung einer **offenen, pluralistischen Einstellung der Mitarbeiter**. Eine solche Einstellung der Mitarbeiter fördert deren Bereitschaft zu einer Auseinandersetzung mit Ideen und Interessen anderer. Dies ermöglicht einerseits verantwortungsvolles, auf einen Interessenausgleich gerichtetes Handeln der Mitarbeiter, andererseits erleichtert dies den Wandel in Unternehmungen. Eine offene Einstellung sollte geprägt sein durch Aufgeschlossenheit für Ideen und Meinungen anderer sowie durch Veränderungsbereitschaft. Eine offene Einstellung sei hier prototypisch skizziert durch den Einstellungstyp eines "starken Pluralisten". Müller-Merbach charakterisiert diesen Typen und stellt ihn dem schwachen Pluralisten sowie dem starken und dem schwachen Singularisten gegenüber (1992a, S.170): *"Der starke Pluralist hat seine eigenen Vorstellungen, steht aber gleichzeitig den Ideen von Andersdenkenden positiv und offen gegenüber, verbunden mit einem ausgeprägten Selbstwertgefühl: 'Es schadet meinem Ansehen nicht, wenn ich meine Ideen revidiere oder sie gar durch Ideen anderer ersetze'. Er ist ein potentieller Schöpfer von neuen Wegen, der Fremdideen und eigene Kreativität kombiniert."*

Zur Entwicklung solcher Fähigkeiten der Mitarbeiter werden hier vier **Mittel der Personalentwicklung** vorgeschlagen:

- Bei der **Personalauswahl** sollten nur solche Mitarbeiter eingestellt werden, die entweder bereits die geforderten Fähigkeiten mitbringen oder entsprechende Bereitschaft zu lernen haben.

- Bei der **Personalbeförderung** sollten Fähigkeiten und Bereitschaft der Mitarbeiter und die Anforderungen durch bestimmte Aufgaben aufeinander abgestimmt werden.

- **Personalweiterbildung** sollte Mitarbeiter für zukünftige Aufgaben qualifizieren und vorhandene Qualifikation weiterentwickeln.

- **Personalentlohnung** sollte Mitarbeiter für ihren Beitrag zur betrieblichen Wertschöpfung entgelten und deren zukünfige Leistungsbereitschaft fördern.

Personalauswahl stellt ein sehr wirkungsvolles Instrument der Personalentwicklung dar, da dadurch das verfügbare personelle Leistungs- und Entwicklungspotential bestimmt wird. Mitarbeiter können nach bestimmten Kriterien aus einer Vielzahl von Bewerbern ausgesucht werden: IKT-Mündigkeit läßt sich häufig schon anhand bestimmter Qualifikationen nachweisen, ebenso eine interdisziplinäre Ausbildung, speziell bei "Bindestrich"-Qualifikationen wie z.B. Wirtschaftsinformatik, Wirtschaftsmathematik und Wirtschaftsingenieurwesen. Eine offene, veränderungsbereite pluralistische Einstellung von Bewerbern sollte in einem Auswahlgespräch deutlich werden. Hammer und Champy empfehlen die Auswahl möglichst breit ausgebildeter Mitarbeiter, die vielfältig einsetzbar sind (Hammer und Champy 1993, S.72): *"... companies don't need people to fill a slot, because the slot will only be roughly defined. Companies need people who can figure out what the job takes and do it, people who can create the slot that fits them."*

Personalbeförderung sei hier als weiteres Mittel der Personalentwicklung vorgeschlagen. Sie dient als unternehmungsinterne Personalauswahl für bestimmte Aufgaben. Hier spielen Beurteilungsgespräche eine wichtige Rolle (vgl. Olesch 1989, S.308; Fuchs und Besier 1992, S.190-191). Bei der Personalbeförderung sollten Mitarbeiterinteressen und die Aufgabenanforderungen aufeinander abgestimmt werden (vgl. Zink 1978, S. 46-47), und zwar sowohl den Aufgabeninhalt als auch dessen Veränderungshäufigkeit betreffend. Hinsichtlich der IKT-Mündigkeit sollte zukünftig für viele Führungskräfte zumindest Gestaltungskompetenz und Urteilsfähigkeit hinsichtlich des IKT-Einsatzes gefordert werden, und bei informationsintensiven Tätigkeiten auch Nutzungskompetenz im Umgang mit Computern (vgl. Müller-Merbach 1987a, S.8). Personalbeförderung sollte nicht bloß als Mittel zur Honorierung guter Leistung eingesetzt werden, sondern sollte vor allem von den Fähigkeiten der Mitarbeiter abhängig sein (vgl. Fuchs und Besier 1992, S.187; Hammer und Champy 1993, S.74).

Personalweiterbildung als Mittel der Personalentwicklung sollte sowohl auf die Erhaltung als auch auf den Ausbau persönlicher Fähigkeiten gerichtet werden. Mitarbeiter sollten z.B. in der Nutzung verfügbarer IKT geschult werden. Auch könnte innerbetriebliche Weiterbildung für ein übergreifendes Verständis von Prozeßzusammenhängen nützlich sein (vgl. Davenport 1993, S.111). Eine pluralistische Einstellung läßt sich kaum durch Weiterbildungsmaßnahmen vermitteln. Gleichwohl können Führungskräfte durch ihr Vorbild andere zu einer pluralistischen Einstellung zu bewegen versuchen (vgl. Müller-Merbach 1992a, S.182; Abschnitt 2.1.1.3).

Personalentlohnung ergänzt die Mittel der Personalentwicklung. Sie sollte den Beitrag der Mitarbeiter zur betrieblichen Wertschöpfung entgelten und den Verbleib kompetenter Mitarbeiter in der Unternehmung fördern. Sofern die Personalentlohnung leistungsbezogen gestaltet wird, prägen die zugrundeliegenden Leistungsmaße die innere Einstellung der Mitarbeiter zu relevanten Leistungskriterien ihrer Tätigkeit. Leistungsmaße sollten im Sinne prozeßorientierter Erneuerung eine Beziehung zwischen den erzielten Prozeßergebnissen und dem Beitrag einzelner oder von Gruppen herstellen (vgl. Eccles 1991, S.135; Davenport 1993, S.111), statt z.B. nach Hierarchiestufe und "Untergebenenanzahl" oder Dauer der Betriebszugehörigkeit zu vergüten (vgl. Hammer und Champy 1993, S.73). Sinnvolle Maße für eine leistungsbezogene Entlohung finden zu können, erfordert vermutlich häufig eine Reorganisation von Arbeitsinhalten (vgl. Abschnitt 4.3.2.1), damit Leistung von einzelnen und Gruppen überhaupt meßbar werden (vgl. Hammer und Champy 1993, S.73).

Als weiteres Kriterium für die Personalentlohnung werden häufig die erworbenen Fähigkeiten der Mitarbeiter empfohlen (vgl. Fuchs und Besier 1992, S.202; Hammer und Champy 1993, S.189). Personalentlohnung sollte zum einen zusätzliche Anreize geben, Kompetenz zu erlangen, also z.B. IKT-Nutzung zu erlernen und prozeßübergreifende Zusammenhänge zu verstehen und zu beherrschen. Zum anderen sollte zu geringe Personalentlohnung für kompetente Mitarbeiter keinen Anlaß zum Verlassen der Unternehmung darstellen können. Kompetente Mitarbeiter sind gefragt, nicht nur unternehmungsintern sondern auch von Kunden, Lieferanten und anderen Unternehmungen (vgl. Fuchs und Besier 1992, S.183).

4.2.3 Mittel zielbezogener Erneuerung: Führungsethik

Mittel zielbezogener Erneuerung sollten die Wertebildung in Unternehmungen unterstützen. Hierzu eignen sich Mittel der **Führungsethik**, und zwar einerseits der **Institutionalethik** und andererseits der **Individualethik**:

- **Institutionalethik** sollte geeignete Voraussetzungen schaffen, die eine Wertebildung in Richtung auf einen Interessenausgleich zwischen unterschiedlichen Interessengruppen fördern. Als wesentliche Instrumente werden die **Partizipation** von Interessengruppen im Zielbildungsprozeß, der **Dialog** mit Interessengruppen sowie eine **Verpflichtung** gegenüber Interessengruppen diskutiert (Abschnitt 4.2.3.1).

- **Individualethik** sollte die Verantwortungsfähigkeit und -bereitschaft der Mitarbeiter weiterentwickeln. Dadurch wird verantwortungsvolles Handeln der Mitarbeiter im Hinblick auf menschen- und umweltgerechte Prozesse gefördert. Hierfür eignen sich die **Delegation von Verantwortung**, **vorbildliches Handeln** und **überschaubare organisatorische Einheiten** (Abschnitt 4.2.3.2).

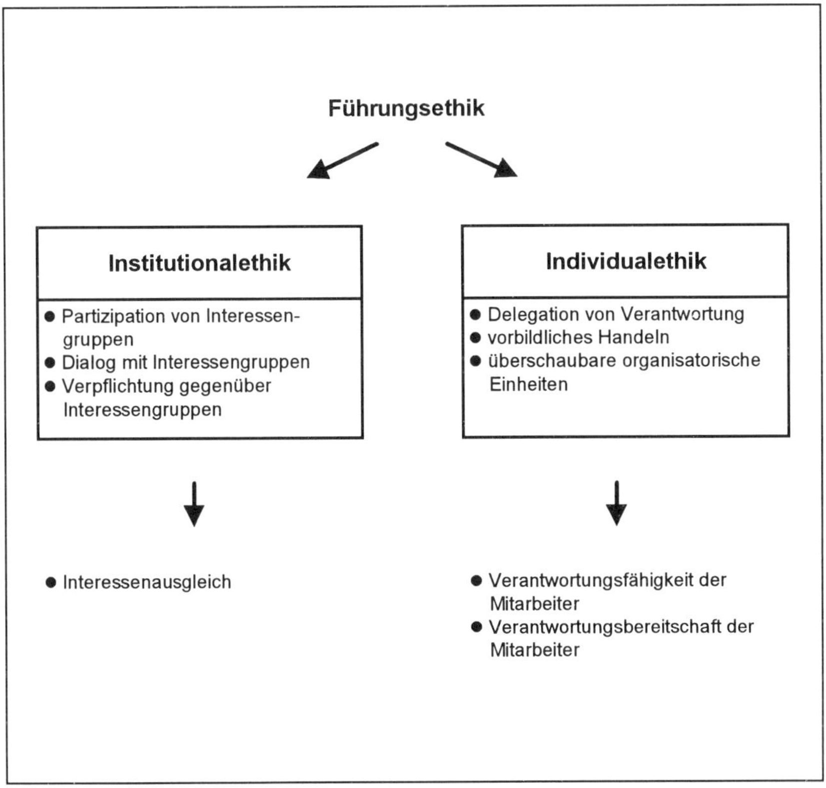

Bild 4.7: Führungsethik - Mittel zielbezogener Erneuerung

4.2.3.1 Institutionalethik: Partizipation, Dialog, Verpflichtung gegenüber Interessengruppen

Institutionalethik schafft geeignete Rahmenbedingungen für eine zielbezogene Erneuerung von Unternehmungen. Mittel der Institutionalethik fördern den Ausgleich zwischen Interessengruppen und ermöglichen so verantwortungsvolles Handeln im Sinne des Ganzen (vgl. Abschnitt 2.1.3). Institutionalethik ermöglicht allen beteiligten Interessengruppen, auf die Wahl der Erneuerungsziele und den

Erneuerungsprozeß einzuwirken. Hierzu eignen sich **drei Mittel der Institutionalethik** (vgl. Krupinski 1993, S.230-236), und zwar

- die **Partizipation von Interessengruppen**,
- der **Dialog mit Interessengruppen** und
- eine **Verpflichtung gegenüber Interessengruppen**.

Unterschiedliche **Interessengruppen** können bei der Wahl der Erneuerungsziele berücksichtigt werden, z.B. empfiehlt Striening eine Orientierung an Kunden- und Mitarbeiteranforderungen (vgl. Striening 1988, S.111). Cypress fordert eine Aufweitung des Blickwinkels über die Ansprüche von Kunden hinaus auf andere Interessengruppen. Er stellt vor allem die Kapitalgeber in den Mittelpunkt und fordert *"shareholder value optimization"* (1994, S.23).

Hier wird im Sinne eines ganzheitlichen Ansatzes für eine Berücksichtigung **aller Interessengruppen** plädiert, also nicht nur Mitarbeiter, Kunden und Kapitalgeber, sondern auch Lieferanten, staatliche Organe und Bürgerinitiativen etc. (vgl. Staehle 1979, S.36). Sie alle sind am betrieblichen Wertschöpfungsprozeß direkt oder indirekt beteiligt (vgl. Abschnitt 3.1.1).

Die unterschiedlichen Interessengruppen können auf unterschiedliche Weise in die Erneuerung einbezogen werden, und zwar durch Partizipation, durch Dialog und durch Verpflichtung ihnen gegenüber. **Partizipation von Interessengruppen** (vgl. Krupinski 1993, S.230-236) kann als Mitbestimmungsrecht gewährt werden und so deren aktive Beteiligung ermöglichen. Partizipation wirkt einerseits motivierend, und andererseits läßt sich dadurch die Qualität und Produktivität der Prozeßgestaltung und -lenkung erhöhen (vgl. Schubert und Zink 1990, S.83).

Demgegenüber steht der **Dialog mit Interessengruppen** (vgl. Hill u.a. 1981, S.126-127) im Erneuerungsprozeß, einem Anhörungsrecht entsprechend. In besonderen Fällen kann Vertretern von Interessengruppen ein Vetorecht eingeräumt werden. Im Gegensatz zur Partizipation führt der Dialog mit Interessengruppen nur zu deren passiver Beteiligung. Peter Ulrich befürwortet einen legitimierenden Dialog mit Interessengruppen (1991, S.161): *"Worauf es im Sinne* *konsensorientierter Unternehmungsführung ankommt, ist jedoch ... die konsensuelle Legitimation funktionsnotwendiger (und als solche für die Betroffenen einsichtiger) sozialtechnischer (organisatorischer, Anm. d. Verf.) Regelungen auf dem Weg des ... Gestaltungsdiskurses."*

Verpflichtungen gegenüber Interessengruppen einzuhalten kann entweder aus der Befolgung gesetzlicher Vorschriften bestehen oder aus der Beachtung selbstgesetzter Normen. Bleicher plädiert für Handlungsgrundsätze als Ausdruck der Selbstverpflichtung gegenüber Interessengruppen (vgl. 1992, S.116), die z.B. in Unternehmungsgrundsätzen und Leitbildern dokumentiert werden (vgl. Bleicher 1992, S.192-193).

4.2.3.2 Individualethik: Delegation, vorbildliches Handeln, überschaubare organisatorische Einheiten

Individualethik zielt auf Verantwortungsfähigkeit und -bereitschaft der Mitarbeiter als Grundlagen einer zielbezogenen Erneuerung von Unternehmungen. Dadurch wird **verantwortungsvolles Handeln** der Mitarbeiter im Gesamtinteresse gefördert (vgl. Krupinski 1993, S.23). Drei **Mittel der Individualethik** werden in diesem Zusammenhang aufgezeigt und detailliert (vgl. Abschnitt 2.1.1.3), und zwar die **Delegation von Verantwortung, vorbildliches Handeln** und **überschaubare organisatorische Einheiten**.

Verantwortungvolles Handeln von Mitarbeitern umfaßt einerseits eine pflichtgemäße Aufgabenerfüllung durch Mitarbeiter, andererseits deren persönliche Zuständigkeit für die Folgen ihres Handelns (vgl. Hill u.a. 1981, S.124; Krupinski 1993, S.21). Raatz konkretisiert (1968, S.188): *"Verantwortung bedeutet, daß der Mitarbeiter sich bei Erfüllung der gestellten Aufgabe in dem Maße seiner Fähigkeiten von der ihm möglichen Erkenntnis über das Richtige sowie den Sinn und Wert seines dienstlichen Handelns (Tuns oder Unterlassens) leiten läßt und dies als selbstverständliche, gegenüber ablenkenden Antrieben durchzuhaltende Maxime seines Willens versteht."* Über den Umfang der Verantwortung von Mitarbeitern gibt es keine allgemeingültigen Aussagen.

Nordsieck plädierte dafür, statt Verantwortung zu verteilen im Einzelfall Nicht-Verantwortlichkeit zu regeln. Es gilt (Nordsieck 1972a, Sp.50): *"Jeder Mitarbeiter trägt tatsächlich die Verantwortung, solange sie ihm nicht ausdrücklich abgenommen worden ist."*

Delegation von Verantwortung sollte Mitarbeitern Erfahrung im Umgang mit Verantwortung geben und sie durch eine verantwortungsbezogene Bereicherung ihrer Aufgaben (Job-Enrichment) motivieren (vgl. Zink 1977, S.224). Gleichwohl sei für eine differentielle Delegation von Verantwortung gemäß den Wünschen der Mitarbeiter plädiert (vgl. Zink 1978, S.47).

Vorbildliches Handeln betrifft vor allem die Auswahl geeigneter Führungskräfte, z.B. als Prozeßverantwortliche (vgl. Abschnitt 4.3.2.2). Führungskräfte haben durch ihre besondere Stellung Vorbildcharakter mit ihrem Handeln. In Anlehnung an Ackoff seien hier fünf wichtige Eigenschaften von vorbildlichen Führungskräften gefordert (vgl. Ackoff 1978, S.3; Müller-Merbach 1986b, S.42). Im Englischen beginnen alle fünf Eigenschaften mit den Buchstaben "C":

- Competence - **Kompetenz**: Führungskräfte benötigen Fachkenntnisse in ihrem Aufgabenbereich. Analog sollten Prozeßverantwortliche die betrieblichen Prozesse beurteilen, gestalten und lenken können.

- Communicativeness - **Kommunikationsfähigkeit**: Die Führung von Mitarbeitern in einem betrieblichen Prozeß erfordert Komunikationsfähigkeit (vgl. Striening 1988, S.285).

- Concern - **Besorgtheit**: Besorgtheit umfaßt neben vielem anderen vor allem die Identifikation der Prozeßverantwortlichen mit den Prozeßzielen und den Willen zur ständigen Verbesserung.

- Courage - **Mut**: Mut bezieht sich vor allem auf die Bereitschaft zu verändern, um Prozesse zum Besseren zu gestalten und zu lenken, auch wenn es manchmal unbequem wird.

- Creativity - **Kreativität**: Kreativität führt zu innovativen Ideen für die Erneuerung, um Grundlagen für zukünftig wettbewerbsfähige Prozesse zu schaffen.

Überschaubare organisatorische Einheiten sollen Mitarbeitern die Ergebnisse und Folgen ihres Handelns sichtbar machen (vgl. Krupinski 1993, S.241). Dadurch nehmen Mitarbeiter die Folgen ihres Handelns besser wahr und identifizieren sich eher mit den Ergebnissen. Dies fördert die Verantwortungsfähigkeit und -bereitschaft der Mitarbeiter. Darüber hinaus wirkt in überschaubaren organisatorischen Einheiten die *"kooperative Aufmerksamkeit unter den Beteiligten"* verantwortungsfördernd (vgl. Krupinski 1993, S.241).

4.3 Maßnahmen der Erneuerung: sach-, personen- und zielbezogene Prozeßgestaltung und -lenkung

Ziele der Erneuerung lassen sich durch die Nutzung von Mitteln der Erneuerung erreichen, und zwar indem die verfügbare Kompetenz zielgerichtet zur Erneuerung betrieblicher Prozesse genutzt wird. Die Vielfalt von Maßnahmen zur zielgerichteten Erneuerung betrieblicher Prozesse wird hier anknüpfend an den Rahmen der Leitungsaufgaben (vgl. Abschnitt 2.1) gegliedert in Maßnahmen **sach-**, **personen-** und **zielbezogener Prozeßgestaltung** und **-lenkung** (vgl. Tabelle 4.2), und aktuelle Beispiele aus der Literatur sollen die Maßnahmen verdeutlichen:

- Im Mittelpunkt **sachbezogener** Prozeßgestaltung und -lenkung steht der Einsatz zukünftig relevanter Technologien, vor allem moderner IKT. **Prozeßinnovation** (Abschnitt 4.3.1.1) erneuert vor allem durch IKT-Einsatz die Ergebniszusammenhänge betrieblicher Prozesse im Sinne eines *"Business Process Redesign"* (Venkatraman 1991, S.131-136) und die Input-Output-Struktur betrieblicher Prozesse im Sinne der Gestaltung "virtueller Unternehmungen" (vgl. Davidow und Malone 1993; Szyperski und Klein 1993; Mertens 1994). Weiterhin ermöglicht IKT-Einsatz alternative Formen der **Prozeßsteuerung** (Abschnitt 4.3.1.2), die hier anhand der konzeptionellen Ideen des Workgroup-Computing und des Workflowmanagements (im engeren Sinne) charakterisiert werden.

- Maßnahmen **personenbezogener** Prozeßgestaltung und -lenkung schöpfen die durch Organisationsentwicklung geschaffenen Potentiale aus. **Prozeßorganisation** (Abschnitt 4.3.2.1, vgl. Gaitanides 1983) erneuert die Arbeitsverteilung und die Ablaufstruktur betrieblicher Prozesse. **Prozeßführung** (Abschnitt 4.3.2.2) setzt prozeßorientierte Führungsformen im Sinne des Prozeßmanagements ein (vgl. Striening 1988a und 1988b), z.B. durch Prozeßteams und Prozeßverantwortliche.

- Maßnahmen **zielbezogener** Prozeßgestaltung und -lenkung tragen zum Interessenausgleich und zu verantwortungsvollem Handeln bei. **Prozeßänderung** (Abschnitt 4.3.3.1) liefert einen langfristigen Rahmen für die Erneuerung, einerseits durch inhaltliche Leitlinien und andererseits durch formale Grundsätze. **Prozeßvermittlung** (Abschnitt 4.3.3.2) kommuniziert langfristige Leitlinien und Grundsätze an alle Beteiligten. Hierzu werden zwei Vermittlungsformen aufgezeigt, Policy Deployment und Kunden-Lieferanten-Vereinbarungen.

	sachbezogen	personenbezogen	zielbezogen
Prozeß-gestaltung	**Prozeßinnovation**: • Gestalten des Ergebnis-zusammenhangs ("Business-Process-Redesign") • Gestalten der Input-Output-Struktur ("virtuelle Unternehmung")	**Prozeßorganisation**: • Gestalten der Arbeitsverteilung (Case Manager, Arbeitsinseln) • Gestalten der Ablaufstruktur (Parallelisierung, Verlagerung, Elimination von Aktivitäten)	**Prozeßänderung** • Gestalten inhaltlicher Leitlinien (Orientierung an Interessengruppen, langfristige Erneuerungsziele) • Gestalten formaler Grundsätze (Partizipations-, Anhörungs- und Vetorecht Betroffener)
Prozeß-lenkung	**Prozeßsteuerung**: Wahl der Steuerungsform (Workgroup-Computing, Workflow-management)	**Prozeßführung**: Wahl der Führungsform (Prozeßteams, Prozeß-verantwortliche)	**Prozeßvermittlung**: Wahl der Vermittlungsform, (Policy Deployment, Kunden-Lieferanten-Vereinbarungen)

Tabelle 4.2: Maßnahmen der Erneuerung - sach-, personen- und zielbezogene Prozeßgestaltung und -lenkung

4.3.1 Maßnahmen sachbezogener Erneuerung

Unterschiedliche sachbezogene Maßnahmen der Erneuerung verändern den Technologieeinsatz in betrieblichen Prozessen. Maßnahmen sachbezogener Erneuerung werden hier gegliedert in Maßnahmen der **Prozeßinnovation** und der **Prozeßsteuerung** (vgl. Bild 4.8):

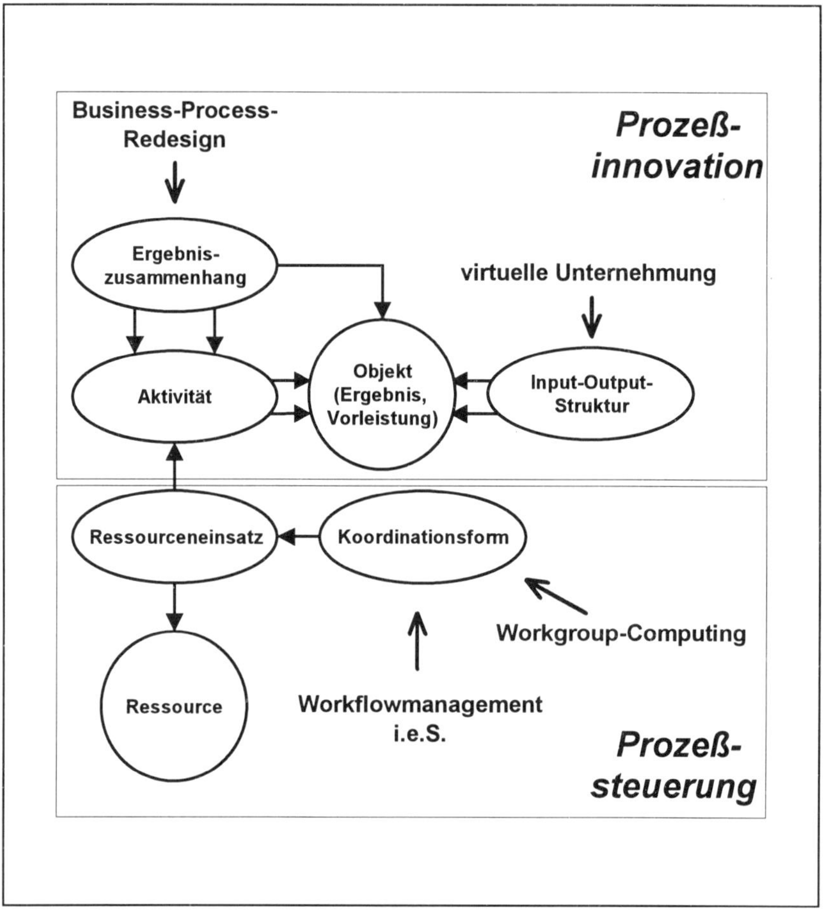

Bild 4.8: Maßnahmen sachbezogener Erneuerung - Prozeßinnovation und Prozeßsteuerung

- **Prozeßinnovation** umfaßt den Einsatz neuer Technologien in betrieblichen Prozessen. Dies führt zur Neugestaltung des **Ergebniszusammenhangs** und der **Input-Output-Struktur** betrieblicher Prozesse (Abschnitt 4.3.1.1). Hierbei spielt der Einsatz von IKT eine große Rolle. Die Leistungsfähigkeit von IKT ermöglicht zum einen eine Neugestaltung der Ergebniszusammenhänge betrieblicher Prozesse im Sinne des "**Business-Process-Redesign**". Zum anderen können dadurch neuartige Beziehungen zu Kunden, zu Lieferanten und zu Partnerunternehmungen aufgebaut werden, wodurch sich die Input-Output-Struktur betrieblicher Prozesse gemäß der Idee einer **"virtuellen Unternehmung"** (Mertens 1994) gestalten läßt.

- **Prozeßsteuerung** umfaßt den Einsatz innovativer Koordinationsformen in betrieblichen Prozessen (Abschnitt 4.3.1.2). Auch hierzu leisten IKT einen wesentlichen Beitrag. Zwei Ansätze IKT-unterstützter Prozeßsteuerung werden hier diskutiert, und zwar **Workflowmanagement** (im engeren Sinne) und **Workgroup-Computing**.

4.3.1.1 Sachbezogene Prozeßgestaltung - Prozeßinnovation: Business-Process-Redesign, virtuelle Unternehmung

Sachbezogen werden betriebliche Prozesse durch **Prozeßinnovation** neugestaltet. Vor allem der Einsatz moderner IKT eröffnet vielfältige Möglichkeiten zur Prozeßinnovation. Auf eine möglichst wirkungsvolle Nutzung von IKT zur Prozeßinnovation zielen neuere amerikanische Management-Konzepte des *"Business-Process-Redesign"* (vgl. Venkatraman 1991, S.137-140), des *"Business-Process-Reengineering"* (vgl. Davenport 1993; Hammer und Champy 1993) sowie die japanische Management-Idee der *"Organizational Intelligence"* (vgl. Matsuda 1993). Im deutschsprachigen Raum wurde mehrfach in ähnlicher Absicht für die Entwicklung einer *"informationsorientierten Betriebswirtschaftslehre"* (Müller-Merbach 1983a, S.822-823; 1985a; 1989a, S.1042) plädiert, welche das Leistungspotential von IKT für die Unternehmungsführung nutzbar machen soll. Bisher existieren einige Ansätze zum *"Informationsmanagement"* (vgl. z.B. Heinrich und Burgholzer 1988), die sich vor allem mit dem Transfer informationstechnischen Wissens in die Betriebswirtschaftslehre befassen.

Hier werden zwei Formen der **Prozeßinnovation**, d.h. der Neugestaltung betrieblicher Prozesse durch IKT-Einsatz diskutiert:

- **"Business-Process-Redesign"** erneuert den **Ergebniszusammenhang** betrieblicher Prozesse: Durch den Einsatz von IKT lassen sich die Aktivitäten betrieblicher Prozesse inhaltlich neugestalten und vom Umfang her neu abgrenzen. Die Aufteilung direkter, koordinierender und unterstützender Aktivitäten wird durch den IKT-Einsatz verändert. Die synergetische Leistungsfähigkeit von **Mensch-Computer-Tandems** (vgl. Abschnitt 4.2.1.2) ermöglicht qualitativ und quantitativ neue Dimensionen der Informationsverarbeitung in betrieblichen Prozessen.

- **"Virtuelle Unternehmungen"** verfügen über virtuelle Leistungspotentiale durch eine Neugestaltung der **Input-Output-Struktur** betrieblicher Prozesse: Die Leistungsbeziehungen zu Kunden, zu Lieferanten und zu Partnerunternehmungen sind IKT-unterstützt, so daß *"elektronische Wirtschaftseinheiten"* (Davidow und Malone 1993, S.14) entstehen. Dadurch werden außerhalb der rechtlichen Unternehmungsgrenzen vielfältige "virtuelle" Leistungspotentiale verfügbar. Kunden, Lieferanten und Partnerunternehmungen können einbezogen werden in die Abwicklung betrieblicher Prozesse, wodurch sich Input-Output-Strukturen erneuern lassen. Zwei Formen IKT-unterstützter Leistungsbeziehungen zu Kunden, zu Lieferanten, zu Partnerunternehmungen etc. werden hier dargestellt, **Transaktionssysteme** und **"Informationspartnerschaften".**

Business-Process-Redesign beruht auf einer möglichst wirkungsvollen Nutzung der Möglichkeiten von IKT in betrieblichen Prozessen. Venkatraman beschreibt den Unterschied zu bisherigen Formen des IKT-Einsatzes in Unternehmungen (Venkatraman 1991, S.137): *"Instead of simply treating the existing business processes as a constraint in the design and development of an optimum IT infrastructure, the basic logic for configuring the business activities itself is questioned. Thus, a business process that maximally exploits the available IT capabilities is developed ..."* Fuchs plädiert in ähnlicher Weise für eine Abkehr vom Prinzip der "Elektrifizierung bestehender Zustände" (Fuchs 1992b, S.31) durch IKT-Einsatz. Und Müller-Merbach beschreibt eine Verschmelzung menschlicher Intelligenz und maschineller Informationsverarbeitungsfähigkeit zu **Mensch-Computer-Tandems**, die als Tandem neuartige Aufgabenbündel in betrieblichen Prozessen übernehmen (Müller-Merbach 1986, S.2):

Mensch-Computer-Tandems können qualitativ und quantitativ neue Leistungen erbringen, was Möglichkeiten zum Business-Process-Redesign bietet. Beim Business-Process-Redesign sollten Aktivitäten statt nach dem klassischen Prinzip der Arbeitsteilung nach dem **Prinzip der ganzheitlichen Aufgabeneinheit** von Menschen und Computern gestaltet werden. Müller-Merbach erläutert das Prinzip der ganzheitlichen Aufgabeneinheit (1990c, S.192): *"2 Prinzipien des Entwurfs (scheinen) denkbar, das Prinzip der Arbeitsteilung und das Prinzip der ganzheitlichen Aufgabeneinheit. Beim Entwurfsprinzip der Arbeitsteilung würde die Gesamtaufgabe zerlegt werden in Teilaufgaben. Diese würden dem Mensch zugeordnet werden, wenn dieser eine höhere Leistungsfähigkeit verspricht, bzw. dem Computer, wenn dieser die Teilaufgabe wirkungsvoller zu lösen vermuten läßt. Beim Entwurfsprinzip der ganzheitlichen Aufgabeneinheit steht das Ineinandergreifen der menschlichen Fähigkeiten und der Computerleistung im Vordergrund, also die Einung anstelle der Trennung. Nur auf diesem Wege läßt sich ein Maximum an Synergie erreichen."*

Vielfältige praktische Anwendungsbeispiele belegen die Neugestaltbarkeit betrieblicher Prozesse durch den Einsatz von Mensch-Computer-Tandems:

- **Leistungserstellungsprozesse** verändern sich grundlegend durch die Nutzung von IKT zur Prozeßplanung und -steuerung. Z.B. unterstützt das IKT-System BELI Einkäufer bei der Siemens AG bei der Bewertung und Auswahl von Lieferanten sowie bei der optimalen Liefermengenzuteilung (vgl. Mertens u.a. 1990, S.115). Das IKT-System EX-Tran unterstützt Diagnosen von Qualitätsmängeln in der Produktion bei SEL (vgl. Mertens u.a. 1990, S.171).

- **Auftragsabwicklungsprozesse** lassen sich durch Mensch-Computer-Tandems neugestalten. Z.B. unterstützt das System APFEL-EXPERT bei der Konfiguration von Siemens-HICOM-Telefonanlagen gemäß Kundenwünschen (vgl. Mertens u.a. 1990, S.99).

- **Entwicklungsprozesse** neuer Produkte sind ohne Entwurfsunterstützung durch CAD-Systeme (CAD, Computer-Aided-Design) häufig kaum noch denkbar.

- **Aufbau und Pflege von Kundenbeziehungen** umfassen Aufgaben in Wartung und Kundendienst. BMW weist durch ein ins Fahrzeug eingebautes Diagnosesystem Autofahrer auf Wartungserfordernisse hin und Werkstattpersonal auf zu beseitigende Störungen (vgl. Mertens und Plattfaut 1986, S.8).

Nicht nur die Ergebniszusammenhänge betrieblicher Prozesse können durch IKT-Einsatz neugestaltet werden, sondern auch die **Input-Output-Struktur**. Grundlage hierfür sind computergestützte elektronische Netzwerke (vgl. Abschnitt 4.2.1.1), die einen Informationsaustausch mit Kunden, Lieferanten und Pertnerunternehmungen ermöglichen. Durch computergestützte elektronische Netzwerke entstehen *"elektronische Wirtschaftseinheiten"* (Davidow und Malone 1993, S.14), in denen **neue Formen der Zusammenarbeit mit Kunden, Lieferanten und Partnerunternehmungen** möglich werden. Hanker erläutert (1990, S.375): *"Mit einer verstärkten Durchdringung diskreter Wertschöpfungsketten mit Informatik stellt sich auch ... die Frage nach dem Verteilungsgrad einzelner Produktionsstufen bzw. Funktionen neu. Galt bislang z.B. in Unternehmen des verarbeitenden Gewerbes der Fertigungsbereich als wichtigste Wertschöpfungsstufe, die unbedingt im Verantwortungsbereich der jeweiligen Geschäftseinheit zu liegen habe, wird sich dies mit Einführung moderner informatikgestützter Produktionstechnologien langfristig ändern."*.

Neuerdings werden solche elektronischen Wirtschaftseinheiten als **"virtuelle Unternehmungen"** (vgl. Venkatraman 1991, S.128; Davidow und Malone 1993, Szyperski und Klein 1993, Mertens 1994) bezeichnet, in denen neue Formen der Zusammenarbeit mit Kunden, Lieferanten und Partnerunternehmungen gepflegt werden:

- **Kunden** können in betriebliche Prozesse, z.B. in die Leistungserstellung und Auftragsabwicklung einbezogen werden (vgl. Hessel u.a. 1988, S.141-147). Kunden werden zu Co-Produzenten (vgl. Davidow und Malone 1993), manche bezeichnen sie neuerdings als "Prosumenten" und prognostizieren sogar das Ende der Massenproduktion (vgl. Zeleny u.a. 1990, S.160), da durch die Mitwirkung von Kunden an der Leistungserstellung kundenindividuelle Produkte und Dienstleistungen erstellt werden können.

- **Lieferanten** können zukünftig nicht nur Just-in-time anliefern, sondern durch Einblick in unternehmungsinterne Datenbestände auch den Lieferbedarf feststellen und so eine unternehmungsseitige Bestellung überflüssig machen (vgl. Venkatraman 1994, S.82; Mertens 1994, S.171).

- **Partnerunternehmungen** können gemeinsam elektronische Wertschöpfungsverbunde aufbauen. Bekanntestes Beipiel dürfte der durch das Buchungssystem SABRE entstandene Reisedienstleistungsverbund sein (vgl. Pümpin und Steinbach 1988, S.13; Hopper 1991, S.82): Das seit 1963 von American Airlines genutzte Flugbuchungssystem SABRE stellt heute für mehr als 20000 Reisebüros in aller Welt online Information über Flüge und Reservierungen bereit. Darüber hinaus können damit inzwischen auch Kreuzfahrten, Cluburlaube, Bahnreisen und Theaterkarten gebucht werden, Autos gemietet und Telegramme verschickt werden. Ähnliche Reservierungssysteme wurden auch von anderen Fluggesellschaften entwickelt, z.B. das System AMADEUS von der Lufthansa (vgl. Dörnberg 1989, S.104-108).

Auch wenn der Begriff der virtuellen Unternehmung erst neuerdings geprägt wurde, lassen sich Beispiele für virtuelle Wertschöpfungskooperationen aufzeigen. Zwei **Formen virtueller Unternehmungen** werden häufig unterschieden: **Transaktionssysteme** ermöglichen eine überbetriebliche Prozeßabwicklung durch überbetrieblichen Informationsaustausch. Hierbei spielt elektronischer Datentransfer (EDI, vgl. Abschnitt 4.2.1.1) eine wichtige Rolle. **"Informationspartnerschaften"** (Konsynski und McFarlan 1991) beruhen auf einer gemeinsamen Informationsnutzung durch Partnerunternehmungen. Transaktionssysteme auf der Basis von EDI wurden bereits in einigen Fällen zur Einbeziehung von Kunden, Lieferanten und Kooperationspartnern in betriebliche Prozesse realisiert:

Auf mehrere Kooperationspartner verteilte **Leistungserstellungsprozesse** werden bei der Bremer Lagerhausgesellschaft durch ein Transaktionssystem unterstützt (vgl. Pümpin und Steinbach 1988, S.14): Alle Partner der logistischen Kette sind verknüpft, die Bremer Lagerhausgesellschaft mit dem Seehafen, mit Kunden im In- und Ausland, mit Spediteuren, Verpackungs- und Hafenumschlagbetrieben. Die Transportabwicklung kann lückenlos verfolgt werden. Transportdokumente werden elektronisch versendet. Versicherungs- und Verzollungspapiere werden automatisch erstellt.

VW koordiniert die Ersatzteilversorgung der Vertragshändler mit dem System AUTOPART (vgl. Mertens und Plattfaut 1986, S.8), und Siemens hat für die Ersatzteillogistik das System ZELT entwickelt (vgl. Maly und Frank 1989, S.146-148).

Auftragsabwicklungsprozesse - durch Transaktionssysteme unterstützt - sind z.B. als elektronische Kundenbedienstationen bei Banken bekannt. In ähnlicher Weise erhält die Firma Baxter Healthcare (früher American Hospital Supply) Kundenaufträge von Krankenhäusern, Arztpraxen und ähnlichen Institutionen via bei den Kunden aufgestellten Computern (vgl. Mertens und Plattfaut 1986, S.10).

Aufbau und Pflege von Kundenbeziehungen betreffen u.a. Wartungsaktivitäten an gelieferten Produkten: Fahrstühle der Firma OTIS sind mit einem automatischen Fehlermeldesystem ausgestattet. Dadurch werden automatisch Wartungstechniker alarmiert und über die aufgetretenen Fehler informiert.

In **Entwicklungsprozessen** erforderlicher überbetrieblicher Informationsaustausch zwischen Kooperationspartnern wird in den USA durch das DARPA-Netzwerk unterstützt. Hierauf haben Forschungsinstitute Zugriff, welche von der Defense Advanced Research Project Agency (DARPA), einer Institution des US-amerikanischen Verteidigungsministeriums gefördert werden (vgl. Spaniol und Kauffels 1990, S.901).

Darüber hinaus lassen sich auch Beispiele für auf **Informationspartnerschaften** basierenden virtuellen Unternehmungen aufgezeigen: Benetton unterstützt z.B. **Leistungserstellungsprozesse** (vgl. Pümpin und Steinbach 1988, S.13): Alle Verkaufsfilialen von Benetton haben gemeinsam Zugriff auf einen zentralen Computer. Warenbewegungen werden zentral erfaßt, und gängige Produkte werden in kurzer Zeit produziert und durch ein elektronisches Lagerbewirtschaftungssystem unterstützt ausgeliefert.

Auftragsabwicklungsprozesse werden z.B. beim Point-of-Sale-(POS)-Banking von Kreditkartenfirmen - auch als electronic cash bezeichnet - durch einen zentralen Informationsbestand über die Kunden unterstützt. Unabhängig davon wo, wofür und wann eine Kreditkarte in Anspruch genommen wird, wird online Information aus dem zentralen Datenbestand über die Kreditwürdigkeit des Kunden abgefragt (vgl. Wesseler 1991, S.27). Bundesweit wurden seit der Einführung von POS-Banking im April 1990 rund 10000 Terminals installiert (Stand: Mitte 1992, vgl. Terrahe 1991, S.313). Marktführer ist die Gesellschaft für Zahlungssysteme (GZS), eine Gemeinschaftsgründung des deutschen Kreditgewerbes.

Viele zukünftige Anwendungen von Informationspartnerschaften werden beim **Aufbau und der Pflege von Kundenbeziehungen** erwartet (vgl. Grove u.a 1994, S.61): Elektronische Produktkataloge ermöglichen Kunden eine systematische Suche im Produktspektrum eines Herstellers und anschließend häufig auch eine automatische Bestellung (vgl. Steppan 1990, S.58). In elektronischen Märkten werden Produkte unterschiedlicher Hersteller in einem elektronischen Katalog geführt, wodurch Kunden zwischen verschiedenen Angeboten auswählen können (vgl. Konsynski und McFarlan 1991, S.57).

Manche Autoren sehen im Aufbau virtueller Unternehmungen für die Zukunft den größten wirtschaftlichen Einsatzbereich von IKT (vgl. Grove u.a. 1994, S.61), manche erwarten sogar ein größeres Potential als durch innerbetriebliches Business-Process-Redesign (vgl. Venkatraman 1991, S.146).

4.3.1.2 Sachbezogene Prozeßlenkung - Prozeßsteuerung: Workflowmanagement, Workgroup-Computing

Betriebliche Prozesse lassen sich sachbezogen nicht nur neu gestalten, sondern durch IKT-Unterstützung werden auch neue Koordinationsformen für die **Prozeßsteuerung** anwendbar. Die Koordination des Ressourceneinsatzes in betrieblichen Prozessen läßt sich durch IKT-Einsatz wirkungsvoller gestalten. Rockart und Short heben die Bedeutung der Koordination hervor (1991, S.193): *"The* *firm's ability to continously improve the effectiveness of managing interdependence is the critical element in product, service, or strategy innovations in the marketplace ... and in effectively responding to new competitive threats."*

Peter Ulrich schildert die Auswirkungen der IKT-Unterstützung, speziell auf die Koordination von Mitarbeitern (1991, S.160): *"... der traditionelle 'Dienstweg' weicht dem organisatorischen Prinzip der direkten Interaktion und Selbstkoordination zwischen arbeitsteilig kooperierenden Sachbearbeitern oder Fachspezialisten. Ebenso weichen bisherige ablauforganisatorische Zwänge weitgehend dem Prinzip der individuellen Zeitsouveränität, da die elektronische Speicherbarkeit aller IuK-Vorgänge (Informations- und Kommunikationsvorgänge, Anm. d. Verf.) die teilweise Entkoppelung von betrieblichen Abläufen und individuellem Arbeitsstil und -rhythmus erlaubt."*

Mit IKT-unterstützter Prozeßsteuerung befassen sich neuere Ansätze des *"Computer Supported Cooperative Work (CSCW)"* (vgl. Lewe und Krcmar 1991; Krcmar 1992; Nastansky und Hilpert 1993; Elgass und Krcmar 1994; Hasenkamp und Syring 1994). Zwei unterschiedliche CSCW-Ansätze seien hier dargestellt (vgl. Hasenkamp und Syring 1994, S.26-28):

- **Workflowmanagement** im engeren Sinne unterstützt die Abwicklung arbeitsteiliger Büro- und Verwaltungsprozesse durch computergestützte Dokumentenmanagementsysteme. Workflowmanagementsysteme integrieren die arbeitsteilig erbrachten Ergebnisse einzelner Aktivitäten zu einem Gesamtergebnis.

- **Workgroup-Computing** unterstützt die Kommunikation in Arbeitsgruppen. Workgroup-Computing-Systeme ermöglichen mehreren Mitarbeitern gemeinsam eine Aufgabe zu lösen, und zwar unabhängig von der Entfernung ihrer Arbeitsorte und unabhängig von Arbeitszeitdifferenzen. Workgroup-Computing-Systeme knüpfen an Kommunikationsstrukturen in Arbeitsgruppen an.

Durch **Workflowmanagement** lassen sich betriebliche Prozesse im Büro- und Verwaltungsbereich computerunterstützt analog zur Steuerung von Produktionsprozessen koordinieren. Die Prozesse können mehr oder weniger vorstrukturiert sein (vgl. Nastansky und Hilpert 1993, S.5-9), mindestens sollte die Input-Output-Struktur bekannt sein. Workflowmanagement im Sinne einer Vorgangssteuerung erfordert zudem einen bekannten Ergebniszusammenhang der Aktivitäten, z.B. in Form eines Netzplans.

Manche Autoren fassen den Begriff des Workflowmanagements ähnlich weit wie den des Business-Process-Redesign (vgl. Heilmann 1994, S.13-16). Daher sei hier **im engeren Sinne** mit Workflowmanagement nur eine IKT-unterstützte Prozeßsteuerung bezeichnet, nicht aber die Prozeßinnovation durch IKT-Einsatz (vgl. Abschnitt 4.3.1.1). In diesem Sinne argumentieren auch Elgass und Krcmar. Sie bezeichnen mit Workflowmanagement (Elgass und Krcmar 1994, S.68): *"... die Computerunterstützung eines Teams von Mitarbeitern ..., die mit der Durchführung arbeitsteiliger Prozesse im Bürobereich betraut sind. Workflow-Systeme zeichnen sich durch eine direkte und aktive Unterstützung des Teams sowie durch die Automation und Koordination des Ablaufs der Prozesse aus."*

Im Gegensatz zum Workflowmanagement knüpft **Workgroup-Computing** weder an die Input-Output-Struktur noch an den Ergebniszusammenhang der Aktivitäten an (vgl. Nastansky und Hilpert 1993, S.5). Im Mittelpunkt steht eine IKT-unterstützte Kommunikation in Gruppen bei der Bearbeitung einer gemeinsamen Aufgabe. Durch Workgroup-Computing lassen sich Arbeitsgruppen räumlich und zeitlich entkoppeln, und Gruppenprozesse lassen sich moderieren. Drei Kategorien des Workgroup-Computing lassen sich unterscheiden (vgl. Lewe und Krcmar 1991, S.346):

- Zusammenarbeit zur gleichen Zeit am gleichen Ort - **Sitzungsmoderation**: Workgroup-Computing unterstützt z.B. die Präsentation von Vorträgen, ermöglicht eine Simulation im Sinne von What-if-Analysen bei der Entscheidungsfindung in Gruppen oder bietet ein allen Sitzungsteilnehmern unmittelbar zugängliches Flipchart, z.B. beim Brainstorming (vgl. hierzu Tsuchiya 1992; Petrovic und Krickl 1993; Galupe und Cooper 1994).

- Zusammenarbeit zur gleichen Zeit an unterschiedlichen Orten - **virtuelle Konferenz**: Workgroup-Computing ermöglicht virtuelle Konferenzen von Teilnehmern, die sich an unterschiedlichen Orten befinden. Beispielsweise läßt sich so die knappe Zeit von Experten besser nutzen: Bei der Fluggesellschaft SAS arbeiten Flugzeugexperten mit Wartungstechnikern zukünftig in einer elektronischen Arbeitsumgebung zusammen. Wartungstechniker reparieren Flugzeuge vor Ort und halten bei Bedarf IKT-unterstützt Rücksprache mit Flugzeugexperten, und zwar sowohl per Telefon als auch mit einem für beide Gesprächspartner sichtbaren und manipulierbaren elektronischen Zeichenbrett, auf dem sich eine technische Zeichnung des Flugzeugs befindet (vgl. Kirsche u.a. 1993). Ähnliche Anwendungen werden auch in der Medizin erprobt, wo Herzspezialisten aus aller Welt kurzfristig unter Vorlage von Röntgenaufnahmen etc. um Rat gefragt werden können.

- Zusammenarbeit zu unterschiedlichen Zeiten am gleichen oder an unterschiedlichen Orten - **elektronischer Briefkasten**: Workgroup-Systeme ermöglichen das Hinterlegen oder Versenden von Nachrichten zwischen Gruppenmitgliedern. Im einfachsten Fall werden die in Computernetzwerken verfügbaren Electronic-mail-Dienste genutzt (vgl. Abschnitt 4.2.1.1). Für regelmäßig zusammenarbeitende Gruppen mögen IKT-Systeme entwickelt werden, die ein Versenden speziell strukturierter Nachrichten ermöglichen. Beispielsweise unterstützt ein Beschlußkommunikationssystem in der Entwicklungsabteilung eines großen deutschen Automobilherstellers (vgl. Kleinhans 1992) zum einen die Dokumentation von Gremienbeschlüssen in einer Beschlußdatenbank. Zum anderen können die Beschlüsse computergestützt an alle betroffenen Projektteilnehmer weitergeleitet werden. Die Beschlußdokumente sind vorstrukturiert, und Verteiler für die Beschlußversendung sind in Abhängigkeit von typischen Beschlußinhalten vorgefertigt.

4.3.2 Maßnahmen personenbezogener Erneuerung

Maßnahmen personenbezogener Erneuerung verändern den Ressourceneinsatz, d.h. die Arbeitsverteilung in betrieblichen Prozessen und die Ablaufstruktur betrieblicher Prozesse sowie deren Koordinationsform. Hierauf zielen neuere Ansätze zur **Prozeßorganisation** und zur **Prozeßführung**. Solche Ansätze prozeßorientierter Organisation streben eine *"Integration stellenübergreifender Prozeßabläufe"* an (Gaitanides 1992, Sp.10). Striening konkretisiert (1988, S.28): *"Das Ziel ist die Sicherstellung des optimalen Zusammenwirkens aller Funktionen, und zwar unabhängig von ihrer aufbauorganisatorischen Positionierung."* Und Müller-Merbach (vgl. 1993b) resümiert die Vielfalt prozeßorientierter Ansätze (1994c, S.13): *"Eines ist diesen Lehren gemein: Das Überwinden der funktionsorientierten Trennung durch das Gestalten zusammenhängender Prozesse."*

Prozeßorganisation und Prozeßführung umfassen unterschiedliche Maßnahmen personenbezogener Erneuerung (vgl. Bild 4.9):

- **Prozeßorganisation** beinhaltet Maßnahmen zur **Strukturierung von Arbeitsabläufen** (Abschnitt 4.3.2.1). Gaitanides empfiehlt den Entwurf einer prozeßorientierten **Arbeitsverteilung**. Ablaufstrukturen lassen sich in dreierlei Hinsicht verändern: Vor allem durch IKT-Einsatz lassen sich Aktivitäten zeitlich und räumlich entkoppeln, also erstens zeitlich parallelisieren und zweitens räumlich verlagern. Drittens können Aktivitäten eliminiert werden, z.B. wegen gewandelter Kundenanforderungen oder wegen neuer technischer Möglichkeiten.

- Durch **Prozeßführung** werden an einem betrieblichen Prozeß beteiligte Mitarbeiter koordiniert (Abschnitt 4.3.2.2). Zwei Formen der Prozeßführung seien hier aufgezeigt, und zwar **Prozeßteams** und **Prozeßverantwortliche**.

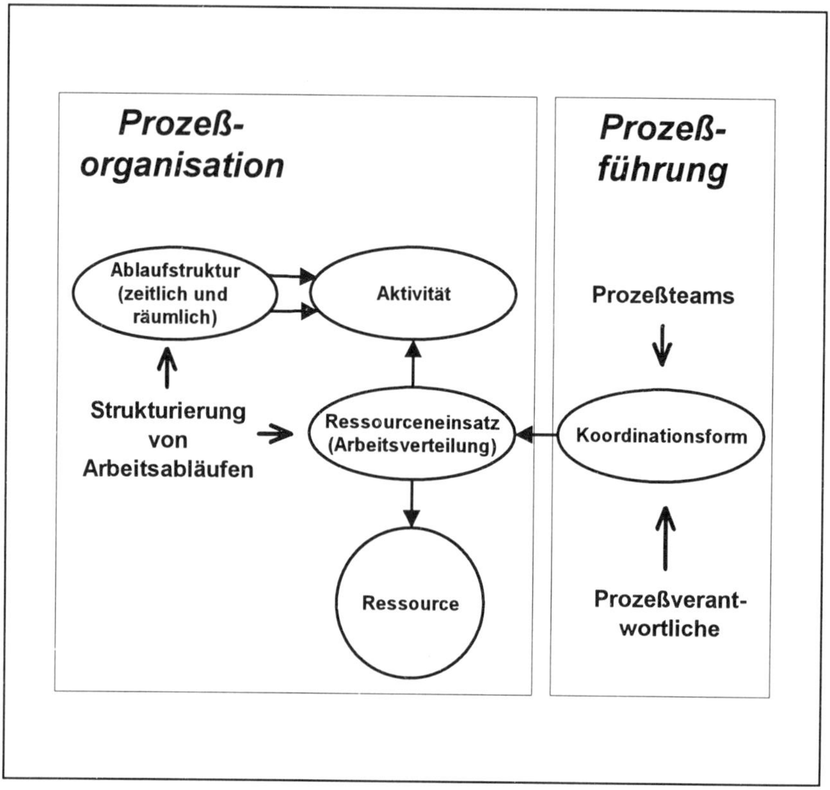

Bild 4.9: Maßnahmen personenbezogener Erneuerung - Prozeßorganisation und Prozeßführung

4.3.2.1 Personenbezogene Prozeßgestaltung - Prozeßorganisation: Strukturierung von Arbeitsabläufen

Maßnahmen der Prozeßorganisation zielen auf eine **Strukturierung von Arbeitsabläufen**. Hierbei geht es um die Überwindung der Nachteile funktionaler Arbeitsteilung (vgl. Abschnitt 2.1.2) bei der Prozeßdurchführung durch entsprechendes Gestalten der Arbeitsverteilung und der Ablaufstruktur betrieblicher Prozesse:

- Die **Arbeitsverteilung** betrieblicher Prozesse weist einzelnen Mitarbeitern Aktivitäten in betrieblichen Prozessen zu. Anknüpfend an den Ansatz zur Prozeßorganisation von Gaitanides (vgl. 1983) wird eine Verteilung möglichst umfassender, inhaltlich zusammenhängender Abschnitte von Prozessen auf einzelne oder Gruppen von Mitarbeitern empfohlen. Zwei Formen prozeßorientierter Arbeitsverteilung werden hier unterschieden: Einerseits können Prozesse als Ganzes von einem Mitarbeiter bearbeitet werden. Diese werden häufig als **Case Manager** (vgl. Davenport und Nohria 1994) oder als ganzheitliche Sachbearbeiter (vgl. Benthien 1989, S.159) bezeichnet. Andererseits können Prozesse als Ganzes von einer Arbeitsgruppe bearbeitet werden, die häufig als **Arbeitsinseln** (vgl. Bühner 1986, S.8; Keller 1993, S.167) bezeichnet werden.

- Die **Ablaufstruktur** betrieblicher Prozesse bestimmt die zeitliche Reihenfolge und die räumliche Verteilung von Aktivitäten eines Prozesses (vgl. Kosiol 1966, S.79). Ablaufstrukturen können in dreierlei Hinsicht verändert werden: Miteinander verknüpfte Aktivitäten lassen sich zeitlich und räumlich entkoppeln, also zeitlich **parallelisieren** und räumlich **verlagern**. Schließlich können Aktivitäten **eliminiert** werden.

Für eine prozeßorientierte **Arbeitsverteilung** plädiert insbesondere Gaitanides (1983, S.62): *"In diesem Sinne soll unter Prozeßorganisation eine 'prozeßorientierte Organisationsgestaltung' verstanden werden, in der die Stellen- und Abteilungsbildung unter Berücksichtigung spezifischer Erfordernisse des Ablaufs betrieblicher Prozesse ... konzipiert werden."* Demgegenüber werden gemäß bisher vorherrschender funktionaler Arbeitsteilung die Aufgaben in betrieblichen Prozessen nach fünf Kriterien auf Leistungsträger verteilt (vgl. Kosiol 1966, S.62-64):

- **Verrichtung**: Prozesse werden in typische **Tätigkeitsarten** gegliedert, und einzelne Leistungsträger sind auf bestimmte Tätigkeiten spezialisiert, z.B. Drehen, Fräsen, Materialbeschaffung.

- **Objekt**: Prozesse werden ausgehend vom Endergebnis in Zwischenergebnisse bis hin zum Input gegliedert, und einzelne Leistungsträger sind auf die Erstellung einzelner **Objekte** spezialisiert, z.B. die Herstellung bestimmter Rohteile, Halbzeuge, Baugruppen oder die Endmontage bestimmter Fertigprodukte.

- **Rang**: Prozesse werden in **Entscheidungs-** und **Ausführungsaufgaben** gegliedert und einzelne Leistungsträger sind entweder als leitende Stellen auf Entscheidungsaufgaben oder als ausführende Stellen auf Ausführungsaufgaben spezialisiert.

- **Phase**: Prozesse werden gegliedert in Phasen der **Planung**, **Durchführung** und **Kontrolle**, und einzelne Leistungsträger sind auf Planungs-, Durchführungs- und Kontrollaufgaben spezialisiert, z.B. Controller auf Planungs- und Kontrollaufgaben, Qualitätsverantwortliche auf Kontrollaufgaben etc.

- **Zweckbeziehung**: Prozesse werden gegliedert in **primäre Aktivitäten** und **sekundäre Aktivitäten,** und einzelne Mitarbeiter sind entsprechend spezialisiert auf Aktivitäten, die unmittelbare zum Prozeßergebnis beitragen, und solche, die anderere Mitarbeiter bei der Aufgabenerfüllung unterstützen bzw. deren Aufgabenerfüllung ermöglichen, z.B. als Maschineneinrichter, Instandhalter, Werkzeugmacher etc.

Eine solche funktionale Arbeitsverteilung mag bestimmte Vorteile haben (vgl. Abschnitt 2.3.1). In bezug auf eine wirkungsvolle Prozeßdurchführung sind aber auch Probleme damit verbunden, hauptsächlich die Koordination der an einem Prozeß beteiligten Mitarbeiter betreffend. Durch eine prozeßorientierte Arbeitsverteilung werden solche Probleme zu vermeiden versucht. Im Ergebniszusammenhang betrieblicher Prozesse miteinander verknüpfte Bündel von Aktivitäten werden auf einzelne oder auf Gruppen verteilt. Im Extremfall bearbeiten einzelne Mitarbeiter oder Gruppen Prozesse als Ganzes:

- **Case Manager** bearbeiten Prozesse komplett. Ansätze einer umfassenden Sachbearbeitung sind häufig mit einer Spezialisierung in anderer Richtung verbunden, vor allem auf bestimmte Kundengruppen (vgl. Frese und Werder 1989, S.21; Benthien 1989, S.159-161; Hammer und Champy 1993, S.62; Scholz 1993, S.169; Davenport und Nohria 1994, S.15), beim "Key-Account-Management" sogar auf einzelne Schlüsselkunden einer Unternehmung.

- **Arbeitsinseln** sind Gruppen von Leistungsträgern, die komplett einen Prozeß durchführen (vgl. Bühner 1986, S.8; Keller 1993, S.167).

In vielen Fällen wird sich kaum eine komplette Bearbeitung von Prozessen durch einzelne oder Gruppen realisieren lassen. Gleichwohl wird hier für eine Arbeitsteilung nach Kriterien der Prozeßdurchführung statt nach den klassischen funktionalen Gesichtpunkten plädiert, soweit die Qualifikation und Motivation sowie die Verantwortungsfähigkeit und -bereitschaft der Mitarbeiter bzw. deren Leistungsverstärkung durch IKT-Einsatz dies zulassen.

Über Aspekte der Arbeitsverteilung hinaus lassen sich Prozesse auch im Hinblick auf ihre **Ablaufstruktur** erneuern. Die Ablaufstruktur betrieblicher Prozesse umfaßt die zeitliche Reihenfolge und die räumliche Verteilung von Aktivitäten. Drei Veränderungsformen der Ablaufstruktur werden unterschieden:

- **Parallelisierung von Aktivitäten** zielt auf eine Entflechtung von Prozeßketten.

- **Verlagerung von Aktivitäten** ermöglicht sowohl deren räumliche Zentralisation als auch Dezentralisation.

- **Elimination von Aktivitäten** bezweckt eine Bereinigung von Prozessen um nicht mehr benötigte Aktivitäten.

Parallelisierung von Aktivitäten verringert die Durchlaufzeiten betrieblicher Prozesse. Starke funktionale Arbeitsteilung führt häufig zu langen Verrichtungsketten von Aktivitäten betrieblicher Prozesse. In solchen Verrichtungsketten treten vielfach Wartezeiten vor der nächsten Bearbeitungsstation auf, was zu langen Durchlaufzeiten führt. Daher sollten Aktivitäten betrieblicher Prozesse möglichst parallel abgewickelt werden. Hammer und Champy sprechen in diesem Zusammenhang von *"Delinearizing"* (vgl. Hammer und Champy 1993, S.54). Auf zwei Arten der Parallelisierung sei hier hingewiesen:

Zum einen können Aktivitäten z.B. durch eine elektronische Dokumentenbearbeitung nach dem Prinzip des Workgroup-Computing (vgl. Abschnitt 4.3.1.2) parallelisiert werden. Während Akten in Verwaltungsvorgängen häufig nur als Ganzes in einer linearen Kette von Verwaltungsaktivitäten weitergereicht werden, können durch eine computergestützte Sachbearbeitung von Verwaltungsvorgängen einzelne Aktivitäten parallelisiert werden.

Zum anderen können Prozesse in parallele Prozeßvarianten aufgeteilt werden. Hierdurch lassen sich **parallele Prozesse** gestalten, die auf die Bedürfnisse unterschiedlicher Kundengruppen zugeschnitten sind statt ohne Berücksichtigung von speziellen Kundenbedürfnissen als generalisierte Prozesse abzulaufen. Davenport argumentiert (1993, S.124) : *"It is often not very useful to treat all customers equally; ... It is much more valuable to select a limited set of customers, based on their importance to the firm ..."* Unterschiedliche Prozeßvarianten erhöhen zwar den Koordinationsaufwand und dadurch die Prozeßkosten, hierzu sei jedoch ein Argument Warneckes angeführt (1992, S.106 und 108): *"Vereinfachung und Spezialisierung sind ein Weg, der andere: Komplexität beherrschen, wenn der Markt sie erfordert ... In der Vielfalt sind Information und Kommunikation der Engpaß. Sie müssen beherrscht werden."*

Als weitere Veränderungsform der Ablaufstruktur sei auf die **Verlagerung von Aktivitäten** hingewiesen. Verlagerung beinhaltet sowohl die **räumliche Zentralisation und Dezentralisation** von Aktivitäten als auch die Verlagerung kompletter Prozesse:

Eine **räumliche Zentralisation**, also räumliche Bündelung von Aktivitäten bietet sich an zur besseren Auslastung einzelner Mitarbeiter. Eine **Zentralisation von Aktivitäten** zur besseren Auslastung z.B. unterstützender Leistungsträger wird bei Verwaltungsleistungen besonders durch den Einsatz von IKT ermöglicht. Griese berichtet von der Zentralisation und gleichzeitigen Verlagerung von Buchhaltungsaktivitäten aus Kostengründen nach Indien, ebenso von einer

Verlagerung von Rechenzentrumsleistungen nach Irland und von einer weltweit zentralen Beschaffung (vgl. Griese 1993, S.284). Kilian-Momm bezeichnet solche Maßnahmen als die Einrichtung von *"Satellitenbüros"* (1988, S.59). Eine **räumliche Dezentralisation von Aktivitäten**, also deren räumliche Verteilung, bietet sich an z.B. zur Erhöhung der Kundennähe. Dies umfaßt den Einsatz beim Kunden tätiger Außendienstmitarbeiter ebenso wie ein dezentrales Controlling.

Eine **Verlagerung kompletter Prozesse**, z.B. aus Kosten-, Zeit- oder Qualitätsgründen, wird bereits vielfach praktiziert: Kundennahe Leistungserstellung aus Gründen kurzer Lieferzeiten, gemeinsame Entwicklungsprojekte vor Ort beim Kunden zur Steigerung der Entwicklungsqualität gehören hierzu. Kostengründe können auch für eine Verlagerung kompletter Prozesse ins Ausland sprechen. Beispielsweise lagern einige amerikanische Firmen ihre Softwareentwicklungsaktivitäten aus Kostengründen nach Indien aus (vgl. Griese 1993, S.284).

Ähnlich plädiert Berger für eine Reorganisation von Wertschöpfungsaktivitäten bundesdeutscher Firmen, so daß lediglich Kernaktivitäten zentral im Heimatland verbleiben. Berger nennt dies die **Konzentration auf Systemkopf-Aktivitäten** (Berger 1994, S.12): *"Deutschland muß seine Wertschöpfung auf 'Systemkopf-Aktivitäten' umstellen und seine Industrie zum Systemintegrator einer weltweit tätigen Wertschöpfungsstruktur entwickeln. Unser Arbeitskostenniveau ist tragbar für die hochintelligenten, kreativen Arbeiten wie Erfinden, Entwickeln und Konstruieren, die Fertigung von technologischen Herzstücken, Spitzenprodukten und Pilotserien sowie Logistik, Financial Engineering und globales Marketing. Die ausführenden arbeitsintensiven Tätigkeiten sind - von hier aus gesteuert - in die Schwellen- und Entwicklungsländer zu verlagern. Dort geht es darum für 80% der Weltbevölkerung, die heute weniger als 20% des Bruttosozialprodukts erzeugen, Arbeit und Wohlstand zu schaffen. Die dafür notwendigen 'Systemkopf-Aktivitäten' reichen aus, um unsere Beschäftigung zu sichern."*

Als dritte Veränderungsform der Ablaufstruktur betrieblicher Prozesse sei die **Elimination von Aktivitäten** genannt. Aktivitäten können überflüssig werden, weil sich die Leistungsanforderungen ändern, Ist-Leistungsbedarfe nicht mehr dem ursprünglich Geplanten entsprechen etc. Hierfür sei eine regelmäßige Bereinigung von Prozessen durch Maßnahmen der *"Prozeßwertanalyse"* (T. Fischer 1993, S.315) empfohlen (vgl. Hammer und Champy 1993, S.59-59). Im Mittelpunkt stehen dabei hinsichtlich jeder Aktivität zwei Fragen: Erstens: "Wäre ein Kunde bereit, für diese Aktivität zu bezahlen?" Zweitens: "Ist diese Aktivität notwendige Voraussetzung für andere Aktivitäten?"

4.3.2.2 Personenbezogene Prozeßlenkung - Prozeßführung: Prozeßteams, Prozeßverantwortliche

Prozeßführung koordiniert an einem betrieblichen Prozeß beteiligte Mitarbeiter hinsichtlich der Erreichung angestrebter Prozeßergebnisse. Neuere Ansätze zur Prozeßführung wurden insbesondere populär durch japanische Erfolge mit Gruppenkonzepten. Und auch neuere Managementkonzepte des *"Total Quality Management"* (vgl. Ritter und Zink 1992), des *"Reengineering"* (vgl. Ostroff und Smith 1992, S.155; Davenport 1993, S.129; Hammer und Champy 1993, S.51) knüpfen an der Prozeßführung an. Das bei IBM praktizierte *"Prozeßmanagement"* (vgl. Striening 1988a, S.164-166, und 1988b) liefert zusätzliche neue Impulse für die Prozeßführung. Zwei Formen der Prozeßführung werden hier diskutiert:

- **Prozeßteams** stimmen sich untereinander in bezug auf eine gemeinsame Ergebniserreichung ab.

- **Prozeßverantwortliche**, *"(Process Owner)"* (Striening 1988, S.164; Scholz 1993, S.165-166), sind eigens mit der prozeßbezogenen Koordination von Mitarbeitern betraut.

Prozeßteams können zu unterschiedlichen Zwecken eingesetzt werden. In der klassischen funktionalen Organisation sind Teamkonzepte vor allem in bezug auf die Projektdurchführung in Projektteams und die gemeinsame Entscheidungsfindung in Entscheidungsgremien bekannt. Darüber hinaus werden hier vier prozeßorientierte Teamkonzepte aufgezeigt, die sich für unterschiedliche Koordinationsaufgaben einsetzen lassen (vgl. Ritter und Zink 1992, S.256-262; Zink, Ritter, Thul 1993b, S.20):

- **Teilautonome Arbeitsgruppen** koordinieren ihre Zusammenarbeit in betrieblichen Prozessen weitgehend selbständig (vgl. Abschnitt 2.1.2). Beispiele hierfür sind die Gruppenkonzepte in der Fertigung bei Volvo und bei Toyota. Ähnlich wird auch die Zusammenarbeit in Arbeitsinseln (vgl. Abschnitt 4.3.2.1) koordiniert.

- **Problemlösungsgruppen** versuchen, in begrenzter Zeit spezielle bei der Prozeßdurchführung auftretende Probleme zu lösen. Solche Probleme können innerhalb eines Prozesses auftauchen oder an Schnittstellen zu anderen Prozessen. Im zweiten Fall werden die Gruppen auch als Task-Forces bezeichnet.

- **Prozeßinnovationsteams** zielen in speziellen, zeitlich befristeten Projekten auf den Erwerb und die Vermittlung neuen Wissens zur Verbesserung und Erneuerung betrieblicher Prozesse.

- Dauerhaft eingerichtete **Kleingruppen** mit wechselnden Themen ergänzen die zeitlich befristeten Gruppen hinsichtlich eines regelmäßigen Informations- und Erfahrungsaustauschs.

Der Selbstkoordination im Team steht der Einsatz von Prozeßverantwortlichen gegenüber. **Prozeßverantwortliche** koordinieren Mitarbeiter in einem Prozeß über Abteilungs- und Bereichsgrenzen hinweg. Striening erläutert (1988, S.166): *"Die bestehende Stabs-/Linien-Organisation und die Bereichslinien sowie die damit verbundenen Vorgesetztenverhältnisse werden durch den Prozeß-Verantwortlichen nicht etwa ersetzt, sondern ergänzt, also zusätzlich zum Bestehenden überlagernd implementiert."* Ähnlich plädieren auch andere Autoren für eine Übertragung von Prozeßverantwortung auf einzelne Mitarbeiter (vgl. Ostroff und Smith 1992, S.158; Gomez und Zimmermann 1993, S.197).

4.3.3 Maßnahmen zielbezogener Erneuerung

Maßnahmen zielbezogener Erneuerung verändern die strategischen Ziele und das zugrundeliegende Wertesystem für die Prozeßgestaltung und -lenkung. Einerseits betrifft dies generelle Rahmenbedingungen der Erneuerung hinsichtlich zu berücksichtigender Interessengruppen und deren Einbeziehung in die Prozeßgestaltung und -lenkung sowie hinsichtlich langfristig anzustrebender Ziele der Erneuerung. Andererseits sollten Maßnahmen zur Vermittlung der Ziele und des zugrundeliegenden Wertesystems an alle Beteiligten ergriffen werden.

Dies sollte durch entsprechende Maßnahmen der **Prozeßänderung** und **Prozeßvermittlung** gefördert werden (vgl. Bild 4.10):

- **Prozeßänderung** schafft inhaltliche **Leitlinien** und formale **Grundsätze der Erneuerung** (Abschnitt 4.3.3.1). Inhaltlich werden die zu berücksichtigenden Interessengruppen und die langfristig angestrebten Erneuerungsziele konkretisiert. Formal werden Regeln für die Partizipation von und den Dialog mit Interessengruppen formuliert.

- **Prozeßvermittlung** kommuniziert allen Prozeßbeteiligten die Leitlinien und Grundsätze der Erneuerung (Abschnitt 4.3.3.2). Dies führt einerseits zur Identifikation der Mitarbeiter mit den Zielen. Andererseits gibt Prozeßvermittlung eine Orientierung für selbständiges Handeln der Prozeßbeteiligten und ermöglicht so die Delegation von Verantwortung. Zwei in der Literatur diskutierte Ansätze zur Prozeßvermittlung werden hier erläutert, und zwar **Policy Deployment** (vgl. Imai 1993, S.178-190) und **Kunden-Lieferanten-Vereinbarungen** (vgl. Striening 1988, S.208-209; Zink und Schildknecht 1992, S.722; Schildknecht 1992, S.126-130).

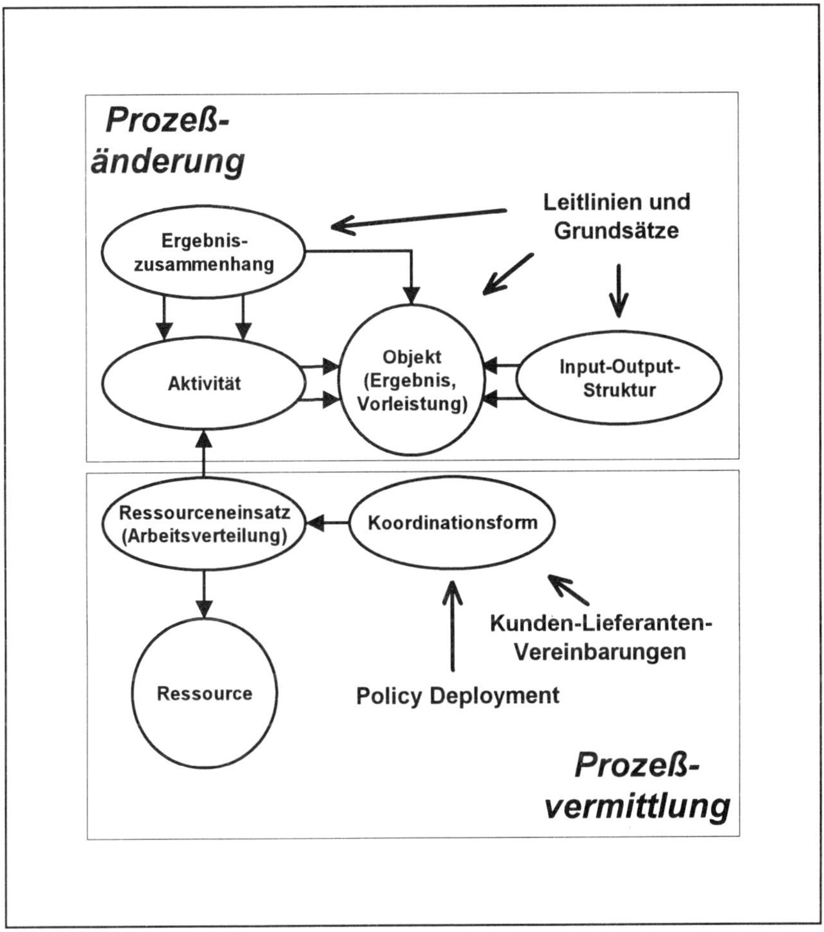

Bild 4.10: Maßnahmen zielbezogener Erneuerung - Prozeßänderung und Prozeßvermittlung

4.3.3.1 Zielbezogene Prozeßgestaltung - Prozeßänderung: Leitlinien und Grundsätze der Erneuerung

Prozeßänderung schafft geeignete Rahmenbedindungen für die Erneuerung durch entsprechende **Leitlinien** und **Grundsätze der Erneuerung**:

- **Inhaltliche Leitlinien** sollten Angaben über zu berücksichtigende Interessengruppen und Vorstellungen über langfristige Erneuerungsziele enthalten.

- **Formale Grundsätze** sollten Regeln bezüglich der Partizipation von und des Dialogs mit Interessengruppen festlegen.

Bleicher gibt Hinweise zur Aufstellung langfristiger Unternehmungsgrundsätze (vgl. Bleicher 1992, S.189-190): Leitlinien und Grundsätze sollten acht Anforderungen erfüllen. Diese Anforderungen gelten auch im Rahmen der Erneuerung:

- **Allgemeingültigkeit**: Leitlinien und Grundsätze sollten vielfältig anwendbar sein, also auf alle Prozesse.

- **Wesentlichkeit**: Leitlinien und Grundsätze sollten sich auf zukünftig für die Erneuerung Relevantes beschränken.

- **Langfristige Gültigkeit**: Leitlinien sollten für einen längeren Zeitraum Orientierung bieten, statt in ständig wechselnde Richtungen zu weisen.

- **Vollständigkeit**: Leitlinien und Grundsätze sollten nicht nur die zukünftigen Ziele, sondern auch die sie einschränkenden Ressourcen berücksichtigen und Entwicklungspotentiale aufzeigen.

- **Wahrheit**: Leitlinien und Grundsätze sollten der tatsächlichen Auffassung der an der Formulierung Beteiligten entsprechen. Unternehmungsgrundsätze sollten daher nicht bloß zur Image-Pflege oder für PR-Zwecke entworfen werden.

- **Realisierbarkeit**: Leitlinien und Grundsätze sollten keine idealistischen Wunschvorstellungen, "Luftschlösser" aufbauen.

- **Konsistenz**: Leitlinien und Grundsätze sollten in sich konsistent sein, also bei der Umsetzung nicht zu widersprüchlichem Handeln führen.

- **Klarheit**: Leitlinien und Grundsätze sollten so eindeutig formuliert werden, daß die Betroffenen keine "Hohepriester" zur Schriftauslegung benötigen.

Inhaltliche Leitlinien der Erneuerung sollten zum einen zu berücksichtigende Interessengruppen und zum anderen langfristige Erneuerungsziele spezifizieren. Hierbei können **Interessengruppen** einbezogen werden, die unterschiedliche Interessen an einer Unternehmung und an einer Erneuerung der Unternehmung haben (vgl. Staehle 1979, S.36):

- Kapitalgeber erwarten eine Verzinsung des eingesetzten Kapitals,
- Mitarbeiter erwarten materielle Sicherheit und Einkommen sowie Möglichkeiten zur Selbstverwirklichung,
- Lieferanten erwarten eine pünktliche Zahlung und angemessene Preise,
- Kunden erwarten nützliche Produkte und Dienstleistungen,
- staatliche Organe erwarten Steuereinnahmen,
- Bürgerinitiativen treten für Lebensqualität und das "Allgemeinwohl" ein.

Allgemeingültige Empfehlungen zur Berücksichtigung von Interessengruppen lassen sich nicht formulieren. Gleichwohl zeigen einige Autoren unterschiedliche Ansätze auf:

- Striening empfiehlt eine Orientierung an **Kunden-** und **Mitarbeiter**anforderungen (vgl. Striening 1988, S.111).

- Cypress fordert eine Aufweitung des Blickwinkels über die Ansprüche von Kunden hinaus auf andere Interessengruppen. Er stellt vor allem die **Kapitalgeber** in den Mittelpunkt und fordert *"shareholder value optimization"* (1994, S.23).

- Bleicher ergänzt um die Perspektive einer **umfassenden Verpflichtungspolitik**, eine (1992, S.116) *"...vielseitig an Interessengruppen orientierte leistungswirtschaftliche Unternehmungspolitik mit hoher gesellschaftlicher und sozialer Verantwortung und langfristig verpflichteter Entwicklungshaltung, die unter Orientierung an Verletzbarkeitsrisiken eine unternehmerische Ausrichtung nach neuen Chancen verlangt."*

Inhaltliche Leitlinien der Erneuerung sollten darüber hinaus langfristige **Ziele der Erneuerung** konkretisieren, z.B. als Prozeßvisionen. Davenport erläutert die Bedeutung solcher Visionen (1993, S.119): *"Process visions, like strategies, should be easy to communicate to the organization, nonthreatening to those who must implement (or who are affectet by) them, and as inspirational as measurable targets can be."*

Solche **Prozeßvisionen** sollten für betriebliche Prozesse eine langfristigen Rahmen aufzeigen. Hinsichtlich der Gestaltung der Prozeßstrukturen sollten folgende Fragen beantwortet werden:

- Wie soll langfristig die **Input-Output-Struktur** aussehen? Welche gesellschaftlichen Anforderungen z.B. in bezug auf den Umweltschutz und die Schonung natürlicher Ressourcen könnten relevant sein? Welche Rohstoffe lassen sich recyclen?

- Welche **Produkte und Dienstleistungen** sollten langfristig erstellt werden? Wie sehen zukünftige Kundenanforderungen aus? Wie sieht voraussichtlich das Angebot der Wettbewerber aus?

- Welche Verfahren werden zukünftig die **Ergebniszusammenhänge** betrieblicher Prozesse prägen? Stehen Innovationen in der eigenen Unternehmung oder bei Wettbewerbern in Aussicht?

- Wie sollte zukünftig die **Arbeitsverteilung** in betrieblichen Prozessen aussehen? Welche Erwartungen haben die Mitarbeiter zukünftig hinsichtlich der

Arbeitsinhalte? Wieviel Verantwortung soll zukünftig delegiert werden? Wie soll die Zusammenarbeit organisiert werden?

Grundsätze der Erneuerung sollten formale Regeln als Rahmenbedingungen für die Erneuerung darstellen. Formale Regeln sollten anknüpfend an die zu berücksichtigenden Interessengruppen deren Mitwirkungsrechte (vgl. Abschnitt 4.2.3.1) dokumentieren:

- Welche Interessengruppen sollten **Partizipationsrechte** in welcher Form erhalten?
- Welchen Interessengruppen sollten ein **Anhörungsrecht** gewährt werden?
- Welche Interessengruppen sollten ein **Vetorecht** haben?

4.3.3.2 Zielbezogene Prozeßlenkung - Prozeßvermittlung: Policy Deployment, Kunden-Lieferanten-Vereinbarungen

Prozeßvermittlung kommuniziert die Grundsätze der Erneuerung und ermöglicht so deren Berücksichtigung und Umsetzung. Hierdurch wird das "Ziehen aller Beteiligten an einem Strang" gefördert. Dazu werden hier zwei Vermittlungsformen erläutert:

- Einerseits sollte allen Beteiligten verdeutlicht werden, in welcher "Richtung am gemeinsamen Strang" gezogen wird: Dies kann durch **Policy Deployment** (vgl. Imai 1993, S.178-190) kommuniziert werden.

- Andererseits sollten jedem Beteiligten seine unmittelbaren "Nachbarn am Strang" bekannt sein: Hierzu eignen sich **"Kunden-Lieferanten-Vereinbarungen"** (vgl. Striening 1988, S.208-209; Zink und Schildknecht 1992, S.722; Schildknecht 1992, S.126-130).

Beim **Policy Deployment** werden Erneuerungsziele nach dem Top-down-Prinzip detailliert und konkretisiert (vgl. Imai 1993, S.178; Bleicher 1992, S.117): Beginnend bei der Unternehmungsspitze werden Erneuerungsziele formuliert, für die sich die Unternehmungsspitze verantwortlich zeigt. Sie werden dokumentiert und an die nächste Ebene weitergereicht. Dort werden daran anknüpfend eigene Ziele formuliert, dokumentiert und weitergereicht. Dieser Prozeß wird auf alle Mitarbeiter ausgedehnt. Dies erhöht deren Identifikation mit den gesetzten Zielen und steigert die Transparenz der Zielsetzungen. Im Policy Deployment wirken unterschiedliche Mittel der Führungsethik (vgl. Abschnitt 4.2.3) zusammen, und zwar vorbildliches Handeln, Delegation von Verantwortung und kooperative Aufmerksamkeit in Gruppen:

- **Vorbildliches Handeln** wird dabei demonstriert durch die Initiative des Top-Managements, von dem Policy Deployment ausgeht.

- **Delegation** ermöglicht jedem einzelnen, seine Ziele selbst zu setzen.

- Die Transparenz der von allen gesteckten Ziele läßt die **"kooperative Aufmerksamkeit unter den Beteiligten"** (vgl. Krupinski 1993, S.241) wirksam werden. Diese wirkt einerseits anspornend für jeden einzelnen, andererseits dämpfend in bezug auf überzogene, nicht realisierbare Zielvorstellungen.

Kunden-Lieferanten-Vereinbarungen dokumentieren für jeden Mitarbeiter in Form eines vertragsähnlichen Regelwerks gewünschte Prozeßergebnisse und Kundenanforderungen. Kunden können dabei sowohl unternehmungsexterne als auch unternehmungsinterne Leistungsabnehmer sein (vgl. Schildknecht 1992, S.128; Davenport 1993, S.124). Dadurch wird die Verantwortung von Mitarbeitern für bestimmte Leistungen in einem Vertrag zwischen zwei Parteien festgelegt und inklusive Sanktionen für die Nichterfüllung geregelt.

Zink und Schildknecht erläutern die Wirkungsweise von Kunden-Lieferanten-Vereinbarungen in bezug auf die Qualitätsverantwortung von Mitarbeitern (1992, S.722): *"Qualitätsverantwortung läßt sich dann besser konkretisieren, wenn man weiß, für wen man arbeitet - also seine Kunden kennt. Dies setzt unter anderem voraus, von einer funktionalen zu einer ... prozeßorientierten Arbeitsteilung zu gelangen. Bei einer funktionalen Arbeitsteilung wird die Qualitätsverantwortung dadurch anonymisiert, daß nur eine abteilungsbezogene und keine prozeßorien-*

tierte Kunden-Lieferanten-Beziehung besteht. Bearbeitungsschritte werden - oft ohne Kenntnisse des Gesamtzusammenhangs - durchgeführt und der Auftrag (und damit auch die Qualitätsverantwortung) anonym weitergereicht." Diese grundsätzliche Idee beruht auf dem Prinzip der *"Adressatenverknüpfung"* zur Personifizierung von Anforderungen (Zink 1976, S.656).

5 Methodik: Inhalte, Durchführung und Organisation der Erneuerung

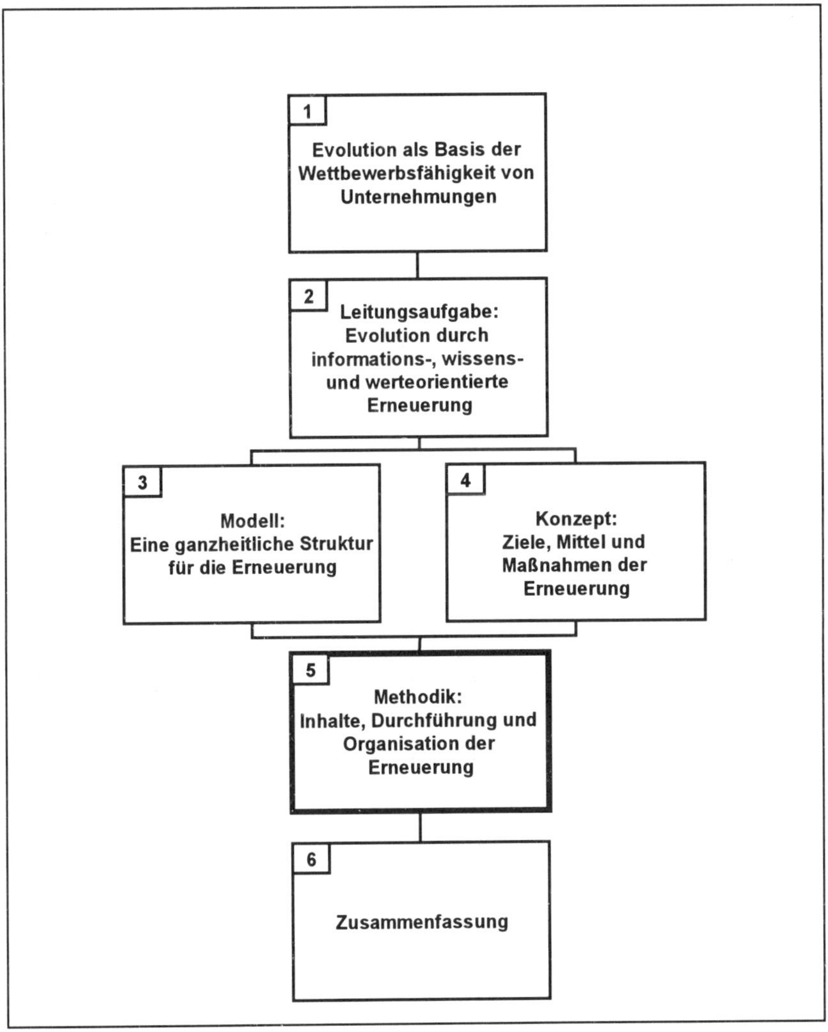

Für die Erneuerung von Unternehmungen wurde ein Modell betrieblicher Prozesse als Orientierung entworfen (vgl. Kapitel 3), und ein Konzept gibt Auskunft über Ziele, Mittel und Maßnahmen der Erneuerung (vgl. Kapitel 4). Modell und Konzept werden in diesem Kapitel um eine Anleitung für eine systematische Vorgehensweise, eine **Methodik** der Erneuerung von Unternehmungen ergänzt. Die Methodik soll Hinweise geben für eine **inhaltliche Gliederung von Erneuerungsprojekten**, für die **Durchführung von Erneuerungsprojekten** und für die **Organisation der Erneuerung** in Unternehmungen.

Eine Methodik soll Erneuerungsaktivitäten in einer Unternehmung zu einer systematischen Vorgehensweise im Ganzen verschmelzen: Einerseits sollten Erneuerungsvorhaben zeitlich befristet als Projekte durchgeführt werden. Solche Projekte sollten unter Einsatz personeller Ressourcen und Sachmittel systematisch geplant und abgewickelt werden (vgl. DIN 1987, S.1; Pietsch 1992, S.5). Andererseits sollten die im Zeitablauf wechselnden und die parallel laufenden Erneuerungsprojekte untereinander koordiniert werden. Dadurch ergeben sich dauerhafte Erneuerungsaktivitäten.

Die Methodik zur Erneuerung von Unternehmungen wird in drei Schritten entwickelt (vgl. Gedankenflußplan zu Kapitel 5 in Bild 5.1):

- **Inhalte von Erneuerungsprojekten** (Abschnitt 5.1) werden in Anlehnung an die "Fünf-Felder-Analyse" nach Müller-Merbach (vgl. 1985c, S.634-637, und 1987b, S.656) gegliedert in **Ziele**, **Mittel**, **Maßnahmen** (Transformation), **Ist-Zustand** und **Soll-Zustand**. Erneuerungsprojekte transformieren betriebliche Prozesse durch den zielgerichteten Einsatz von Mitteln von einem Ist-Zustand in einen Soll-Zustand.

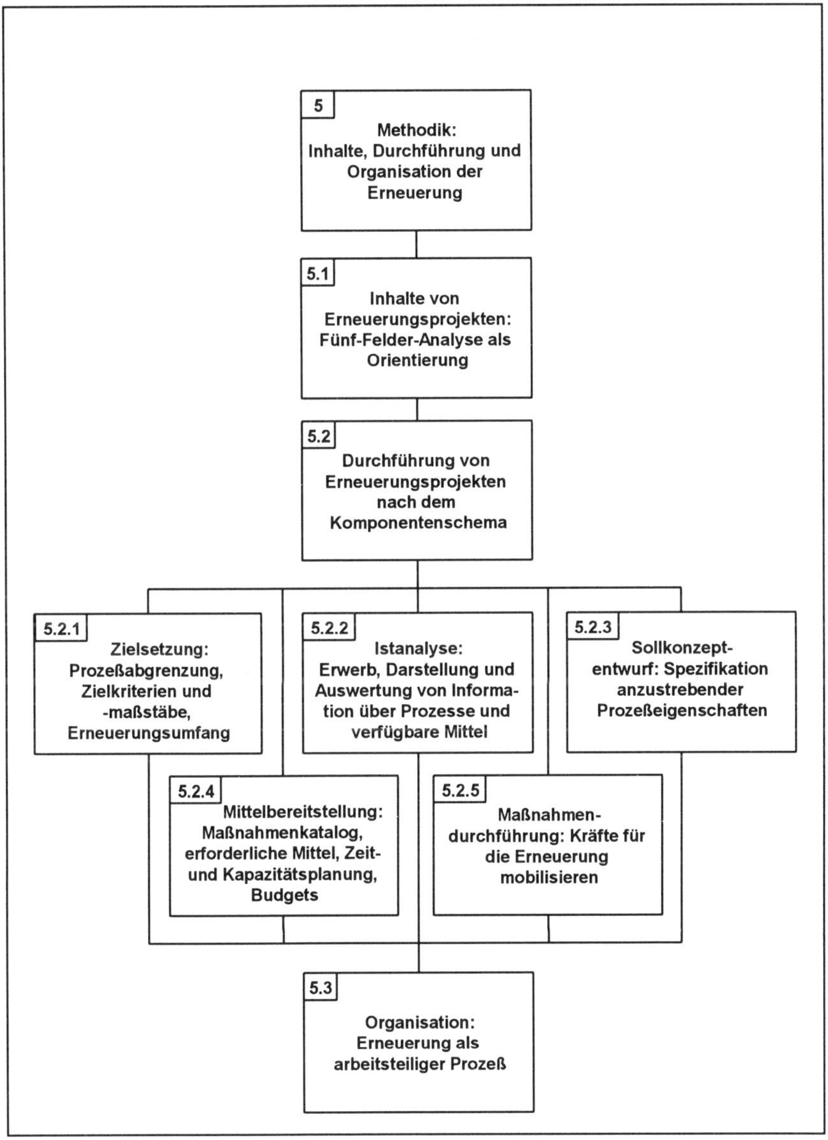

Bild 5.1: Gedankenflußplan zu Kapitel 5

- Die **Durchführung von Erneuerungsprojekten** (Abschnitt 5.2) wird unter Bezug auf das *"Komponentenschema"* nach Müller-Merbach (1979, 1982, 1983b) strukturiert: Erneuerungsprojekte sollten **fünf Komponenten** umfassen, und zwar **Zielsetzung**, **Istanalyse**, **Sollkonzept**, **Mittelbereitstellung** und **Maßnahmendurchführung**. Die fünf Komponenten sollten in gegenseitiger Verzahnung, teilweise zeitlich parallel durchgeführt werden. Die einzelnen Komponenten können sich so gegenseitig inhaltlich befruchten, und die Dauer von Erneuerungsprojekten läßt sich verkürzen.

- Eine **Organisation der Erneuerung** (Abschnitt 5.3) legt die Verantwortlichkeiten für die Erneuerung von Unternehmungen fest. Einerseits müssen Erneuerungsprojekte durchgeführt werden, andererseits müssen Erneuerungsprojekte initiiert, betreut und koordiniert werden. Erneuerungsprojekte sollten einem **Projektteam** und einer **Projektleitung**, gegliedert in **Projektleiter** und **Projektausschuß**, übertragen werden. Erneuerungsprojekte sollten initiiert, betreut und untereinander koordiniert werden durch **dauerhafte Promotoren der Erneuerung**, und zwar ein **Strategiegremium**, eventuell unterstützt von einem **Zentralstab**, mehrere **Förderausschüsse** in unterschiedlichen Unternehmungsbereichen sowie **Kleingruppen** in der gesamten Unternehmung. Promotoren sind nach Witte und Hauschildt die treibenden Kräfte hinter der Erneuerung (vgl. Abschnitt 4.2.2.1 und Hauschildt 1989).

5.1 Inhalte von Erneuerungsprojekten: Fünf-Felder-Analyse als Orientierung

Die Erneuerung von Unternehmungen umfaßt vielfältige Maßnahmen zur zielgerichteten Veränderung betrieblicher Prozesse. Damit die unterschiedlichen Maßnahmen systematisch vorbereitet und durchgeführt werden, sollten Erneuerungsvorhaben als Projekte abgewickelt werden. In manchen Unternehmungen mögen erfahrene Projektleiter wissen, worauf bei der Projektplanung und -durchführung zu achten ist. In anderen Unternehmungen mögen Checklisten und Handbücher dafür existieren. Hier sei als inhaltliche

Orientierung für Erneuerungsprojekte die "Fünf-Felder-Analyse" nach Müller-Merbach (vgl. 1985c, S.634-637, und 1987b, S.656) empfohlen.

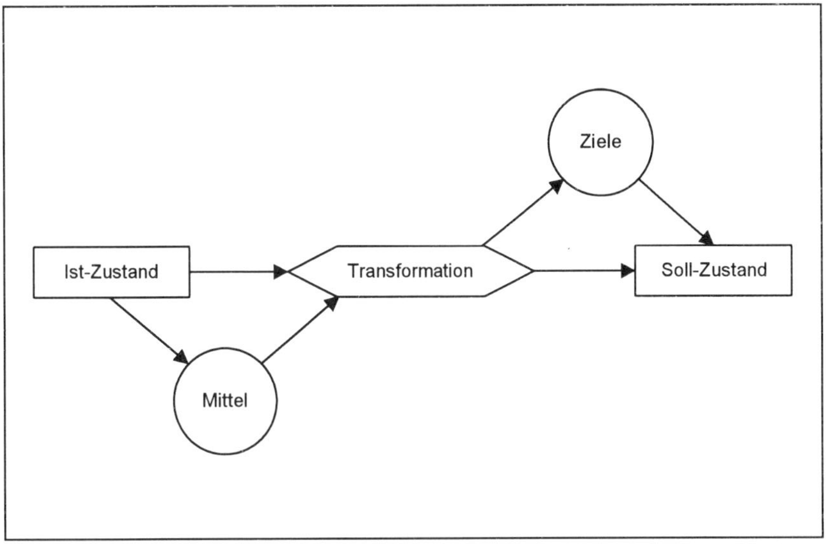

Bild 5.2: Fünf-Felder-Analyse als methodischer Rahmen für Erneuerungsprojekte (vgl. Müller-Merbach 1985c und 1987b)

Unter Bezug auf die **Fünf-Felder-Analyse** sollten Erneuerungsprojekte in fünf wesentliche Inhalte gegliedert werden (vgl. Bild 5.2):

- **Ziele**: Ziele geben die Richtung für Erneuerungsprojekte an. Erneuerung kann sich auf unterschiedliche Ziele richten (vgl. Abschnitt 4.1), z.B. Steigerung der Wirtschaftlichkeit und Qualität, Verkürzung von Durchlaufzeiten, Innovation sowie Menschen- und Umweltgerechtigkeit.

- **Ist-Zustand**: Eine hinreichende Bekanntheit und Vertrautheit mit dem Ist-Zustand ist wesentlich für eine zielgerichtete Erneuerung. Bekannt sein sollten einerseits die zu verändernden Prozesse und andererseits die verfügbaren Mittel für die Erneuerung.

- **Soll-Zustand**: Erneuerung erfordert eine konkrete Skizze des anzustrebenden Sollzustandes betrieblicher Prozesse. Betriebliche Prozesse sollten in bezug auf ihre zukünftig relevanten Eigenschaften entworfen werden.

- **Mittel**: Zur Erneuerung können unterschiedliche Mittel eingesetzt werden, und zwar zukünftig vor allem dreierlei (vgl. Abschnitt 4.2): Erstens kann ein **Informationsmanagement** die IKT-Infrastruktur und IKT-Anwendungen gestalten. Zweitens kann die **Organisationsentwicklung** die Wissensnutzung und den Wissenserwerb in der Unternehmung fördern. Drittens kann eine **Führungsethik** die Wertebildung unterstützen.

- **Transformation**: Unter Berücksichtigung der zur Verfügung stehenden Mittel und der angestrebten Ziele werden geeignete Maßnahmen geplant und durchgeführt, um den Ist-Zustand in den geplanten Soll-Zustand zu transformieren. Hierbei geht es um die sach-, personen- und zielbezogene Prozeßgestaltung und -lenkung (vgl. Abschnitt 4.3) durch Prozeßinnovation und -steuerung, durch Prozeßorganisation und -führung sowie durch Prozeßänderung und -vermittlung.

Je nach Erneuerungsprojekt können die fünf Inhalte der Erneuerung unterschiedliche Bedeutung für den Projekterfolg haben. Je mehr unterschiedliche Interessengruppen bei der Erneuerung zu berücksichtigen sind, desto unklarer können die **Ziele** der Erneuerung sein. Mangelnde Klarheit über den **Ist-Zustand** mag in der geringen Vertrautheit der Beteiligten mit einzelnen betrieblichen Prozessen und mit der Prozeßgestaltung und -lenkung begründet sein. Entwürfe für **Soll-Zustände** können durch unklare Ziele und durch unrealistische Vorstellungen über Veränderungsmöglichkeiten beeinträchtigt werden. **Verfügbare Mittel** , z.B. Investitionen in die Informationsverarbeitung oder in die Organisationsentwicklung, sind häufig abhängig vom Stellenwert eines Erneuerungsprojekts sowie der zur Verfügung stehenden Zeit: Je größer der Stellenwert eines Erneuerungsprojekts, desto umfangreicher werden die zur Verfügung stehenden Mittel sein. Je kürzer die verfügbare Zeit, desto weniger Mittel werden in kurzer Zeit einsetzbar sein. Die Formulierung und Umsetzung eines Maßnahmenkatalogs zur **Transformation** kann z.B. behindert werden durch Unklarheiten über mögliche Veränderungsmaßnahmen und durch Widerstände bei Beteiligten und Interessengruppen.

5.2 Durchführung von Erneuerungsprojekten nach dem Komponentenschema

Die Fünf-Felder-Analyse soll eine inhaltliche Orientierung für Erneuerungsprojekte liefern. Darüber hinaus werden hier Empfehlungen zur zeitlichen Durchführung von Erneuerungsprojekten gegeben. Erneuerungsprojekte sollten in Anlehnung an das **Komponentenschema** von Müller-Merbach (vgl. 1979, 1982, 1983b) durchgeführt werden.

Das Komponentenschema nach Müller-Merbach (vgl. Müller-Merbach 1982, S.96; eine ausführliche Gegenüberstellung und Diskussion in Selig 1986, S.243-246) läßt ausdrücklich eine gegenseitige inhaltliche Befruchtung einzelner Komponenten, d.h. Bearbeitungsschritte von Erneuerungsprojekten durch deren zeitlich parallele Durchführung zu. Dies verstärkt den Informationsaustausch, den Wissenserwerb und die Wissensnutzung sowie die Wertebildung bei den Beteiligten. Dem Komponentenschema stehen traditionelle Phasenschemata gegenüber. Traditionelle Phasenschemata für die Projektdurchführung schließen eine inhaltliche Befruchtung von Projektphasen weitestgehend aus, indem ein zeitliches Hintereinander von Phasen statt ein Ineinandergreifen gefordert wird.

Fünf Komponenten von Erneuerungsprojekten werden hier - anknüpfend an die Fünf-Felder-Analyse (vgl. Abschnitt 5.1) - vorgeschlagen, und deren zeitlicher Ablauf wird in einem **Komponentenschema für Erneuerungsprojekte** dargestellt (vgl. Bild 5.3). Eine ähnliche Vorgehensweise empfiehlt auch Davenport für Projekte des Business Process Redesign (vgl. Davenport 1993, S.132; und daran anknüpfend Alexander 1993, S.27):

- **Komponente 1 - Zielsetzung**: Zu erneuernde Prozesse werden abgegrenzt, zukünftige Anforderungen an die Prozese formuliert, und der Erneuerungsumfang wird festgelegt.

- **Komponente 2 - Istanalyse**: Zu erneuernde Prozesse werden hinsichtlich Schwachstellen analysiert und dokumentiert. Darüber hinaus sollten verfügbare bzw. einsetzbare Mittel der Erneuerung erfaßt werden. Hierbei diene das Modell betrieblicher Prozesse (vgl. Abschnitt 3.3) als Orientierung, und computerunterstützte Prozeßanalysetechniken können wertvolle Hilfe leisten.

- **Komponente 3 - Sollkonzeptentwurf**: Ein Sollkonzept für die zukünftigen Prozesse wird entworfen. Die anzustrebenden Prozeßeigenschaften werden spezifiziert. Dies betrifft alle charakteristischen Merkmale betrieblicher Prozesse (vgl. Abschnitt 3.1).

- **Komponente 4 - Mittelbereitstellung**: Für die geplanten Maßnahmen wird ein Zeit- und Kapazitätsplan sowie ein Kostenplan erstellt.

- **Komponente 5 - Maßnahmendurchführung** (Transformation): Die geplanten Maßnahmen werden umgesetzt. Dies erfordert die Auswahl geeigneter Promotoren des Wandels und eines Projektteams (vgl. Abschnitt 4.2.2.1). Deren Ausdauer, Initiative und Überzeugungsfähigkeit entscheiden über den Projekterfolg.

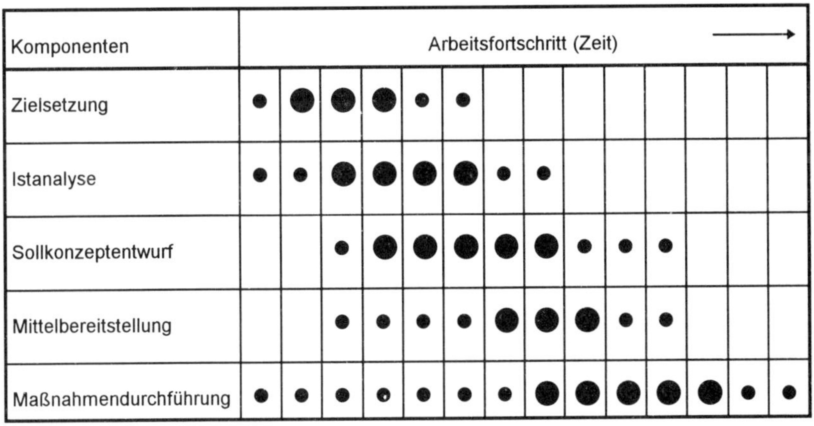

Bild 5.3: Komponentenschema für Erneuerungsprojekte (in Anlehnung an Müller-Merbach 1979, 1982, 1983b)

Die **Vorgehensweise nach dem Komponentenschema** und die gegenseitige **Befruchtung der Komponenten** seien verdeutlicht (vgl. Bild 5.3):

- **Komponente 1**: Die **Zielsetzung** wird bereits mit der Initiative zu Erneuerungsprojekten geprägt. Bereits die der Zielsetzung vorausgehende Formulierung eines Erneuerungsvorhabens grenzt Prozesse und Erneuerungsziele vage ein. Bereits mit einer groben Zielsetzung sollte die Istanalyse beginnen und zur schrittweisen Konkretisierung der Prozesse und der verfügbaren Mittel sowie der Erneuerungsziele beitragen.

- **Komponente 2**: Eine **Istanalyse** umfaßt vor allem Erwerb, Darstellung und Auswertung von Information über zu erneuernde Prozesse und verfügbare Mittel. Sobald erste Schwachstellen hinsichtlich der angestrebten Ziele sichtbar werden, sollte mit der Skizzierung von Sollkonzepten begonnen werden. Hierdurch wird der zu erwartende Erneuerungsumfang deutlich und die Zielsetzung kann entsprechend überprüft werden. Im Zuge der Konkretisierung des Ist-Zustands können auch die entworfenen Sollkonzepte weiter verfeinert werden.

- **Komponente 3**: Nachdem sowohl die Zielsetzung als auch die Istanalyse im wesentlichen abgeschlossen sind, sollten beim **Sollkonzeptentwurf** die letzten Details spezifiziert werden. Hierbei sind vor allem Anregungen von der bereits beginnenden Mittelbereitstellung zu erwarten.

- **Komponente 4**: Die **Mittelbereitstellung** sollte einen Maßnahmenkatalog und dafür erforderliche Mittel spezifizieren, um den Ist-Zustand in den Soll-Zustand transformieren zu können. Fast gleichzeitig kann die Maßnahmendurchführung beginnen, vor allem wenn die von der Erneuerung Betroffenen und alle an der Maßnahmendurchführung Beteiligten bei der Mittelbereitstellung partizipieren.

- **Komponente 5**: Die **Maßnahmendurchführung** läuft während des gesamten Erneuerungsprojektes ab. Die Maßnahmendurchführung wird intensiviert, wenn sich konkrete Maßnahmenpläne abzeichnen. Die Maßnahmendurchführung wird selten zu einem definierten Ende kommen. Statt dessen gelte das Motto: "Der Weg ist das Ziel". Gleichwohl sollte ein Erneuerungsprojekt nach einer bestimmten Zeit für beendet erklärt werden.

Die Komponenten 1 bis 4 sollten in für den weiteren Projektverlauf verbindlichen Unterlagen dokumentiert werden. Zum Abschluß der Zielsetzung (Komponente 1) sollte z.B. ein **Anforderungskatalog** für betriebliche Prozesse erstellt werden. Die Ergebnisse der Istanalyse (Komponente 2) sollten ebenfalls dokumentiert werden, z.B. in **Ablaufplänen, Organigrammen**, **Prozeßkostenanalysen** etc. Der Sollkonzeptentwurf (Komponente 3) sollte z.B. durch ein verbindliches **"Lastenheft"** abgeschlossen werden. Die Mittelbereitstellung (Komponente 4) sollte dokumentiert werden durch **Termin-, Kapazitäts- und Kostenpläne**.

5.2.1 Komponente 1 - Zielsetzung: Prozeßabgrenzung, Zielkriterien und -maßstäbe, Erneuerungsumfang

Im Rahmen der Zielsetzung sollte für Erneuerungsprojekte eine inhaltliche Abgrenzung, eine Richtung und der zu erwartende Umfang der Veränderung betrieblicher Prozesse festgelegt werden. Eine Zielsetzung sollte allen Beteiligten eine Orientierung geben, die z.B. als Anforderungskatalog für ein Erneuerungsprojekt dokumentiert wird. Für solche Anforderungskataloge werden häufig folgende Kriterien formuliert:

- Die Zielerreichung sollte **feststellbar** sein (vgl. Zink u.a. 1993a, S.145). Dazu sind Zielkriterien und -maßstäbe sowie eine Frist für die Zielerreichung anzugeben (vgl. Hauschildt 1993, S.206). Entsprechende Zielsetzungen werden häufig als operational bezeichnet.

- Die Zielsetzung sollte **klar und verständlich** für alle Beteiligten sein (vgl. Zink u.a. 1993a, S.145).

- Die Zielsetzung sollte **lösungsneutral und offen für Veränderungen** des Istzustandes sein (vgl. Zink u.a. 1993a, S.145): Zielsetzungen sollen keine bestimmte Lösung vorschreiben und innovative Lösungen ermöglichen (vgl. Gaitanides 1983, S.73).

- Die Zielsetzung sollte **von allen Beteiligten getragen** werden und sollte möglichst **motivierend** sein (vgl. Zink u.a. 1993a, S.145). Nur dann ist eine erfolgreiche Erneuerung zu erwarten. Davenport argumentiert (1993, S.119): *"Process visions ... should be easy to communicate to the organization, nonthreatening to those who must implement (or are affected by) them, and as inspirational as measurable targets can be."*

Die Zielsetzung konkretisiert die Richtung der Veränderung betrieblicher Prozesse in dreierlei Hinsicht, um Fragen hinsichtlich einer **Prozeßabgrenzung** für die Erneuerung, **Anforderungen** an zu verändernde Prozesse und den **Erneuerungsumfang** zu beantworten:

- Durch eine **Prozeßabgrenzung** wird der zu erneuernde Prozeß definiert: Welche Prozesse sollen verändert werden und welche nicht? Wie lassen sich die zu verändernden Prozesse von anderen abgrenzen?

- Unter Bezug auf die Prozeßabgrenzung werden **Zielkriterien und -maßstäbe** für die zu verändernden Prozesse formuliert: Welche Interessengruppen erhalten die Prozeßergebnisse? Welche Zielkriterien sollen die Prozesse und deren Ergebnisse zukünftig erfüllen, um den unterschiedlichen Interessen gerecht zu werden?

- Der **Erneuerungsumfang** legt mit Rücksicht auf einzelne Interessengruppen erwünschte und nicht erwünschte Richtungen der Erneuerung fest: Soll die Input-Output-Struktur verändert werden oder nicht? Soll der Ergebniszusammenhang verändert werden oder nicht, d.h. die Verfahren und der Umfang der Aktivitäten? Soll die Ablaufstruktur verändert werden oder nicht, d.h. Aktivitäten parallelisiert, verlagert oder eliminiert werden oder nicht? Soll die Arbeitsverteilung verändert werden oder nicht, also reorganisiert werden oder nicht? Soll die Koordinationsform verändert werden oder nicht, d.h. IKT-gestützte Prozeßsteuerung, Prozeßverantwortliche und -teams, Policy Deployment und Kunden-Lieferanten-Vereinbarungen eingeführt werden oder nicht?

Die **Prozeßabgrenzung** wird häufig keine einfache Aufgabe darstellen. Gaitanides dazu (1983, S.64): *"Die Ausgrenzung einzelner Abläufe aus ihrem organisatorischen Kontext muß grundsätzlich als Entscheidungsproblem behandelt werden."*, und weiter (S.65): *"Die Definition dessen, was als Prozeß abzubilden ist, entspringt ... der subjektiven Problemsicht, setzt kreative und konstruktive Akte voraus und ist mithin nicht immer aus Beobachtungen realer Vorgänge ableitbar."* Müller-Merbach verdeutlicht dies in bezug auf das Business Process Reengineering anschaulich anhand einer Metapher von Werner Bergengruen (Müller-Merbach 1994f, S.99): *"Reengineering ist quasi ... das Herauslösen einzelner Fäden aus einem vielfältig verknoteten, verflochtenen und verfilzten Netzwerk von Tätigkeiten."*

Um die Prozeßabgrenzung zu erleichtern wurde hier ein **Modell betrieblicher Prozesse** entwickelt (vgl. Kapitel 3). Dort wurden Prozesse durch ihren Beitrag zur Wertschöpfung charakterisiert und abgegrenzt.

Zielkriterien und -maßstäbe für die zu verändernden Prozesse sollten eindeutig und für die betroffenen Interessengruppen nachprüfbar formuliert werden (vgl. Abschnitt 4.1), d.h. in Kosten- und Zeitgrößen meßbar, durch die Einführung neuer Technologien umsetzbar sowie durch Maßstäbe für Qualität und für die Menschen- und Umweltgerechtigkeit nachvollziehbar. Die Zielkriterien und ihre Messung sollten vorher vereinbart werden. Dafür sollten relevante Interessengruppen identifiziert werden (vgl. Abschnitt 4.2.3.1), also Mitarbeiter, Kunden, Lieferanten etc. in die Zielsetzung einbezogen werden.

Schließlich sollte der angestrebte **Erneuerungsumfang** festgelegt werden. In bezug auf einzelne Prozesse kann eine Veränderung der Prozeßstrukturen und der Koordinationsform unmöglich oder unerwünscht sein: Eine Erneuerung kann unmöglich sein wegen zu knapper Ressourcen oder wegen zu knapper Zeit oder wegen fehlenden Wissens. Ebenso können durch die Führungsethik formulierte Leitlinien und Grundsätze der Erneuerung (vgl. Abschnitt 4.3.3.1) den Erneuerungsumfang einschränken.

5.2.2 Komponente 2 - Istanalyse: Erwerb, Darstellung und Auswertung von Information über Prozesse und verfügbare Mittel

Die Istanalyse zielt auf den **Erwerb,** die **Darstellung** und die **Auswertung von Information** über den zu verändernden Prozeß und die dafür **verfügbaren bzw. einsetzbaren Mittel**. Istanalysen sollten relevante Information liefern, aber keine unnötigen Details. Hammer und Champy kommentieren dies (1993, S.129): "*... one of the most frequently committed errors in reengineering is at this stage reengineering teams try to analyze a process in agonizing detail rather than attempt to understand it.*"

Zu verändernde Prozesse sollten vor allem auf **Schwachstellen** hin untersucht werden, und verfügbare Mittel sollten bestimmt werden. Hammer und Champy (vgl. 1993, S.122-126) nennen typische Schwachstellen betrieblicher Prozesse:

- Extensiver Informationsaustausch, Datenredundanz, Medienbrüche
- Hohe Lagerbestände
- Hoher Anteil von Gemeinkosten für die Prozeßkoordination
- Nacharbeit und Doppelarbeit
- Vielfalt, Ausnahmen und Spezialfälle

Um solche Schwachstellen systematisch aufzudecken, werden hier **drei Aktivitäten der Istanalyse** empfohlen (vgl. Bild 5.4):

- Erstens gehe es um den Erwerb relevanter Information über betriebliche Prozesse durch eine **Prozeßanalyse** und eine ergänzende **Stellenanalyse**.

- Zweitens sollte die erhobene Information verdichtet werden zu unterschiedlichen **Darstellungen**, welche Aufschluß geben über den Ergebniszusammenhang der Aktivitäten, die Arbeitsverteilung, die Ablaufstruktur sowie die Informationsflüsse und Objektströme.

- Drittens sollten spezielle **Auswertungen** die Suche nach Schwachstellen unterstützen, z.B. Auswertungen über Durchlaufzeiten, Prozeßkosten oder eine Benchmarkinganalyse der Prozeßqualität (vgl. Davenport 1993, S.137-138).

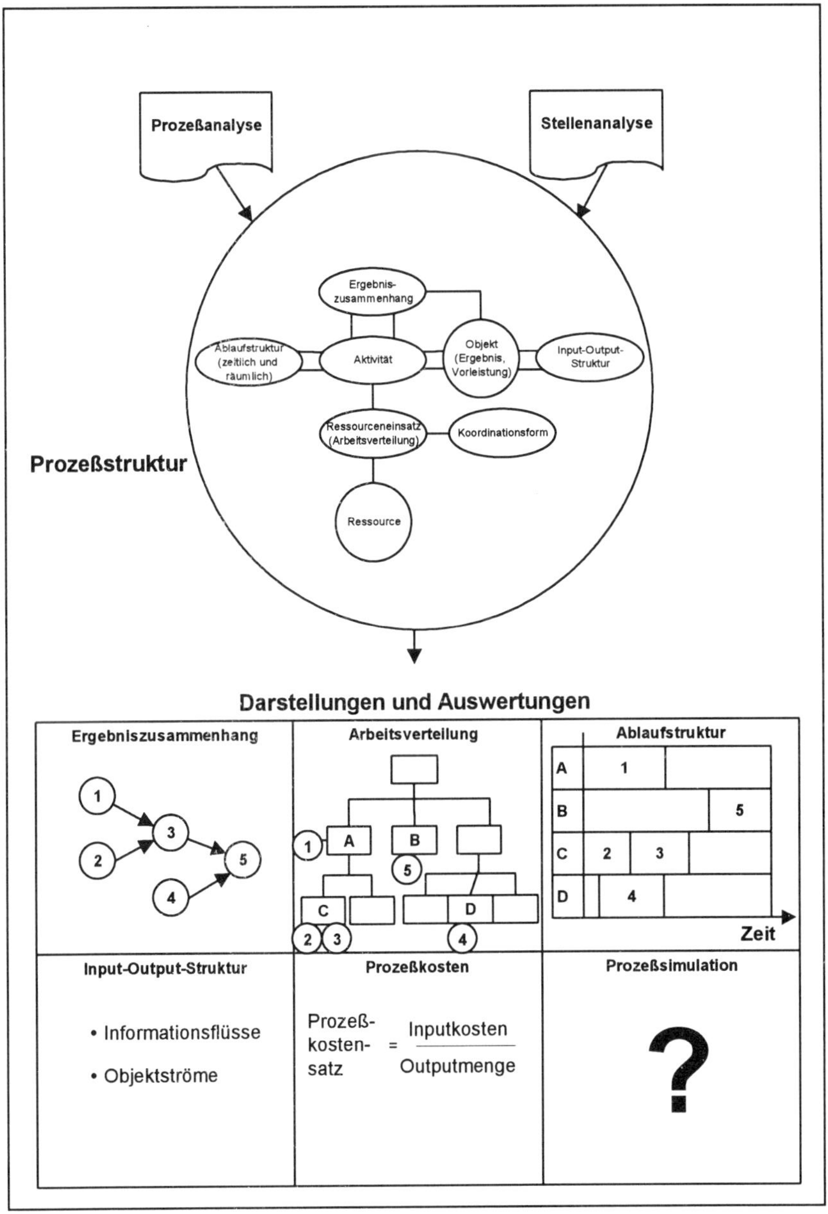

Bild 5.4: Istanalyse von Prozessen

Für eine systematische Informationserhebung, -darstellung und -auswertung bei der Istanalyse existieren bereits unterschiedliche **Analysemethoden**, die teilweise sogar in die Entwicklung **computergestützter Analysewerkzeuge** (vgl. Jennison 1993) eingeflossen sind. Drei häufig genannte Analysemethoden werden skizziert und gegenübergestellt, und zwar die **IDEF-Methode**, die **KSA-Methode** und die **ARIS-Methode**. Sie sind Grundlage für drei kommerzielle computergestützte Analysewerkzeuge, nämlich **IDEF** und damit verwandte Werkzeuge sowie **BONAPART** und **ARIS**. Diese drei Analysewerkzeuge werden anschließend anhand von Produktinformation der Hersteller und Angaben aus ergänzender Literatur miteinander verglichen.

Für **Analysemethoden** betrieblicher Prozesse existieren bereits Vorschläge in der Literatur. Beispielsweise gab Nordsieck schon vor etwa 30 Jahren anschauliche Hinweise für die Prozeßanalyse (vgl. Nordsieck 1972, Sp.200-208). Im Zuge der Systemanalyse-Bewegung der siebziger Jahre wurden systematische Methoden zur Analyse betrieblicher Prozesse entwickelt. Bekannte Methoden sind z.B. (vgl. Keller 1993, S.71-105)

- die Mitte der siebziger Jahre von der Firma SOFtech entwickelte **SADT-Methode** (SADT: Structured Analysis and Design Technique),
- die Mitte der siebziger Jahre bei IBM entwickelte **HIPO-Methode** (HIPO: Hierarchy plus Input-Process-Output) sowie
- die Ende der siebziger Jahre an der Universität Bordeaux entwickelte **GRAI-Methode** (GRAI: Graphs with Results and Activities interrelated).

Zur Istanalyse sind heute neuere Methoden verfügbar, die in die Entwicklung computergestützter Analysewerkzeuge eingeflossen sind. Hierzu gehören die **IDEF-Methode, KSA-Methode** und die **ARIS-Methode**. Inhaltlich bauen diese neueren Methoden auf den älteren auf und verknüpfen und verfeinern sie:

- Die **IDEF-Methode** ist Grundlage für computergestützte Analysewerkzeuge wie **IDEF** und viele damit verwandte Werkzeuge wie SPECIF, IDEFine,

COINS, Design/IDEF. Die IDEF-Methode (IDEF: International Definition) wurde bei der US-Air-Force aus der SADT-Methode weiterentwickelt. Darauf aufbauend wurden vor allem im angloamerikanischen Raum Softwarewerkzeuge für die Prozeßanalyse entworfen. Die IDEF-Methode basiert auf dem Prinzip der schrittweisen Verfeinerung einer einfachen Prozeßstruktur zu einem umfassenden Prozeßmodell (vgl. Bild 5.5). Aktivitäten werden dabei jeweils charakterisiert in bezug auf Input und Output sowie steuernde Einflüsse und danach in ca. 3 bis 6 Teilaktivitäten zerlegt, bis der gewünschte Detaillierungsgrad erreicht ist (vgl. Johansson u.a. 1993, S.222).

- Die **KSA-Methode** ist Grundlage für das computergestützte Analysewerkzeug **BONAPART**. Die KSA-Methode (KSA: Kommunikationsstrukturanalyse) wurde unter dem Einfluß unterschiedlicher älterer Methoden an der Universität Berlin für den Informations- und Kommunikationssystementwurf im Bürobereich entworfen (vgl. Krallmann 1994, S.255-286). Im Mittelpunkt stehen die Informationsflüsse in Verwaltungsprozessen. Ausgetauschte Information wird stellenbezogen durch Interviews und andere Erhebungsmethoden ermittelt. Anschließend werden die Informationsflüsse iterativ zu verbessern versucht (vgl. Krallmann 1994, S.248).

- Die **ARIS-Methode** ist Grundlage für das computergestützte Analysewerkzeug **ARIS-Toolset**. Die ARIS-Methode (ARIS: Architektur integrierter Informationssysteme) verknüpft viele Aspekte älterer Methoden und geht in ihrem Umfang inzwischen weit über diese hinaus. Das ARIS-Toolset wurde ursprünglich zum Entwurf von Informationssystemen für Funktionsbereiche in Industriebetrieben entwickelt (vgl. Scheer 1992). Inzwischen wurde der Programmumfang auf die Modellierung und Analyse von Geschäftsprozessen der Leistungserstellung und Auftragsabwicklung ausgebaut (vgl. Scheer 1994).

Bei einem Vergleich der Analysewerkzeuge sollte darauf geachtet werden, daß möglichst viel für die Istanalyse relevante Information computergestützt erfaßbar ist und erforderliche Darstellungen und Auswertungen computergestützt durchführbar sind. Auf der Basis einer **Prozeßanalyse** und einer ergänzenden **Stellenanalyse** wird relevante Information erhoben über (vgl. Abschnitt 3.1)

- die **Input-Output-Struktur** betrieblicher Prozesse, also Informationsflüsse und Objektströme,
- den **Ergebniszusammenhang** der Aktivitäten, also direkte versus koordinierende versus unterstützende Aktivitäten,
- die **Ablaufstruktur**, also die zeitliche Reihenfolge und räumliche Anordnung der Aktivitäten,
- die **Arbeitsverteilung** auf Stellen und Mitarbeiter, inklusive deren Zuordnung zu Abteilungen, Gremien, Teams und Kostenstellen,
- die **Koordinationsform**, d.h. Informationsflüsse zwischen Stellen.

Die vom jeweiligen Analysewerkzeug computergestützt erfaßbare Information wird durch die zugrundeliegende **Prozeßstruktur** bestimmt. Die hier in Abschnitt 3.1 entwickelte Prozeßstruktur ist symbolisch in Bild 5.4 dargestellt (vgl. Abschnitt 3.1.5). Ein **Prozeßmodell** ermöglicht Darstellungen und Auswertungen der erfaßten Information.

	IDEF	BONAPART	ARIS-Toolset
Hauptanwendungsgebiet	Produktionsbereich	Verwaltungsbereich	Softwareentwicklung
Prozeßstruktur und Prozeßmodell	(siehe Bild 5.5)	(siehe Bild 5.6)	(siehe Bild 5.7)
Darstellungen	• Objektströme • Informationsflüsse	• Informationsflüsse • Ergebniszusammenhang • Aufbaustruktur	• vollständige Prozeßstruktur, außer zeitlich parallele Aktivitäten
Auswertungen	• Prozeßkosten • Prozeßsimulation	• Prozeßkosten	• Prozeßsimulation
Bemerkungen	wenig Bezug zur Organisation	bisher nur begrenzte Auswertungsmöglichkeiten, da keine Ablaufstruktur	bisher kaum Auswertungsmöglichkeiten, Referenzprozesse erleichtern die Prozeßanalyse

Tabelle 5.1: Gegenüberstellung der computergestützten Analysewerkzeuge IDEF (und damit verwandte), BONAPART und ARIS-Toolset. Quellen: Produktinformation von Herstellern sowie Jennison 1993; Johansson u.a. 1993; Keller 1993; Krallmann 1994, S.255-286; Scheer 1992 und 1994.

Die drei computergestützten Analysewerkzeuge IDEF, BONAPART und ARIS-Toolset werden verglichen (vgl. Tabelle 5.1), und zwar hinsichtlich ihres **Hauptanwendungsgebiets**, hinsichtlich der zugrundeliegenden **Prozeßstruktur** und des zugrundeliegenden **Prozeßmodells** sowie den bisher möglichen **Darstellungen und Auswertungen**. Keines der drei Softwarewerkzeuge ermöglicht die hier entwickelte Prozeßstruktur vollständig zu erfassen und vollständig die zuvor beschriebene Information, Darstellungen und Auswertungen zu liefern:

- Die vielfältigen **IDEF-Werkzeuge** sind, soweit dem Verfasser bekannt, bisher überwiegend ohne Bezug zu organisatorischen Fragestellungen und werden vor allem im Produktionsbereich eingesetzt. Die einfache Prozeßstruktur beschränkt sich auf die Erfassung und Darstellung von Input-Output-Strukturen und steuernden Informationsflüssen für einzelne Aktivitäten. Darüber hinaus werden die zugrundeliegenden Verfahren der Umwandlung von Input in Output erfaßt. Durch schrittweise Verfeinerung einzelner Aktivitäten in jeweils 3 bis 6 Teilaktivitäten entsteht ein Prozeßmodell. Daran anknüpfend ermöglichen einzelne Analysewerkzeuge Auswertungen wie z.B. eine Prozeßkostenanalyse oder Prozeßsimulation (vgl. Jennison 1993).

- **BONAPART** ist bisher auf den Verwaltungsbereich eingeschränkt (vgl. Krallmann 1994, S.255-286): Die Prozeßstruktur umfaßt Aktivitäten und deren Arbeitsverteilung auf Stellen. Input und Output von Aktivitäten im Verwaltungsbereich ist Information. Daher sind die Aktivitäten im Prozeßmodell untereinander durch Informationsflüsse verknüpft. BONAPART ermöglicht unterschiedliche Darstellungen der Informationsflüsse zwischen Stellen und Aktivitäten, die in Verwaltungsprozessen auch dem Ergebniszusammenhang der Aktivitäten entsprechen. Darüber hinaus läßt sich die Aufbaustruktur der Stellen als Organigramm darstellen, jedoch wird die Ablaufstruktur bisher nicht dargestellt. Als Auswertungen sind Prozeßkostenanalysen möglich.

- Das **ARIS-Toolset** wird vor allem als Analysewerkzeug für die Softwareentwicklung genutzt. Es liegt hinsichtlich einer vollständigen Erfassung der Prozeßstruktur und unterschiedlicher Darstellungsmöglichkeiten betrieblicher Prozesse vorn. Gleichwohl ist bisher nur eine Prozeßsimulation, aber noch keine Prozeßkostenanalyse möglich. Die Ablaufstruktur von Prozessen wird nur als sequentielle Vorgangskette dargestellt, d.h. parallele Aktivitäten lassen sich zeitlich nicht eindeutig erfassen (vgl. Keller 1993, S.101). Ein zugrundeliegendes Prozeßmodell aus Referenzprozessen für die Leistungserstellung und Auftragsabwicklung gibt eine Orientierung bei der Prozeßanalyse (vgl. Scheer 1994).

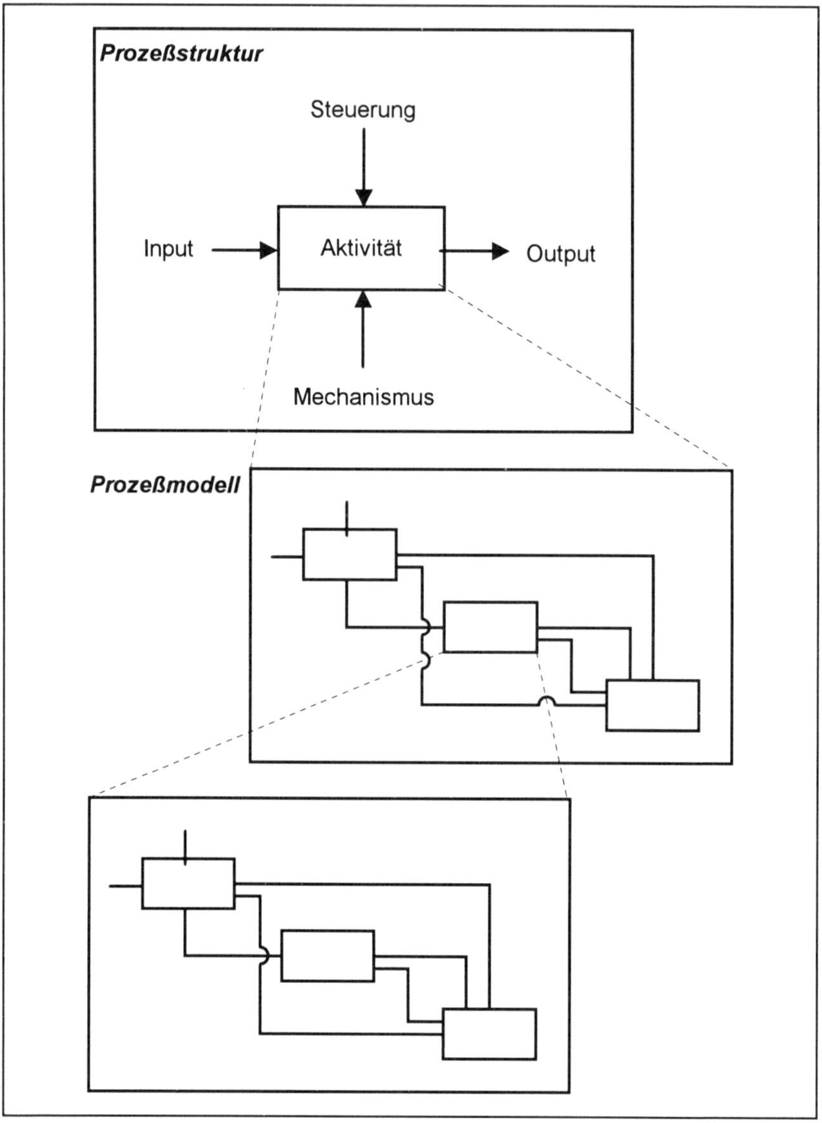

Bild 5.5: Prozeßstruktur und Prozeßmodell des computergestützten Analysewerkzeugs IDEF. Quellen: Produktinformation von Herstellern sowie Jennison 1993; Johansson u.a. 1993; Keller 1993

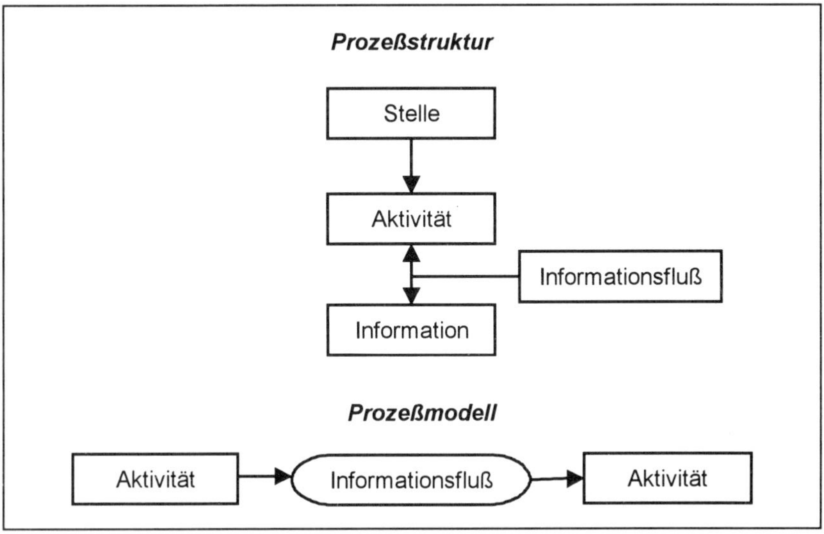

Bild 5.6: Prozeßstruktur und Prozeßmodell des computergestützten Analysewerkzeugs BONA-PART. Quelle: Krallmann 1994, S.257

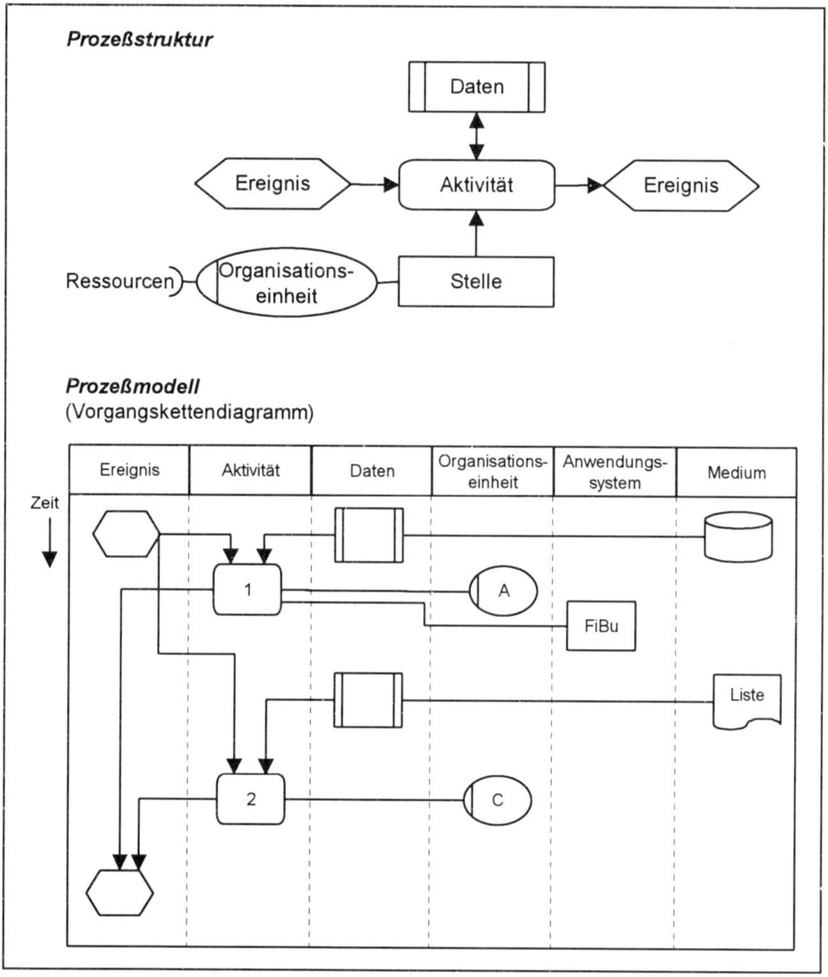

Bild 5.7: Prozeßstruktur und Prozeßmodell des computergestützten Analysewerkzeugs ARIS-Toolset. Quellen: Produktinformation vom Hersteller sowie Scheer 1992 und 1994

5.2.3 Komponente 3 - Sollkonzeptentwurf: Spezifikation anzustrebender Prozeßeigenschaften

Ausgehend von der formulierten Zielsetzung und dem durch die Istanalyse ermittelten Ist-Zustand sollte ein anzustrebender Soll-Zustand betrieblicher Prozesse entworfen werden. Ein Sollkonzeptentwurf liefert Information über die **anzustrebenden Prozeßeigenschaften** und deren Soll-Ausprägungen. Das Sollkonzept wird z.B. in einem Lastenheft dokumentiert (vgl. Zink u.a. 1993, S.161). Davenport erläutert (1993, S.129): *"Process attributes ... constitute a vision of process operation in a future state."*

Ein Sollkonzept schafft Grundlagen für den anschließenden Entwurf eines Maßnahmenkatalogs für die Erneuerung (vgl. Abschnitt 5.2.4). Sollkonzepte sollten realistisch genug sein, um daran anknüpfend realisierbare Maßnahmen formulieren zu können. Gleichwohl sollten Sollkonzepte nicht zu stark am Ist-Zustand angelehnt werden, sondern Erneuerung durch **innovative Lösungen** fördern. Davenport dazu (1993, S.11; ähnlich Gaitanides 1983, S.73, sowie Hammer und Champy 1993, S.131): *"Process innovation initiatives start with a relatively clean slate, rather than from the existing process... Designers of the new process must ask themselves, 'Regardless of how we have accomplished this objective in the past, what is the best possible way to do it now?'"*

Sollkonzepte sollten in vier logisch aufeinander aufbauenden Schritten entworfen werden (vgl. Bild 5.8):

- **Schritt 1-** Entwurf der **inhaltlichen Prozeßstruktur**: Die charakteristischen zukünftigen Prozeßergebnisse (Output), die Input-Output-Struktur der dafür erforderlichen Vorleistungen (Inputs) und der Ergebniszusammenhang der Aktivitäten werden strukturiert. Die Aktivitäten werden hinsichtlich Verfahren und Dauer spezifiziert.

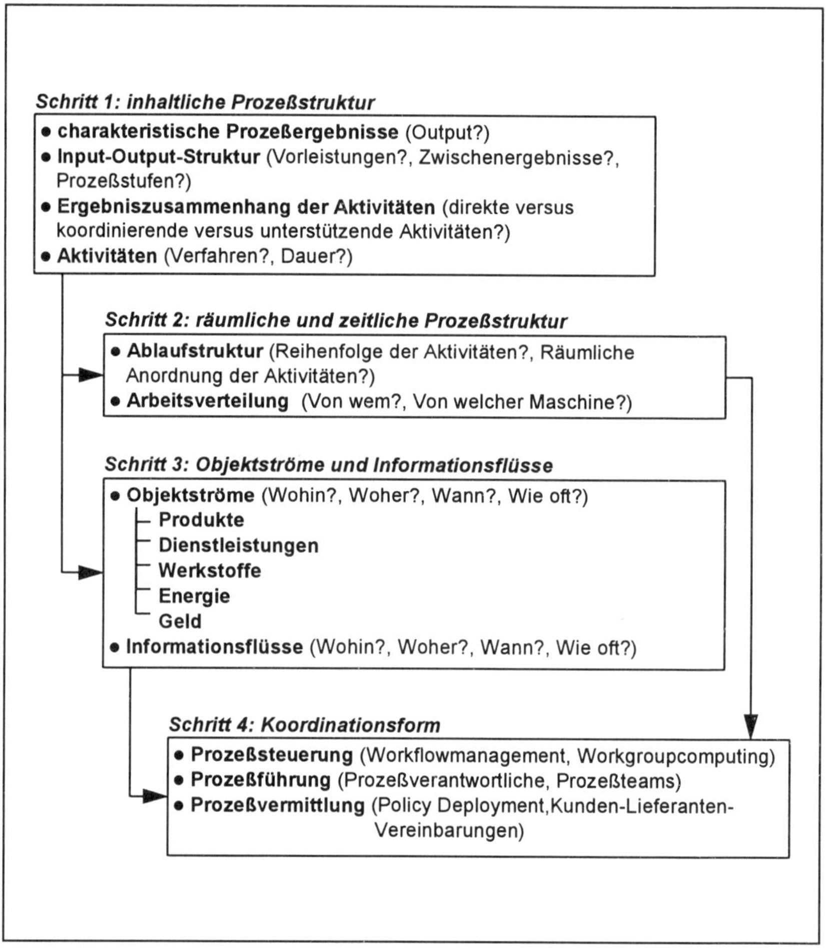

Bild 5.8: Vier logisch aufeinander aufbauende Schritte für den Sollkonzeptentwurf betrieblicher Prozesse

- **Schritt 2-** Entwurf der **räumlichen und zeitlichen Prozeßstruktur**: Die Ablaufstruktur und Arbeitsverteilung auf Leistungspotentiale werden entworfen, d.h. zeitliche Reihenfolge und räumlicher Anordnung der Aktivitäten sowie deren Verteilung auf Mitarbeiter und Maschinen werden bestimmt.

- **Schritt 3-** Entwurf der **Objektströme** und **Informationsflüsse**: Die Ströme und Flüsse von Produkten, Dienstleistungen, Werkstoffen, Energie, Geld und Information werden hinsichtlich ihres Wohin und Woher bzw. ihres Wann und Wie oft festgelegt.

- **Schritt 4-** Entwurf der **Koordinationsform**: Schließlich wird die Koordination der Ressourcen geplant (vgl. Abschnitt 3.3.2).

5.2.4 Komponente 4 - Mittelbereitstellung: Maßnahmenkatalog, erforderliche Mittel, Zeit- und Kapazitätsplanung, Budgets

Die Mittelbereitstellung knüpft an die Istanalyse und den Sollkonzeptentwurf an. Für die Veränderung des Ist-Zustands in den angestrebten Soll-Zustand sind Mittel erforderlich, die bereitgestellt werden müssen. Die Mittelbereitstellung sollte geplant werden (vgl. Bild 5.9), und zwar durch die **Formulierung eines Maßnahmenkatalogs**, die **Planung der erforderlichen Mittel** und die **Festlegung von Zeit- und Kapazitätsplänen sowie von Budgets**.

Grundlage für die Mittelbereitstellung ist ein **Maßnahmenkatalog** für die sach-, personen- und zielbezogene Erneuerung (vgl. Abschnitt 4.3):

- Maßnahmen sachbezogener Erneuerung umfassen einerseits die **Prozeßinnovation** und andererseits die **Prozeßsteuerung** vor allem durch IKT-Einsatz.

- Maßnahmen personenbezogener Erneuerung beinhalten die **Prozeßorganisation** und die **Prozeßführung**.

- Maßnahmen zielbezogener Erneuerung umschließen die **Prozeßänderung** auf der Basis von Leitlinien und Grundsätzen der Erneuerung und die **Prozeßvermittlung**, vor allem durch Policy Deployment und Kunden-Lieferanten-Vereinbarungen.

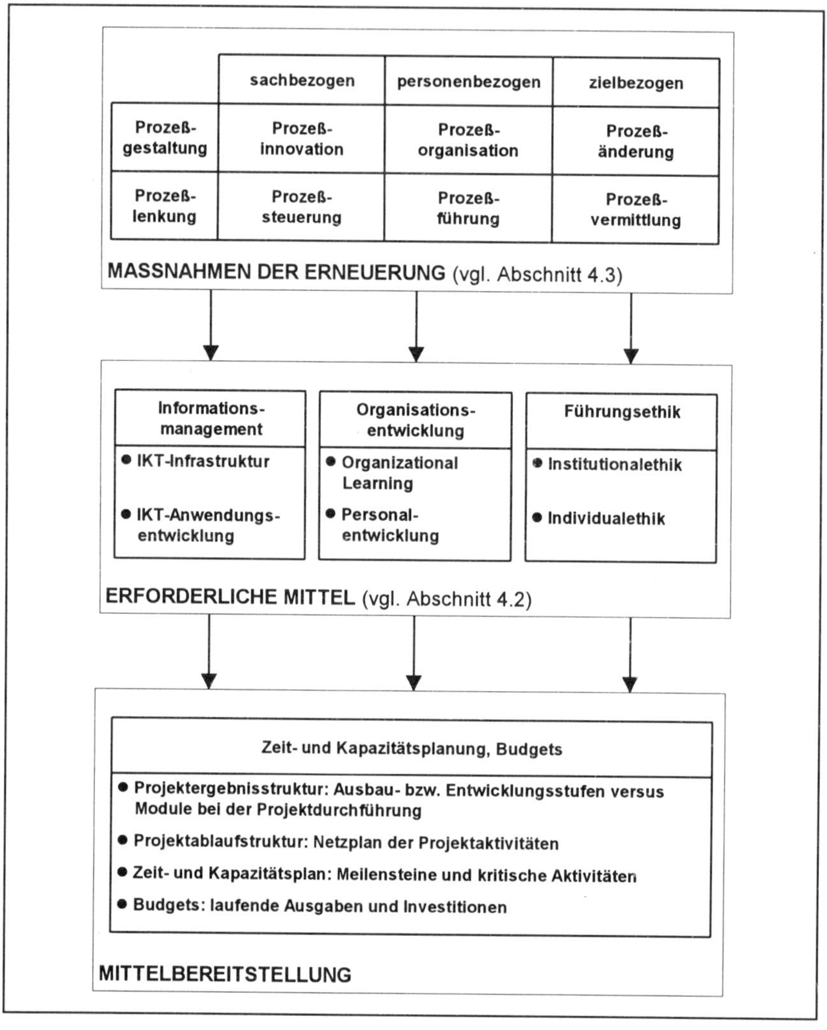

Bild 5.9: Mittelbereitstellung - Ausgehend von einem Maßnahmenkatalog werden erforderliche Mittel geplant und daran anknüpfend Zeit- und Kapazitätspläne sowie Budgets für Erneuerungsprojekte festgelegt.

Für die Durchführung solcher Maßnahmen sind **Mittel** erforderlich (Abschnitt 4.2), und zwar zukünftig insbesondere bezogen auf eine Veränderung der Informationsverarbeitung, von Wissensnutzung und -erwerb sowie der Wertebildung durch **Informationsmanagement**, **Organisationsentwicklung** und **Führungsethik**.

Die Erneuerung betrieblicher Prozesse verbraucht Zeit und Kapazität von Ressourcen und verursacht Kosten. Hierfür sollten Pläne erstellt werden, um eine Steuerung von Erneuerungsprojekten zu ermöglichen. Für die einzelnen Maßnahmen sollten daher ein **Zeit- und Kapazitätsplan** sowie **Budgets** für laufende Ausgaben und Investitionen festgelegt werden. Hierfür werden vier Schritte empfohlen (vgl. Platz 1989, S.240-243):

- **Schritt 1 - Planung der Projektergebnisstruktur**: Die durchzuführenden Maßnahmen sollten als Maßnahmenkatalog aufgelistet werden. Daraus sollten Arbeitspakete für Erneuerungsprojekte zusammengestellt werden. Die wichtigsten Ordnungskriterien für die Arbeitspakete betreffen die Projektdurchführung einerseits in **Ausbau- bzw. Entwicklungsstufen** des Gesamtprojekts, andererseits in inhaltliche Teilergebnisse, in **Module**, z.B. den IKT-Einsatz, die Organisation oder die Ziele und Werte betreffend. Ausbaustufen werden u.a. dann vorgeschlagen, wenn Prozesse als Ganzes nicht abrupt sondern allmählich verändert werden sollen. Vor allem wenn operative Kernprozesse betroffen sind, ist das Projektrisiko durch eine abrupte Veränderung sehr hoch, da das "laufende Geschäft" dadurch gestört wird (vgl. Davenport 1993, S.158).

- **Schritt 2 - Planung der Projektablaufstruktur**: Unter Bezug auf die geplante Projektergebnisstruktur sollten die Arbeitspakete hinsichtlich ihrer Reihenfolge geplant werden. Hierdurch entsteht die Struktur von **Projektnetzplänen**.

- **Schritt 3 - Planung von Zeiten und Kapazitäten**: Für einzelne Arbeitspakete wird der Zeitbedarf geschätzt. Darauf aufbauend läßt sich unter Berücksichtigung von zeitlichen Begrenzungen personeller, maschineller und räumlicher Kapazitäten die voraussichtliche Projektdauer ermitteln. Dadurch werden **kritische Arbeitspakete** sichtbar, deren Verzögerung zu Verzögerungen des Gesamtprojekts führt. Daran anknüpfend werden **Meilensteine** als Terminvorgaben für die Arbeitspakete formuliert.

- **Schritt 4 - Budgetplanung**: Auf der Basis der Projektergebnisstruktur und der Projektablaufstruktur sowie des voraussichtlichen Zeit- und Kapazitätsbedarfs lassen sich die einmaligen **Investitionen** und **laufende Ausgaben** für ein Erneuerungsprojekt abschätzen. Investitionen mögen für den Ausbau der IKT-Infrastruktur erforderlich sein. Darüber hinaus erfordern insbesondere regelmäßige Personalausgaben und Sachmittelausgaben laufend Finanzmittel. Für den Finanzmittelbedarf werden Budgets geplant für Investitionen, Personalausgaben, Sachmittelausgaben etc.

5.2.5 Komponente 5 - Maßnahmendurchführung: Kräfte für die Erneuerung mobilisieren

Nachdem Ziele, Ist-Zustand und Soll-Zustand sowie Maßnahmen geplant sind, sollte die Veränderung betrieblicher Prozesse in die Tat umgesetzt werden. Durch die Komponenten 1 bis 4 wurden die Inhalte der Erneuerung schrittweise konkretisiert. Für die Maßnahmendurchführung müssen Kräfte mobilisiert werden, damit Prozesse tatsächlich entsprechend verändert werden. Mit der Mobilisierung von Kräften für die Erneuerung sollte frühzeitig begonnen werden, da Erneuerung vor allem Widerstände des Nicht-Könnens und des Nicht-Wollens überwinden muß. Im Komponentenschema für die Erneuerung (vgl. Bild 5.3) beginnt daher diese Komponente bereits parallel zur Zielsetzung (Komponente 1).

Kräfte für die Erneuerung zu mobilisieren umfaßt einerseits die Organisation, d.h. Auswahl und Koordination von Mitarbeitern für Erneuerungsprojekte, und andererseits Überzeugungsarbeit für die Erneuerung. Im Mittelpunkt der **Überzeugung von Betroffenen** steht Information über den Erneuerungsprozeß. Darüber hinaus vermögen auch geeignet ausgewählte Mitarbeiter in Erneuerungsprojekten andere mitzureißen und zu überzeugen. Davenport schreibt dazu (1993, S.153): *"The choice of participants for a new process design team should* *be governed by both design and implementation considerations. A balance must be struck between team members who can deliver the most creative and innovative process solutions and those who can help to ensure that they are implemented."*

Der Aspekt der Organisation wird im Abschnitt 5.3 vertieft. Hier werden Hinweise gegeben hinsichtlich der **Überzeugung durch Information** für die Betroffenen, um Nicht-Wissen und Nicht-Wollen der Erneuerung zu begegnen und um zu begeistern und mitzureißen. Betroffene sollten auf unterschiedliche Weise über den Erneuerungsprozeß informiert werden:

- In die Planung und Durchführung von Erneuerungsmaßnahmen sollten sie einbezogen werden. Hierfür schaffen **Grundsätze der Erneuerung** Rahmenbedingungen (vgl. Abschnitt 4.3.3.1).

- Um den zukünftigen Prozeßablauf zu verdeutlichen und dessen Sinn zu vermitteln, mögen **Prozeßprototypen** beitragen (vgl. Davenport 1993, S.211-213).

- Während der Erneuerung sollten die Beteiligten und Betroffenen **Feed-Back-Information** über den Fortschritt der Erneuerung erhalten. Dies vermag besonders in lang dauernden Erneuerungsprozessen die mobilisierten Kräfte zu erhalten (vgl. Davenport 1993, S.213).

Grundsätze der Erneuerung sollten den Betroffenen ermöglichen, Information über die Erneuerung zu erhalten und an der Erneuerung mitzuwirken. Grundsätze der Erneuerung sollten Mitwirkungs- und Informationsrechte der Betroffenen bei der Prozeßänderung durch Partizipation und Dialog regeln (vgl. Abschnitt 4.3.3.1). **Partizipation** und **Dialog** sollten den Sinn der Erneuerung vermitteln und dadurch Barrieren des Nicht-Wissens und Nicht-Wollen abbauen helfen. Davenport spricht in diesem Zusammenhang von *"pain, hope and uncertainty"* (vgl. 1993, S.171): Sinnvermittlung beinhaltet demnach, Leidensdruck bei allen Beteiligten für eine Erneuerung zu schaffen, Hoffnung auf Besserung zu wecken und Unsicherheit und Angst vor dem Neuen zu verringern. Hierzu sollen Partizipation der Betroffenen und Dialog mit den Betroffenen beitragen.

Eine weitere Möglichkeit zu überzeugen stellen **Prozeßprototypen** dar. Prozeßprototypen sollen einen plastischen Eindruck vom zukünftigen Prozeß vermitteln. Solche Prototypen können in unterschiedlichen Formen realisiert werden (vgl. Davenport 1993, S.157), z.B.

- als Computersimulationen,
- als "papiergestützte Planspiele",
- als isolierter echter Prozeß, ohne Schnittstellen zu anderen realen Prozessen und schließlich
- als komplette Testversion des zukünftigen Prozesses.

Darüber hinaus sollten die Beteiligten regelmäßig **Feed-Back-Information** über den Erneuerungsprozeß erhalten. Information über Erfolge und Mißerfolge im Erneuerungsprozeß sollen ein Versiegen, ein "Burn out" (vgl. Davenport 1993, S.177), der mobilisierten Kräfte verhindern helfen. Feed-Back-Information kann auf verschiedene Weise fließen, z.B. durch regelmäßige Rundschreiben und Mitteilungen oder durch Demonstrationen des bisherigen Projektfortschritts beispielsweise an gelegentlich stattfinden "Projektpräsentationstagen".

5.3 Organisation: Erneuerung als arbeitsteiliger Prozeß

Die Planung und Durchführung von Erneuerungsprojekten erfordert nicht nur deren inhaltliche und zeitliche Strukturierung. Ebenso ist eine Verteilung von Erneuerungsaufgaben auf Mitarbeiter, eine **Organisation der Erneuerung** notwendig. Einerseits sollten zeitlich an Erneuerungsprojekte gebundene Aufgaben auf **Projektteams** (Abschnitt 5.3.1) und eine **Projektleitung** (Abschnitt 5.3.2) übertragen werden. Andererseits sollten ergänzend dazu über einzelne Erneuerungsprojekte hinausgehende Aufgaben von **dauerhaften Promotoren der Erneuerung** (Abschnitt 5.3.3) übernommen werden.

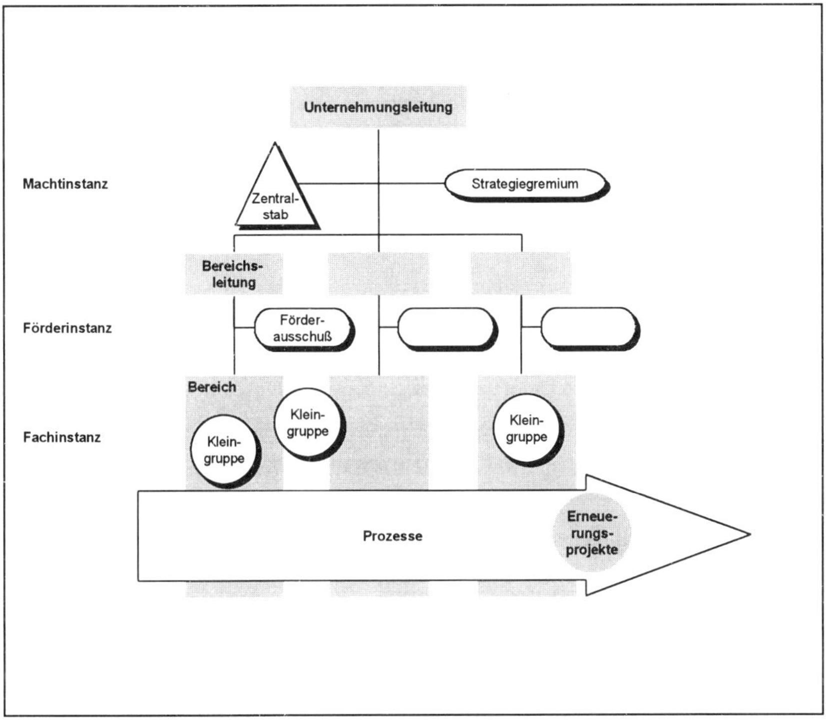

Bild 5.10: Organisation der Erneuerung

Diese Promotoren sollten unabhängig von einzelnen Erneuerungsprojekten dauerhaft den Wandel fördern und die Abwicklung von Erneuerungsprojekten unterstützen: In Anlehnung an das dreigliedrige Promotorenmodell (vgl. Abschnitt 4.2.2) von Witte und Hauschildt (vgl. Hauschildt 1989) werden hier als "Machtinstanz" ein **Strategiegremium** empfohlen, unterstützt von einem **Zentralstab**, als "Förderinstanzen" **Förderausschüsse** in den Unternehmungsbereichen und als "Fachinstanzen" unterschiedliche **Kleingruppen** in den Unternehmungsbereichen (vgl. Bild 5.10):

- Ein **Strategiegremium** sollte Erneuerungsprojekte veranlassen und Projektleitung und -team mit der Projektplanung und -durchführung beauftragen.

- Ein **Zentralstab** sollte das Strategiegremium unterstützen, z.B. durch den Entwurf von Projektleitfäden und die Dokumentation von Erfahrungen aus unterschiedlichen Erneuerungsprojekten.

- **Förderauschüsse** sollten Kleingruppenaktivitäten in den Unternehmungsbereichen koordinieren und bei der Formulierung von Erneuerungsinitiativen unterstützen.

- **Kleingruppen** liefern Anregungen für die Erneuerung. Sie sollten auch in Erneuerungsprojekten einbezogen werden, einerseits wegen ihrer Detailkenntnisse bei der Istanalyse und beim Prozeßentwurf. Andererseits seien sie als Multiplikatoren für Umsetzung von Erneuerungsprojekten genutzt. Sie unterstützen insbesondere den erforderlichen Wissenserwerb und die Wertebildung.

Alle hier vorgeschlagenen Teams, Stellen, Gremien, Ausschüsse und Stäbe werden näher erläutert hinsichtlich

- ihrer **personellen Zusammensetzung**,
- ihrer **Aufgaben**,
- ihrer **Befugnisse** sowie
- der **Anlässe** und der **Häufigkeit bzw. Dauer** ihres Einsatzes.

Ihre Bezeichnung als Teams, Stellen, Gremien, Ausschüsse und Stäbe wurden hier in Übereinstimmung mit der gängigen Terminologie in der Organisationslehre gewählt (vgl. Bleicher 1991, S.110-135):

- Als **Teams** werden Gruppen von Mitarbeitern bezeichnet, denen gemeinsam eine Aufgabe zur Ausführung übertragen wurde. Gewöhnlich haben Teams eine Größe von 3 bis maximal 10 Personen.

- Als **Stelle** wird die gedankliche Synthese eines Aufgabenbündels bezeichnet, das einem Mitarbeiter übertragen werden kann.

- Als **Gremium** wird eine Gruppe von Entscheidungsträgern bezeichnet, die abteilungs-, bereichs- bzw. projekt**übergreifende** Entscheidungsaufgaben hat.

- Als **Ausschuß** wird eine Gruppe bezeichnet, die abteilungs-, bereichs- bzw. projektbezogene Entscheidungsaufgaben hat.

- Als **Stab** werden eine oder mehrere Stellen bezeichnet, die andere Stellen und Gruppen unterstützen, die aber keine Entscheidungskompetenzen haben.

5.3.1 Projektteam: Interdisziplinäre Zusammensetzung

Für die Planung und Durchführung von Erneuerungsprojekten sollten Projektteams gebildet werden. Sie existieren zeitlich begrenzt für ein Erneuerungsprojekt. Bei ihrer Zusammensetzung sollten das für ein Erneuerungsprojekt erforderliche Wissen sowie relevante Interessengruppen berücksichtigt werden. Daraus lassen sich Empfehlungen für die Zusammensetzung der Projektteams formulieren (vgl. Bild 5.11):

- Ein **Projektleiter** (vgl. Abschnitt 5.3.2) koordiniert das Projektteam und repräsentiert das Projektteam gegenüber anderen.

- **Fachspezialisten** und **Anwendungsspezialisten** tragen das erforderliche Wissen bei: Fachspezialisten verfügen über spezielle Kenntnisse z.B. über den IKT-Einsatz oder über die Organisationsgestaltung etc. Anwendungsspezialisten kennen die zu verändernden Prozesse sehr gut. Spezialisten müssen nicht dauerhaft im Projekt mitarbeiten, sondern können auch nur in Einzelfällen hinzugezogen werden.

- **Berater** geben vor allem methodische Hinweise für die Erneuerung. Dies können interne Berater in Erneuerungsfragen sein, z.B. aus einem Zentralstab, oder externe Berater.

- **Interessengruppenvertreter** werden einbezogen, insbesondere beim Prozeßentwurf. Deren Beteiligung kann eine aktive Partizipation, ein Vetorecht oder ein klärender Dialog mit ihnen sein.

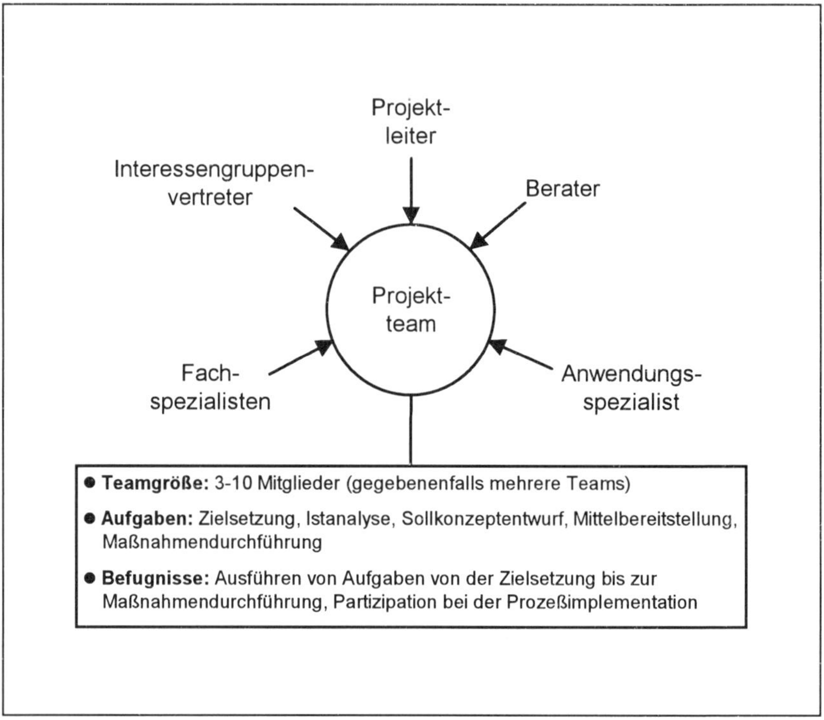

Bild 5.11: Zusammensetzung, Aufgaben und Befugnisse von Projektteams

Insgesamt sollte die Anzahl der Mitglieder eines Projekttems nicht zu groß sein (vgl. Hammer und Champy 1993, S.144), damit die Zusammenarbeit an der gemeinsamen Aufgabe überschaubar bleibt. Gegebenfalls sollten Teilprojektteams für einzelne Arbeitspakete zusammengesetzt werden. Um die Kommunikation im Team und einen gemeinsamen Wissenserwerb und eine gemeinsame Meinungsbildung zu erleichtern, sollte auf eine interdisziplinäre Zusammensetzung geachtet werden. Dies betrifft im Idealfall sowohl eine interdisziplinäre Qualifikation der Teammitglieder (vgl. Abschnitt 4.2.2.2) als auch die Zusammensetzung des Teams.

Die **Befugnisse der Teammitglieder** sollten auf die auszuführenden Aufgaben abgestimmt sein, nach dem Grundsatz einer **Kongruenz von Aufgabe und Be-**

fugnissen (vgl. Bleicher 1991, S.36; Hill u.a. 1981, S.124): Wem eine Aufgabe übertragen wird, der sollte alle erforderlichen Befugnisse haben, diese selbständig auszuführen.

5.3.2 Projektleitung: Projektleiter, Projektausschuß

Eine Projektleitung koordiniert die Teamarbeit in Erneuerungsprojekten, und zwar sach-, personen- und zielbezogen (vgl. Abschnitt 3.3.2):

- Sachbezogen wird der Sachmitteleinsatz und der Finanzmitteleinsatz geplant und kontrolliert und der Projektablauf überwacht.
- Personenbezogen wird das Projektteam zusammengestellt und geführt.
- Zielbezogen werden wichtige Ergebnisse der Projektteamarbeit begutachtet und deren Verbindlichkeit für den weiteren Projektverlauf beschlossen, z.B. eine verbindlicher Anforderungskatalog für das Erneuerungsprojekt etc.

Die Aufgaben der **Projektleitung** werden häufig auf einen **Projektleiter** und einen **Projektausschuß** verteilt (vgl. Selig 1986, S.289-302; Zink u.a.1993a, S.20-28):

- Der **Projektleiter** lenkt die Projektdurchführung und berichtet dem Projektausschuß über den Projektfortschritt. Je nach der Projektmanagementform hat der Projektleiter unterschiedliche Führungsbefugnisse gegenüber der Projektteammitgliedern.
- Der **Projektausschuß** begutachtet den Projektfortschritt und veranlaßt gegebenenfalls Gegensteuerungsmaßnahmen oder in Sonderfällen einen Projektabbruch.

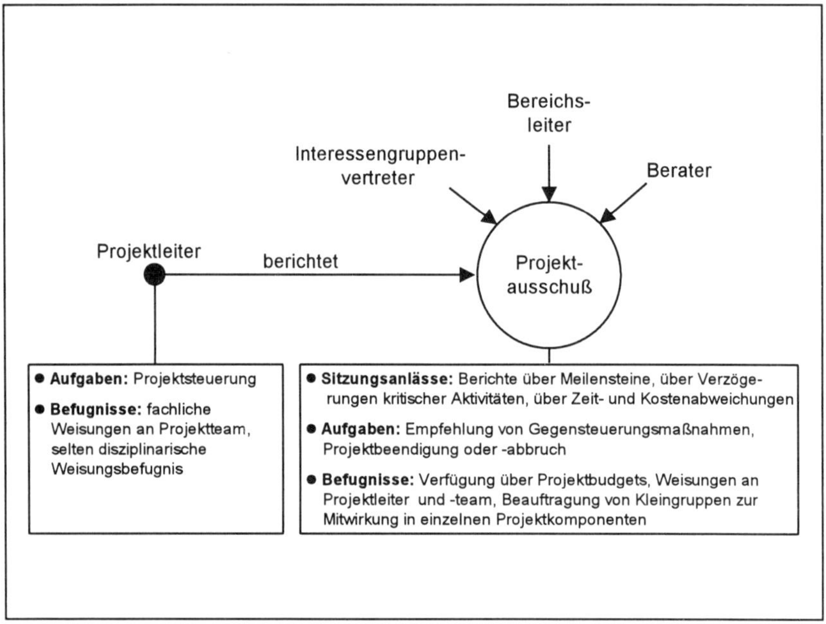

Bild 5.12: Zusammensetzung, Aufgaben und Befugnisse der Projektleitung

Als **Projektleiter** sollten vorbildliche Führungskräfte mit Projekterfahrung ausgewählt werden, welche z.B. die fünf idealtypischen Eigenschaften von Führungskräften nach Ackoff (vgl. Ackoff 1978, S.3; Müller-Merbach 1986b, S.42) verkörpern (vgl. Abschnitt 4.2.3.2):

- Competence - **Kompetenz**: Projektmanager benötigen Fachkenntnisse über die Aufgaben und Methoden des Projektmanagements.

- Communicativeness - **Kommunikationsfähigkeit**: Die Führung eines Projektteams erfordert Komunikationsfähigkeit.

- Concern - **Besorgtheit**: Besorgtheit umfaßt neben der Verantwortung für die Projektzielerreichung vor allem die Identifikation mit den Projektzielen.

- Courage - **Mut**: Mut bezieht sich vor allem auf den Willen zur Erneuerung, um betriebliche Prozesse zum Besseren zu gestalten und zu lenken, auch wenn es manchmal unbequem wird.

- Creativity - **Kreativität**: Kreativität führe zu innovativen Ideen der Erneuerung und inspiriere das Projektteam beim Entwurf erneuerter Prozesse.

Je nach der Projektmanagementform hat ein Projektleiter unterschiedliche Führungsbefugnisse des Projektleiters gegenüber den Projektteammitgliedern. Üblicherweise wird zwischen **drei Projektmanagementformen** unterschieden (vgl. Selig 1986, S.295; Zink u.a. 1993a, S.14-20), und zwar

- **Einflußprojektmanagement**,
- **Matrixprojektmanagement** und
- **reines Projektmanagement**.

Die Projektmanagementformen unterscheiden sich hinsichtlich der fachlichen und disziplinarischen Weisungsbefugnisse gegenüber den Projektteammitgliedern. **Fachliche Weisungsbefugnisse** beziehen sich auf die Aufgabenverteilung und die Vorgabe von Terminen für die Aufgabenerfüllung. **Disziplinarische Weisungsbefugnisse** betreffen die Auswahl der Teammitglieder und das Verfügen über Budgets:

- Beim **Einflußprojektmanagement** hat der Projektleiter **keine** Weisungsbefugnisse gegenüber den Projektteammitgliedern, sondern ist primus inter pares.

- Beim **Matrixprojektmanagement** sind die Weisungsbefugnisse zwischen dem Projektleiter und den Linienvorgesetzten der Teammitglieder aufgeteilt. Der **Projektleiter** hat **fachliche** Weisungsbefugnisse, und die **Linienvorgesetzten** haben **disziplinarische** Weisungsbefugnisse.

- Beim **reinen Projektmanagement** hat der Projektleiter sowohl **fachliche** als auch **disziplinarische** Weisungskompetenz.

Derzeit scheinen in der Unternehmungspraxis das Einfluß- und das Matrixprojektmanagement zu dominieren (vgl. Selig 1986, S.299). Gleichwohl sollten zukünftig im Zuge einer zunehmenden Delegation von Verantwortung (vgl. Abschnitt 4.2.3.2) auch die Befugnisse von Projektleitern vergrößert werden. Je nach der Bedeutung und dem Umfang von Erneuerungsprojekten sei hier für Matrixprojektmanagement bzw. reines Projektmanagement plädiert.

Projektleitung umfaßt einerseits die eher operativen Aufgaben des Projektleiters und die eher grundsätzlichen und veranlassenden Aufgaben des Projektausschusses. Ein **Projektausschuß** sollte über den Projektfortschritt, insbesondere die Erreichung von Meilensteinen sowie Zeit-, Kapazitäts- und Budgetüberschreitungen informiert werden und veranlaßt gegebenenfalls Gegensteuerungsmaßnahmen. In Projektausschüsse sollten "hochrangige" Linienvorgesetzte der von der Erneuerung betroffenen Bereiche sowie Interessengruppenvertreter und Berater einbezogen werden. Dies erfordert unterschiedliche **Befugnisse**, und zwar die Verfügung über das Projektbudget, mindestens fachliche Weisungsbefugnis gegenüber dem Projektleiter und dem Projektteam sowie Einflußnahme auf Betroffene, gegebenfalls vermittelt durch die zum Projektausschuß gehörenden Bereichsleiter.

5.3.3 Dauerhafte Promotoren der Erneuerung: Strategiegremium und Zentralstab, Förderausschüsse, Kleingruppen

Ergänzend zu den zeitlich und inhaltlich auf einzelne Erneuerungsprojekte begrenzten Aufgaben von Projektteams und Projektleitung sollten **dauerhafte Promotoren der Erneuerung** die Erneuerung von Unternehmungen fördern und die Durchführung von Erneuerungsprojekten unterstützen. In Anlehnung an das dreigliedrige Promotorenmodell (vgl. Abschnitt 4.2.2) von Witte und Hauschildt (vgl. Hauschildt 1989) werden hier als "Machtinstanz" ein **Strategiegremium** empfohlen, unterstützt von einem **Zentralstab**, als "Förderinstanzen" **Förderausschüsse** in den Unternehmungsbereichen und als "Fachinstanzen" unterschiedliche **Kleingruppen** in den Unternehmungsbereichen (vgl. Bild 5.10):

- Ein **Strategiegremium** veranlaßt Erneuerungsprojekte und beauftragt Projektleitung und -team mit der Projektplanung und -durchführung. Hammer und Champy fordern analog einen *"leader"* (Hammer und Champy 1993, S.103-108) und ein *"steering committee"* (S.114).

- Ein **Zentralstab** unterstützt das Strategiegremium, z.B. durch den Entwurf von Projektleitfäden und die Dokumentation von Erfahrungen aus unterschiedlichen Erneuerungsprojekten. Hammer und Champy bezeichnen solche Aufgabenträger als *"reengineering czar"* (Hammer und Champy 1993, S.115-116).

- **Förderauschüsse** koordinieren Kleingruppenaktivitäten in den Unternehmungsbereichen und unterstützen bei der Formulierung von Erneuerungsinitiativen.

- **Kleingruppen** sind wesentliche Quellen für Erneuerungsinitiativen. Sie sollten auch in die Durchführung von Erneuerungsprojekten einbezogen werden, einerseits wegen ihrer Detailkenntnisse bei der Istanalyse und beim Prozeßentwurf. Andererseits dienen sie als Multiplikatoren bei der Umsetzung von Erneuerungsprojekten. Sie eignen sich insbesondere für erforderlichen Wissenserwerb und Meinungsbildung.

Für diese dauerhaften Promotoren der Erneuerung sind in Tabelle 5.2 personelle **Zusammensetzung**, **Aufgaben**, **Befugnisse** sowie die jeweiligen **Anlässe** zu Aktivitäten zusammengestellt.

Auf den ersten Eindruck mag eine solche dauerhafte Organisation der Erneuerung sehr formal und starr wirken. Gleichwohl wird hier empfohlen, dafür kaum neue Stellen zu schaffen. Die Organisation der Erneuerung sollte die übrige Organisation überlagern. Von der Einrichtung einer spezialisierten Erneuerungsfunktion wird abgeraten. Auch die Zusammensetzung der Promotoren sollte sich verändern. Daher sollten die Stellen in den Gremien nicht dauerhaft mit bestimmten Aufgabenträgern besetzt werden.

	Machtinstanz		Förderinstanz	Fachinstanz
	Strategie-gremium	**Zentralstab**	**Förder-ausschüsse**	**Kleingruppen**
Zusammen-setzung	• Mitglied der Unterneh-mungsleitung • Bereichsleiter • beratend: DV-Leiter, Organi-sations- und Personalleiter	• erfahrene (ehemalige) Projektleiter • Fachspeziali-sten, z.B. für Informations-management, Total-Quality-Management, Organisations-entwicklung	• jeweiliger Be-reichsleiter • Moderatoren betrieblicher Kleingruppen	• Moderator • Mitarbeiter aus einem oder mehreren Bereichen
Aufgaben	• Rahmenpläne für Erneuerung • Genehmigung von Projekt-anträgen • Veranlassen von Erneue-rungsprojekten • Einsetzen der Projektaus-schüsse • Projektmittel-freigabe	• Unterstützen des Strategie-gremiums • Wissenserwerb und -dokumen-tation in Er-neuerungs-projekten • Entwurf von Leitfäden zur Erneuerung • interne Bera-tung in Erneue-rungsfragen	• Begutachtung von Erneue-rungsinitiativen unter Bezug auf Rahmenpläne • Beantragung von Erneue-rungsprojekten • Förderung der Kleingruppen-arbeit (z.B. Moderatoren-training)	• Projekt-initiativen • Unterstützung von Projekt-teams
Befugnisse	• Fachliche und disziplinarische Weisungs-befugnisse in Erneuerungs-fragen		• Antrags-befugnis in Erneuerungs-fragen • fachliche Wei-sungsbefugnis gegenüber Kleingruppen	• Projektvor-schlagsrecht • Partizipation in Erneuerungs-projekten
Anlaß	• Dauerinstanz, z.B. Sitzungen 2-3 mal im Jahr	• Dauerinstanz	• Dauerinstanz, z.B. Sitzungen 4-6 mal im Jahr	• nach Bedarf

Tabelle 5.2: Zusammensetzung, Aufgaben, Befugnisse der dauerhaften Promotoren der Erneuerung und Anlässe für deren Aktivitäten

Dadurch soll sich eine Organisation ergeben, die Erneuerungsinitiativen kanalisiert und geeigneten Entscheidungsträgern zuleitet. Erneuerungsaktivitäten in einer Unternehmung werden durch diese Organisation gefördert, und Erneuerung ohne schlüssiges Gesamtkonzept für die Unternehmung wird vermieden:

- **Erneuerungsinitiativen** sollten vor allem von betrieblichen Kleingruppen ausgehen, wie z.B. Total-Quality-Management-Gruppen. Erneuerung ist nicht nur Sache einzelner Erneuerungsspezialisten in Entwicklungsabteilungen und Strategiegremien, sondern sollte von einer breiten Basis getragen werden.

- Förderausschüsse sollten die vielfältigen Initiativen filtern. Einfachere Erneuerungsmaßnahmen sollten sofort veranlaßt werden. Für umfangreichere aussichtsreiche Initiativen sollten **Projektanträge** an das Strategiegremium gestellt werden.

- Vom Strategiegremium erhalten Projektausschüsse **Erneuerungsaufträge**.

- In die **Durchführung** und die **Umsetzung** von Erneuerungsprojekten sollten Kleingruppen einbezogen werden. In Kleingruppen vor Ort sind häufig die notwendigen Detailkenntnisse für die Istanalyse betrieblicher Prozesse und für den Prozeßentwurf aufgehoben. Darüber hinaus sollten sie hinsichtlich der Wertebildung als Multiplikatoren angesehen werden.

6 Zusammenfassung

Evolution von Unternehmungen ist grundlegend für deren Wettbewerbsfähigkeit. Unternehmungen verlieren an Wettbewerbsfähigkeit, wenn sie sich nicht der wachsenden Bedeutung moderner Informations- und Kommunikationstechnologien (IKT), dem intensiveren Wettbewerb und der Zunahme gesellschaftlicher Interessen an der Unternehmung stellen.

Die vorliegende Arbeit zielt auf die **Sicherung der Wettbewerbsfähigkeit** von Unternehmungen nach dem **Leitbild einer "Intelligenten Unternehmung"**. Eine "Intelligente Unternehmung" ist fähig zur Evolution und erhält dadurch ihre Wettbewerbsfähigkeit. Bei der Leitung von "Intelligenten Unternehmungen" steht Evolution im Mittelpunkt.

Evolution als Leitungsaufgabe (Kapitel 2) umfaßt sach-, personen- und zielbezogenes Gestalten und Lenken von Unternehmungen. Die Leitung von Unternehmungen sollte zukünftig insbesondere drei Schwerpunkte berücksichtigen: Erstens die wachsende Bedeutung von Informations- und Kommunikationstechnologien, zweitens den intensiveren wirtschaftlichen Wettbewerb und drittens zunehmende gesellschaftliche Interessen. Evolution kann durch Gestalten und Lenken betrieblicher Funktionen oder Prozesse bewirkt werden. Hier wurde für eine grundlegende Erneuerung durch das Gestalten und Lenken betrieblicher Prozesse plädiert. Information, Wissen und Werte sollen dabei im Mittelpunkt stehen.

Evolution erneuert betriebliche Prozesse. Ein **ganzheitliches Modell betrieblicher Prozesse** gibt dem Entwurf von Erneuerungsmaßnahmen eine Struktur (Kapitel 3). Unter Bezug auf die betriebliche **Wertschöpfung** lassen sich operative und strategische **Kernprozesse**, **Koordinationsprozesse** und **unterstützende Prozesse** unterscheiden. Sie tragen unterschiedlich zur Wertschöpfung bei.

Für die Erneuerung betrieblicher Prozesse wurde ein **Konzept der Erneuerung** entworfen (Kapitel 4): **Ziele**, **Mittel** und **Maßnahmen der Erneuerung** wurden konkretisiert. Wettbewerbsfähigkeit erfordert wirtschaftliche, innovative sowie menschen- und umweltgerechte Prozesse. Hierzu sollen Informationsmanagement, Organisationsentwicklung und Führungsethik beitragen. Informationsmanagement soll die Informationsverarbeitung verbessern, Organisationsentwicklung soll Wissensnutzung und -erwerb unterstützen, und Führungsethik soll das Wertesystem in Unternehmungen prägen. Der zielgerichtete Einsatz dieser Mittel führt zu einem Maßnahmenkatalog. Er umfaßt Maßnahmen der Prozeßgestaltung und -lenkung, nämlich sachbezogene der Prozeßinnovation und Prozeßsteuerung, personenbezogene der Prozeßorganisation und Prozeßführung sowie zielbezogene der Prozeßänderung und Prozeßvermittlung.

In der Praxis soll Erneuerung durch **Erneuerungsprojekte** umgesetzt werden. Hierfür wurde eine **Methodik** erarbeitet (Kapitel 5). Erneuerungsprojekte werden inhaltlich gegliedert in die fünf Komponenten: Ziele, Mittel, Ist-Zustand, Soll-Zustand und Transformation. Diese Komponenten sollten zeitlich parallel bearbeitet werden, damit eine inhaltliche Befruchtung der Komponenten möglich wird. Für die Durchführung von Erneuerungsprojekten sollten unterschiedliche Aufgabenträger verantwortlich sein: Einerseits sollten Projektteams, geführt von einer Projektleitung, Erneuerungsprojekte durchführen. Andererseits sollten dauerhafte Promotoren der Erneuerung für die Initiative und Koordination von Erneuerungsprojekten zuständig sein. Als solche dauerhaften Promotoren wurden ein Strategiegremium, unterstützt von einem Zentralstab, sowie Förderausschüsse auf Bereichsebene und betriebliche Kleingruppen vorgeschlagen.

Zukünftig ergeben sich vermutlich große Erneuerungspotentiale durch überbetriebliche Informations- und Kommunikationsinfrastrukturen - sogenannte "Informationsautobahnen" - im Verbund mit der Hypermedia-Technologie. Dadurch lassen sich **über**betriebliche Prozesse wirkungsvoller gestalten und lenken.

Literaturverzeichnis

Ackoff, Russell L.: The Art of Problem Solving - Accompanied by Ackoff's Fables. New York u.a.: Wiley **1978**.

Albrecht, Frank: Strategisches Management der Unternehmensressource Wissen. Frankfurt am Main: Lang **1993**.

Alexander, Maggie: Digital South Pacific's Quantum Leap, in: Business Change & Reengineering, vol. 1, **1993**, No. 3, pp.26-33.

Argyris, Chris; **Schön**, Donald A.: Organizational Learning - A Theory of Action Perspective. Reading, Mass.: Addison-Wesley **1978**.

Backhaus, Klaus; **Meyer**, Margit: Strategische Allianzen und strategische Netzwerke, in: Wirtschaftswissenschaftliches Studium, 22.Jg., **1991**, Heft 7, S.330-334.

Bateson, Gregory: Ökologie des Geistes - anthropologische, psychologische, biologische und epistemologische Perspektiven, 4.Auflage. Frankfurt am Main: Suhrkamp **1992**.

Becker, Thomas: Integriertes Technologie-Informationssystem - Beitrag zur Wettbewerbsfähigkeit Deutschlands. Wiesbaden: Deutscher Universitäts-Verlag **1993**.

Benthien, Uwe: Kundenorientierung bei der DEUTSCHE UNILEVER GmbH, in: Frese, Erich; Maly, Werner (Hrsg.): Kundennähe durch moderne Informationstechnologie, Zeitschrift für betriebswirtschaftliche Forschung, **1989**, Sonderheft 25, S.151-165.

Berger, Roland: Wirtschaftsstandort Deutschland - Mit neuen Strukturen zurück zur Spitze, in: technologie & management, 43.Jg., **1994**, Heft 1, S.9-13.

Bertram, Sabine; **Gassen**, Günther: Gentechnologie - Historie, Grundlagen und Perspektiven, in: technologie & management, 39.Jg., **1990**, Heft 3, S.13-20.

Biethahn, Jörg: Ganzheitliches Informationsmanagement, Band 1: Grundlagen. München: Oldenbourg **1990**.

Bishop, F.P.: The Ethics of Advertising. London: Robert Hale **1949**.

Bleicher, Knut: Die Organisation mit Zukunft, in: IBM-Nachrichten, 38.Jg., **1988**, Heft 292, S.7-13.

Bleicher, Knut: Organisation: Strategien - Strukturen - Kulturen, 2.Auflage. Wiesbaden: Gabler **1991**.

Bleicher, Knut: Das Konzept Integriertes Management, 2.Auflage. Frankfurt am Main, New York: Campus **1992**.

Bleicher, Knut: Zum "Management of Change" - Orientierungslosigkeit und Verunsicherung in einer Zeit des Paradigmawechsels, in: technologie & management, 43.Jg., **1994**, Heft 2, S.65-69.

Böhrs, Hermann: Organisation des Industriebetriebes. Wiesbaden: Gabler **1963**.

Böttcher, Elmar: Noch menschlicher als "menschlich"? - Provozierendes zur "Humanisierung" der Arbeitswelt, in: technologie & management, 41.Jg., **1992**, Heft 2, S.32-40.

Brockhoff, Klaus: Forschung und Entwicklung, 3.Auflage. München, Wien: Oldenbourg **1992**.

Brunowsky, Ralf-Dieter; **Luber**, Thomas: "Wir wollen ein weltweites Filmnetz aufbauen", in: Capital, 33.Jg., **1994**, Heft 1, S.92-99.

Bühner, Rolf: Organisation in den 90er Jahren, in: HARVARDmanager, 8.Jg., **1986**, Heft 4, S.7-11.

Busse von Colbe, Walther; **Laßmann**, Gert: Betriebswirtschaftstheorie, Band 1: Grundlagen, Produktions- und Kostentheorie, 5.Auflage. Berlin u.a.: Springer **1991**.

Capitman, William G.: Morality in Advertising - A Public Imperative, in: Business Topics, vol. 19, Spring **1971**, pp.21-26.

Coenenberg, Adolf G.; **Fischer**, Thomas M.: Prozeßkostenrechnung - Strategische Neuorientierung in der Kostenrechnung, in: Die Betriebswirtschaft, 51.Jg, **1991**, Heft 1, S.21-38.

Cooper, Robert G.: Third-Generation New Product Processes, in: The Journal of Product and Inovation Management, vol. 11, **1994**, No. 1, pp.3-14.

Cooper, Robin: Activity-Based Costing - Was ist ein Activity-Based Cost-System?, in: Kostenrechnungspraxis, o.Jg., **1990**, Heft 4, S.210-220.

Cooper, Robin; **Kaplan**, Robert S.: Measure Costs Right - Make the Right Decisions, in: Harvard Business Review, vol. 66, **1988**, No. 5, pp.96-103.

Corsten, Hans: Betriebswirtschaftslehre der Dienstleistungsunternehmungen. München, Wien: Oldenbourg **1988**.

Corsten, Hans: Überlegungen zu einem Innovationsmanagement - organisationale und personale Aspekte, in: Corsten, Hans (Hrsg.): Die Gestaltung von Innovationsprozessen: Hindernisse und Erfolgsfaktoren im Organisations-, Finanz- und Informationsbereich. Berlin: Schmidt **1989**.

Cypress, Harold L.: Re-Engineering, in: OR/MS Today, vol. 21, **1994**, No. 1, pp.18-29.

Daft, Richard L.; **Weick**, Karl E.: Toward a Modell of Organizations as Interpretation Systems, in: Academy of Management Review, vol. 9, **1984**, No. 2, pp.284-295.

Davenport, Thomas H.: Process Innovation - Reengineering Work through Information Technology. Boston, Mass.: Harvard Business School Press **1993**.

Davenport, Thomas H.; **Nohria**, Nitin: Case Management and the Integration of Labor, in: Sloan Management Review, vol. 35, **1994**, No. 2, pp.11-23.

Davidow, William H.; **Malone**, Michael S.: Das virtuelle Unternehmen - Der Kunde als Co-Produzent. Frankfurt, New York: Campus **1993**.

Deal, Terrence E.; **Kennedy**, Allen A.: Corporate Cultures - The Rites and Rituals of Corporate Life. Reading, Mass.: Addison-Wesley **1982**.

Deutsches Institut für Normung (DIN): DIN 69901: Projektmanagement: Begriffe. Berlin: **Beuth** 1987.

Dörnberg, Ernst A. von: Kundenorientierung bei der DEUTSCHE LUFTHANSA AG, in: Frese, Erich; Maly, Werner (Hrsg.): Kundennähe durch moderne Informationstechnologie, Zeitschrift für betriebswirtschaftliche Forschung, **1989**, Sonderheft 25, S.89-109.

Eccles, John C.; **Zeier**, Hans: Gehirn und Geist - Biologische Erkenntnisse über Vorgeschichte, Wesen und Zukunft des Menschen. München: Kindler **1980**.

Eccles, Robert G.: The Performance Measurement Manifesto, in: Harvard Business Review, vol. 69, **1991**, No. 1, pp.131-137.

Elgass, Petra; **Krcmar**, Helmut: Computerunterstützung für die Planung von Geschäftsprozessen, in: Hasenkamp, Ulrich; Kirn, Stefan; Syring, Michael (Hrsg.): CSCW - Computer Supported Cooperative Work, Informationssysteme für dezentralisierte Unternehmensstrukturen. Bonn u.a.: Addison-Wesley **1994**, S.67-83.

Erlenspiel, Klaus: Kostengünstig Konstruieren - Kostenwissen, Kosteneinflüsse, Kostensenkung. Berlin u.a.: Springer **1985**.

Ernst, Edgar: Moderne Informationstechnologie im Versandhandel bei Quelle - Kundennahe Konzepte und organisatorische Konsequenzen, in: Frese, Erich; Maly, Werner (Hrsg.): Kundennähe durch moderne Informationstechnologie, Zeitschrift für betriebswirtschaftliche Forschung, **1989**, Sonderheft 25, S.125-137.

Esslinger, Wilhelm: Das Methodenproblem der Betriebswirtschaftslehre. Dissertation, Tübingen **1949**.

Eysenck, Hans J.: Intelligenz - Struktur und Messung. Berlin u.a.: Springer **1980**.

Ferrell, O.C.: Implementing and Monitoring Ethics in Advertising, in: **Laczniak**, Gene R.; **Murphy**, Patrick E. (eds.): Marketing Ethics - Guidelines for Managers. Lexington, Mass.: Heath **1985**, pp.27-40.

Fischer, Joachim: Unternehmensübergreifende Datenmodellierung - der nächste folgerichtige Schritt der zwischenbetrieblichen Datenverarbeitung!, in: Wirtschaftsinformatik, 35.Jg., **1993**, Heft 3, S.241-254.

Fischer, Thomas M.: Sicherung unternehmerischer Wettbewerbsvorteile durch Prozeß- und Schnittstellen-Management, in: Zeitschrift für Organisation, 62.Jg., **1993**, Heft 5, S.312-318.

Forrester, Jay W.: Industrial Dynamics. Cambridge, Mass.: MIT **1961**.

Franz, Klaus-Peter: Moderne Methoden der Kostenbeeinflussung, in: Männel, Wolfgang (Hrsg.): Handbuch Kostenrechnung. Wiesbaden: Gabler **1992**, S.1492-1505.

Franz, Klaus-Peter: Prozeßkostenmanagement - Skeptische Zurückhaltung, in: technologie & management, 42.Jg., **1993**, Heft 2, S.75-78.

Frese, Erich; **Werder**, Axel v.: Kundenorientierung als organisatorische Gestaltungsoption der Informationstechnologie, in: Frese, Erich; Maly, Werner (Hrsg.): Kundennähe durch moderne Informationstechnologie, Zeitschrift für betriebswirtschaftliche Forschung, **1989**, Sonderheft 25, S.1-26.

Fuchs, Jürgen: Das Unternehmen - lebender Organismus oder tote Institution?, in: ders. (Hrsg.): Das biokybernetische Modell - Unternehmen als Organismen. Wiesbaden: Gabler **1992a**, S.13-74.

Fuchs, Jürgen: Computer als Intelligenz-Verstärker - Die richtige Rationalisierung, in: Office Management, 40.Jg., **1992b**, Heft 11, S.25-31.

Fuchs, Jürgen: Was Unternehmen von lebenden Organismen lernen können, in: technologie & management, 42.Jg., **1993**, Heft 2, S.56-58.

Fuchs, Jürgen; **Besier**, Karl: Personalentwicklung - Querdenker statt Aufsteiger, in: Fuchs, Jürgen (Hrsg.): Das biokybernetische Modell - Unternehmen als Organismen. Wiesbaden: Gabler **1992**, S.181-204.

Gaitanides, Michael: Prozeßorganisation - Entwicklung, Ansätze und Programme prozeßorientierter Organisationsgestaltung. München: Vahlen **1983**.

Gaitanides, Michael: Ablauforganisation, in: Frese, Erich (Hrsg.): Handwörterbuch der Organisation, 3.Auflage. Stuttgart: Poeschel **1992**, Sp.1-18.

Galupe, R.Brent; **Cooper**, William H.: Brainstorming elektronisch - jeder für sich und doch alle miteinander, in: HARVARDmanager, 16.Jg., **1994**, Heft 2, 75-83.

Gälweiler, Aloys: Zur Kontrolle strategischer Pläne, in: Steinmann, Horst (Hrsg.): Planung und Kontrolle: Probleme der strategischen Unternehmensführung. München: Vahlen **1981**.

Gälweiler, Aloys: Unternehmensplanung - Grundlagen und Praxis. Frankfurt am Main, New York: Campus **1986**

Garrett, Thomas M.: An Introduction to Some Ethical Problems of Modern American Advertising. Rome: The Gregorian University Press **1961**.

Garvin, David A.: Building a Learning Organization, in: Harvard Business Review, vol. 71, **1993**, No. 4, pp.78-91.

Geschka, Horst: Wettbewerbsfaktor Zeit - Beschleunigung von Innovationsprozessen. Landsberg am Lech: moderne industrie **1993**.

Gomez, Peter; **Ganz**, Matthias: Diversifikation mit Konzept - den Unternehmenswert steigern, in: HARVARDmanager, 14.Jg., **1992**, Heft 1, S.44-54.

Gomez, Peter; **Zimmermann**, Tim: Unternehmensorganisation: Profile, Dynamik, Methodik, 2.Auflage. Frankfurt am Main, New York: Campus **1993**.

Gore, Al: Infrastructure for the Global Village - A high-capacity network will not be built without government investment, in: Scientific American, vol. 265, **1991**, No. 3, pp.108-111.

Griese, Joachim: Informations- und Kommunikationssysteme in international tätigen Unternehmen, in: Management & Computer, 1.Jg., **1993**, Heft 4, S.283-288.

Grochla, Erwin: Einführung in die Organisationstheorie. Stuttgart: Poeschel **1978**.

Grove, Andrew S.; **Lewis**, Geoff; **Hof**, Robert D.: How the New Rules Will Change the Way We Do Business in the Information Age, in: Business Week, **1994**, Number 3361-691, pp. 60-62.

Gussmann, Bernd: Innovationsfördernde Unternehmenskultur - Die Steigerung der Innovationsbereitschaft als Aufgabe der Organisationsentwicklung. Berlin: Schmidt **1988**.

Hammer, Michael; **Champy**, James: Reengineering the Corporation - A Manifesto for Business Revolution. New York: Harper **1993**.

Hanker, Jens: Die strategische Bedeutung der Informatik für Organisationen - Industrieökonomische Grundlagen des strategischen Informatikmanagements. Stuttgart: Teubner **1990**.

Hasenkamp, Ulrich, **Syring**, Michael: CSCW (Computer Supported Cooperative Work) in Organisationen - Grundlagen und Probleme, in: Hasenkamp, Ulrich; Kirn, Stefan; Syring, Michael (Hrsg.): CSCW - Computer Supported Cooperative Work, Informationssysteme für dezentralisierte Unternehmensstrukturen. Bonn u.a.: Addison-Wesley **1994**, S.13-37.

Hauschildt, Jürgen: Promotoren und Champions - Die treibenden Kräfte hinter der Innovation, in: technologie & management, 38.Jg., **1989**, Heft 4, S.11-15.

Hauschildt, Jürgen: Innovationsmanagement. München: Vahlen **1993**.

Hedberg, Bo: How Organizations Learn and Unlearn, in: Nyström, Paul C.; Starbuck, William H. (eds.): Handbook of Organizational Design, vol. 1. New York: Oxford University Press **1981**, pp.3-27.

Heilmann, Heidi: Workflow Management - Integration von Organisation und Informationverarbeitung, in: dies. (Hrsg.): Handwörterbuch der modernen Datenverarbeitung, 31.Jg., **1994**, Heft 176, S.8-21.

Heinrich, Lutz; **Burgholzer**, Peter: Informationsmanagement: Planung, Steuerung und Überwachung der Informationsinfrastruktur, 2.Auflage. München: Oldenbourg **1988**.

Henzel, Friedrich: Produktivität und ihre Messung, in: Zeitschrift für Betriebswirtschaft, 27.Jg., **1957**, Heft 5, S.257-275.

Hess, Klaus-Peter: Mikroelektronik - Eine Herausforderung für Europas Wirtschaft, in: Der Technologie-Manager, 34.Jg., **1985**, Heft 4, S.6-18.

Hessel, Marek P.; **Mooney**, Marta; **Zeleny**, Milan: Integrated Process Management - A Management Technology for the New Competitive Era, in: Starr, Martin K. (Ed.): Global Competitiveness - Getting the United States back on Track. New York: Norton **1988**, pp.121-158.

Hill, Wilhelm; **Fehlbaum**, Raymond; **Ulrich**, Peter: Organisationslehre, 2 Bände, 3.Auflage. Bern, Stuttgart: Haupt **1981**.

Hinske, Norbert: Kant als Herausforderung an die Gegenwart. Freiburg, München: Alber **1980**.

Hinterhuber, Hans H.: Strategiegerechte Personalentwicklung, in: Wunderer, Rolf (Hrsg.): Humane Personal- und Organisationsentwicklung. Berlin: Duncker & Humblot **1979**, S.147-169.

Hiromoto, Toshiro: Wie das Management Accounting seine Bedeutung zurückgewinnt, in: IFUA Horváth & Partner (Hrsg.): Prozeßkostenmanagement - Methodik, Implementierung, Erfahrungen. München: Vahlen **1991**, S.25-46.

Hopper, Max D.: Sabre - Lektionen für das Überleben im Informationszeitalter, in: HARVARDmanager, 13.Jg., **1991**, Heft 1, S.80-87.

Horváth, Péter: Controlling, 5.Auflage. Wiesbaden: Gabler **1994**.

Horváth, Péter; **Mayer**, Reinhold: Prozeßkostenrechnung - Der neue Weg zu mehr Transparenz und wirkungsvollen Unternehmensstrategien, in: Controlling, o.Jg., **1989**, Heft 4, S.214-219.

Hübner, Heinz; **Simon-Hübner**, Daniela: Ökologische Qualität von Produkten - Ein Leitfaden für Unternehmen. Wiesbaden: Hessisches Umweltministerium **1991**.

Imai, Masaaki: Kaizen - Der Schlüssel zum Erfolg der Japaner im Wettbewerb. Berlin, Frankfurt am Main: Ullstein **1993**.

Jacobsen, Andreas: The Usage of Organizational Intelligence in Innovation Processes, in: Brockhoff, Klaus (ed.): Fourth European Summer School on Management of Technology. Kiel, August **1994**.

Jennison, Leslie: Some Tools for Business Re-engineering, in: Spurr, Kathy; Layzell, Paul; Jennison, Leslie; Richards, Neil (eds.): Software Assistance for Business Re-engineering. Chichester: Wiley **1993**, pp.198-224.

Johansson, Henry J.; **McHugh**, Patrick; **Pendlebury**, A.John; **Wheeler** III, William A.: Business Process Reengineering - Breakpoint Strategies for Market Dominance. Chichester u.a.: Wiley **1993**

Joschke, Heinz K.: Darstellungstechniken, in: Grochla, Erwin (Hrsg.): Handwörterbuch der Organisation, 2. Auflage. Stuttgart: Poeschel **1980**, Sp.431-462.

Kant, Immanuel: Kritik der reinen Vernunft. Königsberg **1781**. (Zitiert nach der Akademie-Textausgabe der Preußischen Akademie der Wissenschaften von 1902. Berlin: de Gruyter 1968).

Kaplan, Robert B.; **Murdock**, Laura: Core Process Redesign, in: The McKinsey Quarterly, **1991**, No. 2, pp.27-43.

Keen, Peter G.W.: Shaping the Future - Business Design through Information Technology. Boston, Mass.: Harvard Business School Press **1991**.

Keller, Gerhard: Informationsmanagement in objektorientierten Organisationsstrukturen. Wiesbaden: Gabler **1993**.

Kellerhals, Rainer A.: Die zweite Revolution der Massenkommunikation, in: technologie & management, 42.Jg., **1993**, Heft 4, S.155-162.

Kilian-Momm, Agathe: Dezentralisierung von Büroarbeitsplätzen mit neuen Informations- und Kommunikationstechniken - Eine Analyse unter betriebswirtschaftlich-organisatorischen Aspekten. Dissertation, Universität Mainz **1988**.

Kim, Daniel H.: The Link between Individual and Organizational Learning, in: Sloan Management Review, vol. 35, **1993**, No.2, pp.37-50.

Kirsch, Werner: Die Unternehmungsziele in organisationstheoretischer Sicht, in: Zeitschrift für betriebswirtschaftliche Forschung, 21.Jg., **1969**, Heft 5, S.665-675.

Kirsch, Werner: Unternehmenspolitik und strategische Unternehmensführung. München: Barbara Kirsch **1990**.

Kirsche, Thomas u.a.: CoDraft - An Object-Based Drafting Tool on Top of Group Communication Services, in: Reichel, Horst (Hrsg.): Informatik - Wirtschaft - Gesellschaft. Berlin u.a.: Springer **1993**, S.521-526.

Kleinhans, Christian: Anwenderorientierter Systementwurf für ein Beschlußinformationssystem. Diplomarbeit, Universität Kaiserslautern, Fachgebiet Betriebsinformatik und Operations Research **1992**.

Knoop, Jens: Online-Kostenrechnung für die CIM-Planung. Berlin u.a.: Springer **1986.**

Kobi, Jean-Marcel; **Wüthrich**, Hans A.: Unternehmenskultur verstehen, erfassen und gestalten. Landsberg am Lech: moderne industrie **1986**.

Koch, Helmut: Integrierte Unternehmensplanung. Wiesbaden: Gabler **1982**.

Konsynski, Benn R.; **McFarlan**, F. Warren: Wie Informationspartnerschaften zu mehr Umsatz und Ertrag verhelfen, in: HARVARDmanager, 13.Jg., **1991**, Heft 1, S.54-61.

Kortschak, Bernd: Vorsprung durch Logistik - Der Produktions- und Wettbewerbsfaktor Zeit und die Entwicklung der Logistik. Wien: Service **1992**.

Kosiol, Erich: Die Unternehmung als wirtschaftliches Aktionszentrum. Reinbek: Rowohlt **1966**.

Kosiol, Erich: Aufbauorganisation, in: Grochla, Erwin (Hrsg.): Handwörterbuch der Organisation, 2.Auflage. Stuttgart: Poeschel **1980**, Sp.179-187.

Kotler, Philip: Globalization - Realities and Strategies, in: Die Unternehmung, 44.Jg., **1990**, Heft 2, S.79-99.

Krallmann, Hermann: Systemanalyse im Unternehmen - Geschäftsprozeßoptimierung, Partizipative Vorgehensmodelle, Objektorientierte Analyse. München, Wien: Oldenbourg **1994**.

Kränzle, Birgid S.: Schlanke Produktion - Aufbruch in ein neues Zeitalter der industriellen Produktion?, in: technologie & management, 40.Jg., **1991**, Heft 3, S.38-41.

Kränzle, Birgid S.: Informationsystem der Produktion - Entwurf einer objektorientierten Informationsstruktur, gemeinsamer Ansatz für unterschiedliche Herstellungsprozesse. Dissertation, Universität Kaiserslautern **1993**.

Krcmar, Helmut: Computerunterstützung für die Gruppenarbeit - Zum Stand der Computer Supported Cooperative Work Forschung, in: Wirtschaftsinformatik, 34.Jg., **1992**, Heft 4, S.425-437.

Kreikebaum, Hartmut: Integrierter Umweltschutz durch strategische Planungs- und Controlling-Instrumente, in: Steeger, Ulrich (Hrsg.): Handbuch des Umweltmanagements - Anforderungs- und Leistungsprofile von Unternehmen und Gesellschaft. München: Beck **1992**, S.257-270.

Kreikebaum, Hartmut: Personelle Voraussetzungen des integrierten Umweltschutzes, in: Zeitschrift für Organisation, 62.Jg., **1993**, Heft 3, S.85-90.

Krieg, Walter: Kybernetische Grundlagen der Unternehmungsgestaltung. Bern, Stuttgart: Haupt **1971**.

Krupinski, Guido: Führungsethik für die Wirtschaftspraxis: Grundlagen - Konzepte - Umsetzung. Wiesbaden: Deutscher Universitäts-Verlag **1993**.

Läpple, Horstfried: Modellgestützte Planung der Produktionstechnik in der Prozeßindustrie unter besonderer Berücksichtigung des Umweltschutzes. Dissertation, Darmstadt **1978**.

Leibfried, Kathleen H.J.; **McNair**, Carol J.: Benchmarking - Von der Konkurrenz lernen, die Konkurrenz überholen. Freiburg: Haufe **1993**.

Lewe, Henrik; **Krcmar**, Helmut: Groupware, in: Informatik-Spektrum, 14.Jg., **1991**, Heft 6, S.345-348.

Linné, Harald: Wahl geeigneter Kooperationspartner - ein Beitrag zu strategischen Planung von F&E-Kooperationen. Frankfurt am Main u.a.: Lang **1993**.

Maly, Werner; **Frank**, Hans: Kundennähe durch Informationstechnologie - Erfahrungen im Bereich Medizinische Technik der Siemens AG, in: Frese, Erich; Maly, Werner (Hrsg.): Kundennähe durch moderne Informationstechnologie, Zeitschrift für betriebswirtschaftliche Forschung, **1989**, Sonderheft 25, S.139-149.

Matsuda, Takehiko: "Organizational Intelligence" als Prozeß und als Produkt - ein neuer Orientierungspunkt der japanischen Managementlehre, in: technologie & management, 42.Jg., **1993**, Heft 1, S.12-17.

Maurer, Hermann; **Carlson**, Patricia A.: Computervisualisierung: Die Krücke für ein fehlendes Organ?, in: technologie & management, 41.Jg., **1992**, Heft 1, S.22-26.

Mayer, Reinhold: Prozeßkostenrechnung und Prozeßkostenmanagement - Methodik, Vorgehensweise und Einsatzmöglichkeiten, in: IFUA Horváth & Partner (Hrsg.): Prozeßkostenmanagement - Methodik, Implementierung, Erfahrungen. München: Vahlen **1991**, S.73-99.

McFarlan, F. Warren; **McKenny**, James L.; **Pyburn**, Philip: The Information Archipelago - Plotting a Course, in: Harvard Business Review, vol. 61, **1983**, No. 1, pp. 145-156.

Meffert, Heribert: Größere Flexibilität als Unternehmungskonzept, in: Zeitschrift für betriebswirtschaftliche Forschung, 37.Jg., **1985**, Heft 2, S.121-137.

Mertens, Peter: Integrierte Informationsverarbeitung, Band 1: Administrations- und Dispositionssysteme in der Industrie, 9.Auflage. Wiesbaden: Gabler **1993**.

Mertens, Peter: Virtuelle Unternehmen, in: Wirtschaftsinformatik, 36.Jg., **1994**, Heft 2, S.169-172.

Mertens, Peter; **Borkowski**, Volker; **Geis**, Wolfgang: Betriebliche Expertensystemanwendungen, 2.Auflage. Berlin u.a.: Springer **1990**.

Mertens, Peter; **Plattfaut**, Eberhard: Informationstechnik als strategische Waffe, in: Information Management, o.Jg., **1986**, Heft 2, S.6-17.

Metzen, Heinz: Die Literaten des Wandels, in: manager magazin, 23.Jg., **1993**, Heft 2, S.142-151.

Mintzberg, Henry: Mintzberg über Management - Führung und Organisation, Mythos und Realität. Wiesbaden: Gabler **1991**.

Mittelstraß, Jürgen: Das ethische Maß der Wissenschaft, in: Rechtshistorisches Journal, 7.Jg, **1988**, S.193-210.

Mittelstraß, Jürgen: Leonardo-Welt: über Wissenschaft, Forschung und Verantwortung. Frankfurt am Main: Suhrkamp **1992**.

Möhrle, Martin G.: Informationssysteme in der betrieblichen Forschung und Entwicklung - Konzeptioneller Entwurf, empirischer Befund und zukünftige Praxis. Bad Homburg: DIE **1991**.

Möhrle, Martin G.: Die technologische Dynamik des Computerunterstützten Lernens, in: technologie & management, 42.Jg., **1993a**, Heft 2, S.59-64.

Möhrle, Martin G.: Durch Computerunterstütztes Lernen zu Wettbewerbsvorteilen in der unternehmensexternen Kommunikation, in: Reichel, Horst (Hrsg.): Informatik - Wirtschaft - Gesellschaft. Berlin u.a.: Springer **1993b**, S.117-122.

Momm, Christian: Computer als Kommunikationswerkzeuge, in: technologie & management, 40.Jg., **1991**, Heft 3, S.43-45.

Momm, Christian: Organizational Intelligence - Das japanische Managementkonzept der Zukunft?, in: technologie & management, 42.Jg., **1993**, Heft 1, S.45-46.

Mühlhäuser, Max: Hypermedia-Konzepte zur Verarbeitung multimedialer Information, in: Informatik-Spektrum, 14.Jg., **1991**, Heft 5, S.281-290.

Müller-Böling, Detlef: Qualitätsmanagement, in: Kern, Werner u.a. (Hrsg.): Handwörterbuch der Betriebswirtschaft, 5.Auflage. Stuttgart: Poeschel **1993**, Sp.3625-3638.

Müller-Böling, Detlef; **Ramme**, Iris: Informations- und Kommunikationstechniken für Führungskräfte - Top-Manager zwischen Technikeuphorie und Tastaturphobie. München, Wien: Oldenbourg **1990**.

Müller-Merbach, Heiner: Optimale Reihenfolgen. Berlin u.a.: Springer **1970**.

Müller-Merbach, Heiner: Operations Research - Methoden und Modelle der Optimalplanung, 3.Auflage. München: Vahlen **1973**.

Müller-Merbach, Heiner: Einführung in die Betriebswirtschaftslehre, 2. Auflage. München: Vahlen **1976**.

Müller-Merbach, Heiner: The Modelling Process: Steps versus Components, in: Szyperski, Norbert; Grochla, Erwin (Hrsg.): Design and Implementation of Computer-Based Information Systems. Alphen an den Rijn **1979**, pp.47-59.

Müller-Merbach, Heiner: Die Konstruktion von Input-Output-Modellen, in: Bergner, Heinz (Hrsg.): Planung und Rechnungswesen in der Betriebswirtschaftslehre. Berlin: Duncker & Humblot **1981**, S.19-113.

Müller-Merbach, Heiner: Phases or Components?, in: Interfaces, vol. 12, **1982**, No. 11, pp.61-65.

Müller-Merbach, Heiner: Schönheitsfehler der Betriebswirtschaftslehre - Eine subjektive Sammlung subjektiver Wahrnehmungen, in: Zeitschrift für Betriebswirtschaft, 53.Jg., **1983a**, Heft 9, S.811-830.

Müller-Merbach, Heiner: Systemanalyse als gelenkter kreativer Prozess, in: Schelle, Heinz; Molzberger, Peter (Hrsg.): Psychologische Aspekte der Software-Entwicklung. München, Wien: Oldenbourg **1983b**, S.105-132.

Müller-Merbach, Heiner: Interdisciplinarity in Operational Research - in the Past and in the Future, in: Journal of the Operational Research Society, vol. 25, **1984**, No. 2, pp.83-89.

Müller-Merbach, Heiner: Eine informationsorientierte Betriebswirtschaftslehre, in: Heinrich, Lutz J.; Lüder, Klaus (Hrsg.): Angewandte Betriebswirtschaftslehre und Unternehmensführung. Herne, Berlin: Neue Wirtschaftsbriefe **1985a**, S.13-34.

Müller-Merbach, Heiner: Arroganz versus Ignoranz - ein Plädoyer für interdisziplinäre Verständigung, in: Der Technologie-Manager, 34.Jg., **1985b**, Heft 3, S.6-7.

Müller-Merbach, Heiner: Die Konstruktion von Planungsmodellen, in: Ohse, Dietrich u.a. (Hrsg.): Operations Research Proceedings 1984. Berlin u.a.: Springer **1985c**, S.632-646.

Müller-Merbach, Heiner: Gestaltungsaufgabe und Intelligenzunterstützung - Vor einer Neuorientierung der Anwendungswissenschaften, in: Der Technologie-Manager, 35.Jg., **1986a**, Heft 2, S.2-3.

Müller-Merbach, Heiner: Die fünf C -Was gute Führungskräfte auszeichnet, in: Der Technologie-Manager, 35.Jg., **1986b**, Heft 2, S.42.

Müller-Merbach, Heiner: Künstliche Intelligenz - Eine Sackgasse? Ein Plädoyer für Mensch-Maschine-Tandems, in: technologie & management, 36.Jg., **1987a**, Heft 4, S.6-8.

Müller-Merbach, Heiner: Fünf-Felder-Analyse, in: Vahlens Großes Wirtschaftslexikon, 2 Bände. München: Beck und Vahlen **1987b**, S.656.

Müller-Merbach, Heiner: Ethik ökonomischen Verhaltens - Eine Lehre der verantwortungsbewußten Unternehmensführung in marktwirtschaftlichen Gesellschaftsordnungen, in: Hesse, Helmut (Hrsg.): Wirtschaftswissenschaft und Ethik. Berlin: Duncker & Humblot **1988a**, S.305-323.

Müller-Merbach, Heiner: Der mündige Benutzer als Partner bei der Systemgestaltung, in: IBM-Nachrichten, 38.Jg., **1988b**, Special II, S.7-13.

Müller-Merbach, Heiner: Personalcomputer im Jahr 2000, in: technologie & management, 37.Jg., **1988c**, Heft 3, S.40-41.

Müller-Merbach, Heiner: Dem mündigen Anwender - Datenbanken und Informationssysteme, in: technologie & management, 37.Jg., **1988d**, Heft 2, S.6-8.

Müller-Merbach, Heiner: Komprehensive Informationssysteme und Allgemeine Betriebswirtschaftslehre, in: Zeitschrift für Betriebswirtschaft, 59.Jg., **1989a**, Heft 10, S.1023-1045.

Müller-Merbach, Heiner: Der Generalist als Manager der technischen Entwicklung - Plädoyer für eine interdisziplinäre Ausbildung, in: Kirsch, Werner; Picot, Arnold (Hrsg.): Die Betriebswirtschaftslehre im Spannungsfeld zwischen Generalisierung und Spezialisierung. Wiesbaden: Gabler **1989b**, S.25-40.

Müller-Merbach, Heiner: Schmerzhafte Interdisziplinarität - Platons Höhlengleichnis verfremdet, in: technologie & management, 38.Jg., **1989c**, Heft 4, S.40-44.

Müller-Merbach, Heiner: Strategische Positionen der Industrieprodukte im Außenhandel - Charakteristische Unterschiede zwischen Deutschland, Japan und den USA, in: technologie & management, 39.Jg., **1990a**, Heft 1, S.46-55.

Müller-Merbach, Heiner: Gedanken über die Bestgestaltung eines Universitätsstudiums, in: Zimmerli, Walter C. (Hrsg.): Wider die "Zwei Kulturen". Berlin u.a.: Springer **1990b**, S.171-195.

Müller-Merbach, Heiner: Wirkungsverbund von technischem Fortschritt, wirtschaftlichem Wachstum und gesellschaftlichem Wandel, in: Wirtschaftswissenschaftliches Studium, 20.Jg., **1991a**, Heft 2, S.53.

Müller-Merbach, Heiner: Entwurf zweidimensionaler Wirtschaftgraphiken, in: technologie & management, 40.Jg., **1991b**, Heft 2, S.24-34.

Müller-Merbach, Heiner: IKT-Vision 2000, in: technologie & management, 40.Jg., **1991c**, Heft 2, S.6-9.

Müller-Merbach, Heiner: Philosophie-Splitter für das Management - 16 praktische Handreichungen für Führungskräfte, 2.Auflage. Bad Homburg: DIE **1992a**.

Müller-Merbach, Heiner: Vier Arten von Systemansätzen, dargestellt in Lehrgesprächen, in: Zeitschrift für Betriebswirtschaft, 62.Jg., **1992b**, Heft 8; S.853-876.

Müller-Merbach, Heiner: Wie intelligent kann denn ein Unternehmen sein?: O.I. - Eine neue Managementlehre aus Japan, in: Blick durch die Wirtschaft vom 17.6.**1993a**, 36.Jg., S.1.

Müller-Merbach, Heiner: Die Orthogonalität in ihre Schranken verweisen! - Zwischen funktionsorientiertem Trennen und prozeßorientiertem Reengineering, in: technologie & management, 42.Jg., **1993b**, Heft 4, S.147-150.

Müller-Merbach, Heiner: Die Wettbewerbsfähigkeit der Bundesrepublik Deutschland - Eine Relativierung innerhalb der Triade, in: Schiemenz, Bernd; Wurl, Hans-Jürgen (Hrsg.): Internationales Management - Beiträge zur Zusammenarbeit. Wiesbaden: Gabler **1994a**, S.61-93.

Müller-Merbach, Heiner: Jahrzehnt des Wandels? - Aktivitäten des Turnaround-Managements: Redesign, Reengineer, Reexamine, Reinvent, Reinvigorate, Reorganize, Reorient, Restructure, Cut Red Tape, in: technologie & management, 43.Jg., **1994b**, Heft 2, S.51-54.

Müller-Merbach, Heiner: Kybernetik als methodischer Rahmen ganzheitlicher Leitung: Gestalten und Lenken von Sozialsystemen, in: Schiemenz, Bernd (Hrsg.): Interaktion - Modellierung, Kommunikation und Lenkung in komplexen Organisationen. Berlin: Duncker & Humblot **1994c**.

Müller-Merbach, Heiner: Leitung und Reengineering - Die Matrix der sechs Aufgabenbereiche, in: Zink, Klaus J. (Hrsg.): Wettbewerbsfähigkeit durch innovative Konzepte. München: Hanser **1994d**, S.295-319.

Müller-Merbach, Heiner: Die Intelligenz der Unternehmung - Wie man Computer besser nutzt, in: Industrie- und Handelskammer für die Pfalz (Hrsg.): 5. Technologieforum Pfalz - Lean Management. Ludwigshafen **1994e**, S.1-15.

Müller-Merbach, Heiner: Operative und strategische Kernprozesse - Die gesamte Unternehmung als Objekt des Reengineering, in: technologie & management, 43.Jg., **1994f**, Heft 3, S.99-101.

Müller-Merbach, Heiner; **Sommer**, Hartmut: Die betrieblichen Funktionsbereiche im Verbund, in: Wirtschaftswissenschaftliches Studium, 13.Jg., **1982**, Heft 6, S.263-270.

Mund, Klaus: Verflechtungsmodelle der Umweltplanung - Entwurf eines ökologischen Branchenmodells für die Textilindustrie. Dissertation, Darmstadt **1980**.

Naisbitt, John: Megatrends, 2. Auflage. Bayreuth: **Hestia** 1984.

Nastansky, Ludwig; **Hilpert**, Ludwig: Kritische Erfolgsfaktoren für Vorgangsbearbeitung und Workflowmanagement als Kernkomponenten in der bankbetrieblichen Dienstleistungserstellung, Arbeitspapier DL_N_VS-1.1 03.10.93. Paderborn **1993**.

Nefiodow, Leo A.: Der fünfte Kondratieff: Strategien zum Strukturwandel in Wirtschaft und Gesellschaft. Wiesbaden: Gabler **1990**.

Niemeier, Joachim: Wettbewerbsumwelt und interne Konfigurationen - Theoretische Ansätze und empirische Prüfung. Frankfurt am Main u.a.: Lang **1986**.

Niwa, Kiyoshi: Knowledge Sharing Systems for Organizational Intelligence, in: The Japan Society for Management Information (eds.): Proceedings of CEMIT 92/CECOIA 3 - International Conference on Economics, Management and Information Technology. Tokyo **1992**, pp.227-230.

Nordsieck, Fritz: Betriebsorganisation - Lehre und Technik: Textband, 2.Auflage. Stuttgart: Poeschel **1972a**.

Nordsieck, Fritz: Betriebsorganisation - Lehre und Technik: Tafelband, 2.Auflage. Stuttgart: Poeschel **1972b**.

Nussbaum, Bruce: Das Ende unserer Zukunft. München: Kindler **1984**.

Nütten, Ingeborg: Kreativitätsförderung im Unternehmen, in: technologie & management, 41.Jg., **1992**, Heft 4, S.12-15.

Oberschulte, Hans: Organisatorische Intelligenz - Ein integrativer Ansatz des organisatorischen Lernens. München, Mering: Hampp **1994**.

Olesch, Gunther: Schritte der Personalentwicklung, in: Zeitschrift für Organisation, 58.Jg., **1989**, Heft 5, S.301-310.

ORSA (eds.): Careers in Operations Research. Baltimore: Operations Research Society of America **ca. 1976**.

Ortner, Erich: Informationsmanagement - Wie es entsand, was es ist und wohin es sich entwickelt, in: Informatik-Spektrum, 14.Jg., **1991**, Heft 6, S.315-327.

Österle, Hubert; **Riehm**, Rainer: PDA, in: Wirtschaftsinformatik, 36.Jg., **1994**, Heft 3, S.286-289.

Ostroff, Frank; **Smith**, Douglas: The Horizontal Organization, in: The McKinsey Quarterly, **1992**, No. 1, pp.148-167.

Peters, Thomas J.; **Waterman,** Robert H.: Auf der Suche nach Spitzenleistungen: Was man von den bestgeführten US-Unternehmen lernen kann, 10.Auflage. Landsberg am Lech: moderne industrie **1984**.

Petrovic, Otto; **Krickl**, Otto: Traditionell-moderiertes vs. computergestütztes Brainstorming, in: Wirtschaftsinformatik, 35.Jg., **1993**, Heft 2, S.120-128.

Pfohl, Hans-Christian: Logistiksysteme, 2.Auflage. Berlin u.a.: Springer **1985**.

Piaget, Jean: Die Psychologie der Intelligenz, 2. Auflage. Zürich, Stuttgart: Rascher **1966**.

Piaget, Jean: Der Aufbau der Wirklichkeit beim Kinde. Stuttgart: Klett **1975**.

Picot, Arnold; **Franck**, Egon: Informationsmanagement, in: Frese, Erich (Hrsg.): Handwörterbuch der Organisation, 3.Auflage. Stuttgart: Poeschel **1992**, Sp.886-900.

Picot, Arnold; **Reichwald**, Ralf: Bürokommunikation - Leitsätze für den Anwender, 3.Auflage. Hallbergmoos: Angewandte Informationstechnik **1987**.

Pietsch, Wolfram: Methodik des betrieblichen Software-Projektmanagements - Grundlagen, Begründung und Konzeption eines evolutionären Ansatzes. Berlin, New York: de Gruyter **1992**.

Pinchot, Gifford; **Pinchot**, Elizabeth: The End of Bureaucracy and the Rise of the Intelligent Organization. Cambridge: Berret-Koehler **1993**.

Platz, Jochen: Projekt- und Produktstrukturpläne als Basis der Projektplanung, in: Reschke, Hasso; Schelle, Heinz; Schnopp, Reinhardt (Hrsg.): Handbuch Projektmanagement. Köln: TÜV Rheinland **1989**, S.227-259.

Porter, Michael E.: Wettbewerbsvorteile - Spitzenleistungen erreichen und behaupten. Frankfurt am Main, New York: Campus **1986**.

Prahalad, C.K.; **Hamel**, Gary: Nur Kernkompetenzen sichern das Überleben, in: HARVARDmanager, 13.Jg., **1991**, Heft 2, S.66-78.

Probst, Gilbert J.B.: Kybernetische Gesetzeshypothesen als Basis für Gestaltungs- und Lenkungsregeln im Management. Bern: Haupt **1981**.

Pümpin, Cuno: Das Dynamik-Prinzip - Zukunftsorientierungen für Unternehmer und Manager. Düsseldorf, Wien: ECON **1992**.

Pümpin, Cuno; **Steinbach**, Klaus: Neue Informationstechniken für die strategische Unternehmensführung, in: technologie & management, 37.Jg., **1988**, Heft 3, S.12-15 und 29.

Quinn, James B.: Intelligent Enterprise - A Knowledge and Service Based Paradigm for Industry. New York: Free Press **1992**.

Raatz, Günther: Personalführung und Delegation der Verantwortung, in: Zeitschrift für betriebswirtschaftliche Forschung, 20.Jg., **1968**, Heft 2, S.185-201.

Recktenwald, Horst C.: Adam Smith, in: Starbatty, Joachim (Hrsg.): Klassiker des ökonomischen Denkens, Band I: Von Platon bis Stuart Mill. München: Beck **1989**, S.134-155.

Reichwald, Ralf: Entwicklungszeiten als wettbewerbsentscheidender Faktor für den langfristigen Erfolg eines Industriebetriebes, in: Reichwald, Ralf; Schmelzer, Hermann J. (Hrsg.): Durchlaufzeiten in der Entwicklung: Praxis des industriellen F&E-Managements. München, Wien: Oldenbourg **1990**, S.9-25.

Reichwald, Ralf; **Schmelzer**, Hermann J.: Durchlaufzeiten in der Entwicklung - Praxis des industriellen F&E-Managements. München, Wien: Oldenbourg **1990**.

Reller, Jan: Entwurf eines Know-how-Informationssystems für den Forschungs- und Entwicklungsbereich. Vortragsmanuskript, Mainz **1992**.

Riedl, Rupert: Self-Organisation: Some Theoretical Cross-Connections, in: Ulrich, Hans; Probst, Gilbert J.B. (eds.): Self-Organization and Management of Social Systems. Berlin u.a.: Springer **1984**, S.42-59.

Riekhof, Hans-Christian: Herausforderungen für die strategische Planung - Visionäre Konzepte, konsequenter Zeitwettbewerb und professionelle Implementierung, in: Zeitschrift für Organisation, 62.Jg., **1993**, Heft 5, S.292-298.

Ritter, Albert; **Zink**, Klaus J.: Differenzierte Kleingruppenkonzepte als wesentlicher Bestandteil eines umfassenden, integrierten Qualitätsmanagements (im Sinne von TQM), in: Zink, Klaus J. (Hrsg.): Qualität als Managementaufgabe (Total Quality Management), 2.Auflage. Landsberg: Moderne Industrie **1992**, S.245-273.

Rockart, John F.; **Short**, James E.: The Networked Organization and the Management of Interdependence, in: Scott Morton, Michael S. (ed.): The Corporation of the 1990s - Information Technology and Organizational Transformation, New York, Oxford: Oxford University Press **1991**, pp.189-219.

Rockart, John F.; **Treacy**, Michael E.: The CEO goes on-line, in: Harvard Business Review, vol. 60, **1982**, No. 1, pp.82-88.

Rosenstiel, Lutz von: Grundlagen der Führung, in: ders.; Regnet, Erika, Domsch, Michel (Hrsg.): Führung von Mitarbeitern - Handbuch für erfolgreiches Personalmanagement. Stuttgart: Schäffer **1991a**, S.3-24.

Rosenstiel, Lutz von: Motivation von Mitarbeitern, in: ders.; Regnet, Erika, Domsch, Michel (Hrsg.): Führung von Mitarbeitern - Handbuch für erfolgreiches Personalmanagement. Stuttgart: Schäffer **1991b**, S.144-162.

Scheer, August-Wilhelm: Architektur integrierter Informationssysteme - Grundlagen der Unternehmensmodellierung, 2. Auflage. Berlin u.a.: Springer **1992**.

Scheer, August-Wilhelm: Wirtschaftsinformatik - Referenzmodelle für industrielle Geschäftsprozesse, 4. Auflage. Berlin u.a.: Springer **1994**.

Schewe, Gerhard: Imitationsmanagement - Nachahmung als Option des Technologiemanagements. Stuttgart: Schäffer-Poeschel **1992**.

Schierenbeck, Henner: Grundzüge der Betriebswirtschaftslehre, 7.Auflage. München, Wien: Oldenbourg **1983**.

Schildknecht, Rolf: Total Quality Management - Konzeption und State of the Art. Frankfurt, New York: Campus **1992**.

Schmelzer, Hermann J.: Steigerung der Effektivität und Effizienz durch Verkürzung von Entwicklungszeiten, in: Reichwald, Ralf; ders. (Hrsg.): Durchlaufzeiten in der Entwicklung: Praxis des industriellen F&E-Managements. München, Wien: Oldenbourg **1990**, S.27-63.

Schmid, Beat: Elektronische Märkte, in: Wirtschaftsinformatik, 35.Jg., **1993**, Heft 5, S.465-480.

Schmidheiny, Stephan: Kurswechsel - Globale unternehmerische Perspektiven für Entwicklung und Umwelt. München: Artemis und Winkler **1992**.

Schmietow, Erwin A.: Die technologische Wettbewerbsfähigkeit der bundesdeutschen Industrie - Einzel- und gesamtwirtschaftliche Aspekte. Bad Homburg: DIE **1988**.

Schmietow, Erwin A.; **Schneider**, Michael: Die mangelnde Wachstumsorientierung der bundesdeutschen Industrie, in: technologie & management, 36.Jg., **1987**, Heft 1, S.10-23.

Schmitz, Matthias: Flexibel automatisierte Fertigungssysteme - Bewertungsprobleme und Lösungsansätze. Wiesbaden: Gabler **1994**.

Scholz, Rainer: Geschäftsprozeßoptimierung - Crossfunktionale Rationalisierung oder strukturelle Reorganisation. Bergisch Gladbach, Köln: Eul **1993**.

Schoop, Eric: Hypertext - Organisation schlecht strukturierbarer Information, in: technologie & management, 40.Jg., **1991**, Heft 1, S.20-25.

Schubert, Hans-Joachim; **Zink**, Klaus J.: Partizipation - Psychologische Grundlagen eines Leitprinzips von Arbeits- und Organisationsgestaltungsmaßnahmen, in: Zeitschrift für Arbeitswissenschaft, 44.Jg., **1990**, Heft 2, S.82-88.

Schulz, Erika; **Schulz**, Werner: Ökomanagement. München: Beck **1994**.

Schulze, Klaus P.: Staatliche Förderung kleiner und mittlerer Unternehmen - ein Überblick, in: technologie & management, 37.Jg., **1988**, Heft 3, S.27-29.

Schwarze, Jochen: Betriebswirtschaftliche Aufgaben und Bedeutung des Informationsmanagements, in: Wirtschaftsinformatik, 32.Jg., **1990**, Heft 2, S.104-115.

Seghezzi, Hans D.; **Schlange**, Tim: Qualitätsinformationssysteme, in: Zeitschrift für Organisation, 62.Jg., **1993**, Heft 3, S.162-167.

Seitz, Konrad: Die japanisch-amerikanische Herausforderung - Deutschlands Hochtechnologie-Industrien kämpfen ums Überleben, 5.Auflage. München: Bonn Aktuell **1992**.

Selig, Jürgen: EDV-Management - Eine empirische Untersuchung der Entwicklung von Anwendungssystemen in deutschen Unternehmen. Berlin u.a.: Springer **1986**.

Siebel, Wigand: Zur Typologie betrieblicher Entscheidungen - Gutenbergs "generelle" und "fallweise" Regelungen, in: Zeitschrift für Betriebswirtschaft, 37.Jg., **1967**, Heft 6, S.359-372.

Simon, Herbert A.: On Designing Information for Companies and Managements in an Electronic Age, in: The Japan Society for Management Information (eds.): Proceedings of CEMIT 92/CECOIA 3 - International Conference on Economics, Management and Information Technology. Tokyo **1992**, pp.3-9.

Simon, Hermann: Die Zeit als strategischer Erfolgsfaktor, in: Zeitschrift für Betriebswirtschaft, 59.Jg., **1989**, Heft 1, S.70-93.

Simon, Volker: Soziale Unternehmungsentwicklung, in: Seidel, Eberhard; Wagner, Dieter (Hrsg.): Evolutionäre Interdependenzen von Kultur und Struktur der Unternehmung. Wiesbaden: Gabler **1989**, S.339-352.

Sommerlatte, Tom; **Wedekind**, Eberhard: Leistungsprozesse und Organisationsstruktur, in: Arthur D. Little (Hrsg.): Management der Hochleistungsorganisation. Wiesbaden: Gabler **1989**, S.23-41.

Spaniol, Otto; **Kauffels**, Franz-Joachim: Architektur von Datenkommunikationssystemen, in: Kurbel, Karl; Strunz, Horst (Hrsg.): Handbuch Wirtschaftsinformatik. Stuttgart: Poeschel **1990**, S.893-927.

Spitzenpfeil, Thomas: Die vierte Dimension der Logistik - Systematik, Methodik und Aufgaben der Entsorgungslogistik, in: technologie & management, 39.Jg., **1990**, Heft 3, S.21-24.

Staehle, Wolfgang H.: Interessenkonflikte in Organisationsentwicklungsprozessen, in: Wunderer, Rolf (Hrsg.): Humane Personal- und Organisationsentwicklung. Berlin: Duncker & Humblot **1979**, S.25-39.

Staehle, Wolfgang H.: Management. München: Vahlen **1980**.

Stahlknecht, Peter: Einführung in die Wirtschaftsinformatik, 5.Auflage. Berlin u.a.: Springer **1991**.

Stalk, George: Zeit - Die entscheidende Waffe im Wettbewerb, in: HARVARDmanager, 8.Jg., **1989**, Heft 1, S.37-46.

Stalk, George; **Evans**, Philip; **Shulman**, Lawrence E.: Kundenbezogene Leistungspotentiale sichern den Vorsprung. HARVARDmanager, 15.Jg., **1993**, Heft 1, S.59-71.

Stalk, George; **Hout**, Thomas M.: Zeitwettbewerb - Schnelligkeit entscheidet in den Märkten der Zukunft. Frankfurt am Main, New York: Campus **1989**.

Staudt, Erich u.a.: Kooperationshandbuch - Ein Leitfaden für die Unternehmenspraxis. Stuttgart: Schäffer-Poeschel **1992**.

Steinmetz, Oliver: Die Strategie der Integrierten Produktentwicklung - Softwaretechnik und Organisationsmethoden zur Optimierung der Produktentwicklung im Unternehmen. Braunschweig, Wiesbaden: Vieweg **1993**.

Steppan, Günter: Informationsverarbeitung im industriellen Vertriebsaußendienst - Computer Aided Selling (CAS). Berlin u.a.: Springer **1990**.

Striening, Hans-Dieter: Prozeß-Management - Versuch eines integrierten Konzeptes situationsadäquater Gestaltung von Verwaltungsprozessen. Frankfurt am Main u.a.: Lang **1988a**.

Striening, Hans-Dieter: Prozeß-Management - Ein Weg zur Steigerung der Produktivitätsreserven im indirekten Bereich, in: technologie & management, 38.Jg., **1988b**, Heft 3, S.16-26.

Sumita, Tomofumi: A Study on the Measurement of Organizational Intelligence, in: The Japan Society for Management Information (eds.): Proceedings of CE-MIT 92/CECOIA 3 - International Conference on Economics, Management and Information Technology. Tokyo **1992**, pp.207-210.

Szyperski, Norbert; **Klein**, Stefan: Informationslogistik und virtuelle Organisationen, in: Die Betriebswirtschaft, 53.Jg, **1993**, Heft 2, S.187-208.

Taylor, Bernhard: Turnaround Management - The Second Wave, in: technologie & management, 43.Jg., **1994**, Heft 2, S.58-64.

Teramoto, Yoshiya; **Iwasaki**, Naoto; **Richter**, Frank-Jürgen: Inter-Organizational Learning through Strategic Alliances - Evolutionary Processes of Corporate Networking, in: The Japan Society for Management Information (eds.): Proceedings of CE-MIT 92/CECOIA 3 - International Conference on Economics, Management and Information Technology. Tokyo **1992**, pp.239-242.

Terrahe, Jürgen: Kreditkarte als Schlüssel zum Kunden, in: Die Bank, o.Jg., **1991**, Heft 4, S.188-190.

Thielen, Carl A.L.: Management der Flexibilität - Integriertes Anforderungskonzept für eine flexible Gestaltung der Unternehmung. Dissertation, Sankt Gallen **1993**.

Thom, Norbert: Organisationsentwicklung, in: Frese, Erich (Hrsg.): Handwörterbuch der Organisation, 3.Auflage. Stuttgart: Poeschel **1992**, Sp.1477-1491.

Thomé, Rainer: Hypermedia als Basis für Selbstlernsysteme, in: technologie & management, 40.Jg., **1991**, Heft 2, S.20-23.

Tsuchiya, Shigehisa: Organizational Learning and Information Technology: Information Technology Improving Strategy Formation Process in a Loosely Coupled System, in: The Japan Society for Management Information (eds.): Proceedings of CE-MIT 92/CECOIA 3 - International Conference on Economics, Management and Information Technology. Tokyo **1992**, pp.249-252.

Ulrich, Hans: Die Unternehmung als produktives soziales System, 2.Auflage. Bern, Stuttgart: Haupt **1970**.

Ulrich, Hans; **Probst**, Gilbert J.B.: Anleitung zum ganzheitlichen Denken und Handeln: Ein Brevier für Führungskräfte. Bern, Stuttgart: Haupt **1988**.

Ulrich, Peter: Systemsteuerung und Kulturentwicklung, in: Die Unternehmung, 38.Jg., **1984**, Heft 4, S.303-325.

Ulrich, Peter: Betriebswirtschaftliche Rationalisierungskonzepte im Umbruch - neue Chancen ethikbewußter Organisationsgestaltung, in: Die Unternehmung, 45.Jg., **1991**, Heft 3, S.146-166.

Ulrich, Peter; **Fluri**, Edgar: Management, 6.Auflage. Bern, Stuttgart: Haupt **1992**.

Venkatraman, N.: IT-Induced Business Reconfiguration, in: Scott Morton, Michael S. (ed.): The Corporation of the 1990s - Information Technology and Organizational Transformation. New York, Oxford: Oxford University Press **1991**, pp.122-158.

Vogel, Christoph: Mikroelektronik - Eine Zukunftstechnologie im Fokus, in: technologie & management, 43.Jg., **1994**, Heft 3, S.129-137.

Warnecke, Hans-Jürgen: Die Fraktale Fabrik - Revolution der Unternehmenskultur. Berlin u.a.: Springer **1992**.

Watanabe, Yoshikazu A.: The Role of Intra-Organization Network (ION) for Organizational Learning, in: The Japan Society for Management Information (eds.): Proceedings of CEMIT 92/CECOIA 3 - International Conference on Economics, Management and Information Technology. Tokyo **1992**, pp.277-280.

Watson, Gregory H.: Benchmarking - Vom Besten lernen. Landsberg: Moderne Industrie **1993**.

Watts, Julian: A Practical Approach to Redesigning and Implementing Business Processes, in: Spurr, Kathy; Layzell, Paul; Jennison, Leslie; Richards, Neil (eds.): Software Assistance for Business Re-engineering. Chichester: Wiley **1993**, pp.47-64.

Watzlawick, Paul; **Beavin**, Janet H.; **Jackson**, Don D.: Menschliche Kommunikation - Formen, Störungen, Paradoxien, 7.Auflage. Bern u.a.: Huber **1985**.

Weber, Helmut K.: Wertschöpfungsrechnung. Stuttgart: Poeschel **1980**.

Wedekind, Hartmut: Kaufmännische Datenbanken. Mannheim u.a.: BI **1993**.

Wedekind, Hartmut; **Ortner**, Erich: Systematisches Konstruieren von Datenbankanwendungen - Zur Methodologie der Angewandten Informatik. München, Wien: Hanser **1980**.

Wesseler, Berthold: Mit Electronic Cash im Kampf um den Kunden, in: online, o.Jg., **1991**, Heft 12, S.27-29.

Wildemann, Horst: Werkstattsteuerung nach japanischen KANBAN-Prinzipien. Eschborn: Rationalisierungs-Kuratorium der deutschen Wirtschaft **1983**.

Wilensky, Harold L.: Organizational Intelligence - Knowledge and Policy in Government and Industry. New York, London: Basic Books **1967**.

Winograd, Terry: A Language/Action Perspektive on the Design of Cooperative Work, in: Human-Computer Interaction, vol. 3, **1987**, pp.3-30.

Winograd, Terry; **Flores**, Fernando C.: Erkenntnis - Maschinen - Verstehen. Zur Neugestaltung von Computersystemen. Berlin: Rotbuch **1989**.

Wöhe, Günter: Methodologische Grundprobleme der Betriebswirtschaftslehre. Meisenheim am Glan: Hain **1959**.

Wöhe, Günter: Einführung in die Allgemeine Betriebswirtschaftslehre, 17.Auflage. München: Vahlen **1990**.

Wolfram, Gerd: Organisatorische Gestaltung des Informationsmanagements. Bergisch Gladbach, Köln: Eul **1990**.

Wolfrum, Bernd: Strategisches Technologiemanagement. Wiesbaden: Gabler **1991**.

Womack, James P.; **Johnes**, Daniel T.; **Roos**, Daniel: Die zweite Revolution der Autoindustrie. Frankfurt am Main, New York: Campus **1991**.

Yates, Joanne; **Benjamin**, Robert I,: The Past and the Present as a Window on the Future, in: Scott Morton, Michael S. (ed.): The Corporation of the 1990s - Information Technology and Organizational Transformation, New York, Oxford: Oxford University Press **1991**, pp.61-92.

Zahn, Erich; **Rüttler**, Martin: Ganzheitliches Informationsmanagement, in: Heilmann, Heidi (Hrsg.): Informationsmanagement. Stuttgart: Poeschel **1990**, S.1-27.

Zeleny, Milan; **Cornet**, Robert J.; **Stoner**, James A.F.: Moving from the Age of Specialization to the Era of Integration, in: Human Systems Management, vol. 9, **1990**, No. 3., pp.153-171.

Zibell, Roland M.: Just-in-Time als Instrument einer marktorientierten Logistik, in: technologie & management, 40.Jg., **1991**, Heft 4, S.9-12.

Zimmerli, Walther C.: Zur kulturverändernden Kraft der Computertechnologie, in: Aus Politik und Zeitgeschichte, Beilage zur Wochenzeitung Das Parlament, Heft B 27/**1989**, S. 26-33.

Zink, Klaus J.: Strategien der Qualitätsverbesserung - Null-Fehler-Programme und Arbeitsstrukturierung, in: Werkstattstechnik - Zeitschrift für industrielle Fertigung, 66.Jg., **1976**, Heft 11, S.656-659.

Zink, Klaus J.: Motivation durch Arbeitsstrukturierung?, in: Fortschrittliche Betriebsführung und Industrial Engineering, 26.Jg., **1977**, Heft 4, S.221-225.

Zink, Klaus J.: Zur Begründung einer zielgruppenspezifischen Organisationsentwicklung, in: Zeitschrift für Arbeitswissenschaft, 32.Jg., **1978**, Heft 1, S.42-48.

Zink, Klaus J.: Begründung zielgruppenspezifischer Organisationsentwicklung auf der Basis von Untersuchungen zur Arbeitszufriedenheit und Arbeitsmotivation. Köln: Schmidt **1979**.

Zink, Klaus J.: Total Quality Management, in: ders. (Hrsg.): Qualität als Managementaufgabe (Total Quality Management), 2.Auflage. Landsberg: Moderne Industrie **1992a**, S.9-52.

Zink, Klaus J.: Simultaneous Engineering und Total Quality Management, in: Scheer, August-Wilhelm (Hrsg.): Simultane Produktentwicklung. München: Gesellschaft für Management und Technologie **1992b**, S.485-515.

Zink, Klaus J.; **Ritter**, Albert; **Thul**, Martin J.: Kleingruppengestützte Prozeßinnovationen - Ein Leitfaden für Projektleiter und Projektkoordinatoren. Bremerhaven: Wirtschaftsverlag NW **1993a**.

Zink, Klaus J.; **Ritter**, Albert; **Thul**, Martin J.: Mitarbeiterbeteiligung bei Prozeßinnovationen - Verknüpfbarkeit von Wirtschaftlichkeit und Humanisierung der Arbeit bei der Einführung neuer Technologien. Bremerhaven: Wirtschaftsverlag NW **1993b**.

Zink, Klaus J.; **Schildknecht**, Rolf: Total Quality Management: Bausteine einer umfassenden Qualitätsförderung, in: Qualität und Zuverlässigkeit, 37.Jg., **1992c**, Heft 12, S.720-724.

Zuboff, Shoshanna: Automate/Informate: The Two Faces of Intelligent Technology, in: Organizational Dynamics, Autumn **1985**, pp.4-18.

Zuboff, Shoshanna: In the Age of the Smart Machine - The Future of Work and Power. New York: Basic Books **1988**.